高职院校产学合作行为影响因素研究

专用技能人力资本形成的分析视角

吴 冰 著

图书在版编目(CIP)数据

高职院校产学合作行为影响因素研究：专用技能人力资本形成的分析视角/吴冰著.—北京：北京大学出版社，2016.11

ISBN 978-7-301-26773-8

Ⅰ.①高… Ⅱ.①吴… Ⅲ.①高等职业教育—产学合作—研究—中国 Ⅳ.①G718.5

中国版本图书馆CIP数据核字（2016）第009777号

书　　名	高职院校产学合作行为影响因素研究：专用技能人力资本形成的分析视角 GAOZHI YUANXIAO CHANXUE HEZUO XINGWEI YINGXIANG YINSU YANJIU
著作责任者	吴　冰　著
责任编辑	姚成龙　巩佳佳
标准书号	ISBN 978-7-301-26773-8
出版发行	北京大学出版社
地　　址	北京市海淀区成府路205号　100871
网　　址	http://www.pup.cn　　新浪微博：@北京大学出版社
电子信箱	zyjy@pup.cn
电　　话	邮购部62752015　发行部62750672　编辑部62764934
印刷者	北京溢漾印刷有限公司
经销者	新华书店
	787毫米×1092毫米　16开本　14.25印张　295千字 2016年11月第1版　2016年11月第1次印刷
定　　价	38.00元

未经许可，不得以任何方式复制或抄袭本书之部分或全部内容。

版权所有，侵权必究

举报电话：010-62752024　电子信箱：fd@pup.pku.edu.cn

图书如有印装质量问题，请与出版部联系，电话：010-62756370

摘 要

高职院校与企业、行业合作培养技能人才是建设高技能社会的迫切需求，也是国家的长期政策要求。但是，必须清醒地看到，我国高等职业教育仍然存在着企业、行业参与严重不足和产学合作不紧密的问题。

国内既有的研究部分回答了企业参与产学合作的动力基础，但却无法从宏观和微观视角解释企业参与产学合作的动力差异。比如，已有文献既无法解释在既定制度约束下不同企业与高职产学合作人才培养水平存在的显著差异，也无法解释不同经济体、不同技能形成制度下的高职产学关系存在的显著差异。而造成这一结果的很大原因在于，既有研究大多限于教育理论并从教育机构的立场出发。

本书以人力资本理论：新制度经济学为基础，以专用技能人力资本形成为理论视角，建立了一个旨在解释高职院校产学关系的概念框架。这一概念框架解释了高职院校产学关系的实质，即专用技能人力资本形成各主体——技能需求者（企业与行业）、技能供给者（高职教育机构）和技能所有者（学生个体或潜在劳动者）在既有技能形成制度背景下，以（不同专业的学生）技能专用化为目标的契约关系。在上述概念框架下，首先从一个社会（或经济体）角度出发，研究不同技能形成制度下的高职产学关系；然后从企业、院校、专业和学生个体角度实证研究既有制度约束下影响国内高职院校产学合作的主要因素。

本书得出如下基本结论：

1. 兼有专用技能人力资本需求和技能投资策略的企业倾向于和高职院校开展实质性产学合作

从企业角度，只有兼具专用技能人力资本需求和技能投资策略的企业才倾向于和高职院校开展实质性产学合作。具体来说，企业因其所属行业（产业）、规模、所有制、技术等导致专用技能人力资本需求差异，进而引发产学合作行为与水平的差异；小企业、劳动密集型企业或不具有技能投资策略的企业产学合作动力主要在于获取技术与技能,从而降低企业生产成本。

2. 办学主体差异对产学合作水平有影响,即行业或企业举办的高职院校产学合作水平更高

从企业角度看,对院校前期(技能专用化)投入较大(或与院校合作具有组织保障措施)的企业,倾向于和高职院校开展实质性产学合作。从院校治理结构来说,越有利于企业治理的院校产学合作水平越高。所以企业或行业办学无论在产学合作深度还是广度上都存在普遍的优势。同时,行业部门能够摆脱对廉价劳动力的利益诉求,从而避免企业办学可能出现的"市场失灵"和"办学失范"现象;教育行政部门举办的高职院校因为离技能需求者——企业或行业"组织距离较远",反而更需要通过"古典式签约方法"与企业或行业建立一种以"或有雇佣"为契约条件的订单培养产学合作关系;而学校办学条件(如院校等级和学校规模)对产学合作影响不显著。

3. 企业与高职院校产学合作水平取决于合作专业的技能专用性与市场需求

从专业角度看,企业与高职院校在不同专业产学合作的兴趣大小主要取决于经济逻辑。具体来说,企业与高职院校在不同专业的产学合作行为与合作水平是由该专业的技能人力资本专用性与市场需求共同作用的结果。高职院校对于重点专业的投入与建设能够提升该专业的社会声誉,从而使重点专业在招生市场具有一定美誉度与竞争力,也可以在一定程度上促进产学合作;但却无法改变企业和市场对特定专业的专用技能的需求,也无法改变企业对该专业深层次的产学合作需求。

4. 学生个体的可信承诺对高职院校产学合作稳定性有影响

高职院校产学活动过程中,学生个体是企业技能专用化投资后的实际受益者和技能型专用性人力资本形成(后文简称为专用技能形成)后的实际拥有者。高职院校产学合作可在一定程度上提高学生个体专用技能人力资本水平,但学生个体在产学活动中获取的专用技能人力资本大小与产学合作稳定性不存在必然的因果关系。为了保障高职院校产学合作的稳定性,从短期来看,产学合作双方(院校与企业)为锁定技能专用化投入后所形成的专用技能,需要建立学生个体、合作院校、合作企业三方可信契约承诺;从长期来看,还需建立学生个体(乃至家庭)对专用高技能积累的长期观念,避免学生个体的短期行为。

5. 高职院校产学合作方式与水平受制于所在经济体的技能形成制度

从不同社会、经济体的技能形成制度角度看,高职院校产学合作还受到技能形成制度的影响。首先,企业与高职教育机构基于技能的产学合作动力来自专用中间技能的需求，而对专用中间技能需求与所在经济体的工业化阶段、产业结构密不可分；其次，构成有利于企业与高职院校基于技能的产学合作制度要素至少应该包括如下三方面：合作各方（受训者、学校、企业乃至政府）的可信承诺关系、行业内技能认证标准化和监督产学合作质量的第三方力量。

在上述研究结论的基础上，本书得出如下政策启示：

第一，加快高职院校治理结构改革。外部治理结构方面，应从法律上进一步理顺高职院校与政府、企业（行业）三者之间的关系。高职院校不仅仅是普通高校的一部分，更是现代职业教育体系中的一部分。建立"产教深度融合"的关键是鼓励行业协会和企业在职业院校治理中发挥作用，形成政府、行业、企业与学校多元主体，各利益相关者在高职院校组织生态内外和谐相处的治理结构。在内部治理结构改革方面，要在学校领导体制方面进行改革，完善利益相关者参与重大决策和监督职业院校发展的机制。

第二，高职院校在与企业开展以用人为基础的产学合作过程当中，要趋利避害，创新顶岗实习方式。高职院校与企业在订单培养、顶岗实习等涉及学生个体的产学合作活动中，校企双方应与合作第三方（学生及家长）共签一份利益成本均衡分担、含有违约惩罚机制的契约，从而兼顾产学合作质量和企业雇佣稳定性。

第三，高职院校应加强所在地产业结构与技能需求结构的市场调研，健全院校、专业与产业发展的联动机制。院校要更多地从行业或企业的经济逻辑（而不仅仅基于学校的教育逻辑）视角来理解、谋划学校未来的发展与产学关系；院校要更多地从区域经济发展、产业结构调整所带来的技能需求（而非专业实力等技能供给）的角度来规划专业发展。

第四，高职院校要提高为中小微企业技术服务的水平。为进一步拓宽产学合作领域、提高产学合作水平，院校迫切要注意提高教师技术水平，通过加强与行业或企业共建技术工艺和产品开发中心、实验实训平台、技能大师工作室等手段，重点为中小微企业的技术研发和产品升级提供技术服务。

第五，政府未来对于高职院校的激励与支持要引入竞争的手段。今后对高职院校财政支持重点可从过去对特定院校专项财政扶持转向"产学合作订单培养项目"的财政补贴，受益对象从过去的特定院校转向基于专业-项目的"产学合作订单培养学生"。

第六，学习、借鉴域外高职产学关系经验，不能简单复制其产学合作的具体方式与措施，需要更深入探究其技能形成制度特征。我国作为一个地域广大、发展不均衡的技能"发展型"经济体,各级政府要根据所在区域的工业化进程和产业结构来推进高职教育机构与企业的产学合作,从而回应产业的技能需求,并以此推动高技能社会的形成。政府应将高职产学合作视为技能形成政策的一部分而不仅仅是一项教育政策。

第七,政府、行业组织作为第三方的介入可以保证集体性的、优质的产学合作。一个高技能社会的形成有赖于整个社会高质量的产学合作,而高质量的产学合作不仅需要校企双方的努力,更需要政府、行业组织在制定行业人才培养标准、职业资格认定、产学合作过程中监督乃至在高职教育机构外部治理结构改革等方面发挥主导作用。

关键词:高职院校;产学合作;行为;影响因素;专用技能人力资本形成;视角

目 录

第1章 引论 (1)
  1.1 研究的背景与依据 (1)
  1.2 研究的问题与意义 (5)
    1.2.1 研究的问题 (5)
    1.2.2 研究的意义 (6)
  1.3 国内外研究综述 (7)
    1.3.1 国内产学合作人才培养的研究综述 (7)
    1.3.2 国外相同或相近领域研究综述 (12)
    1.3.3 专用人力资本的研究进展和该理论对本书研究的适切性 (14)
    1.3.4 对现有研究的评析 (17)
  1.4 研究目标与研究设计 (18)
    1.4.1 研究目标 (18)
    1.4.2 主要研究方法 (18)
    1.4.3 研究技术路线与逻辑结构 (19)

第2章 理论基础与概念界定 (21)
  2.1 人力资本理论基础 (21)
    2.1.1 早期人力资本思想回顾 (21)
    2.1.2 现代人力资本理论的形成 (22)
    2.1.3 当代人力资本理论的发展 (23)
    2.1.4 基于人力资本理论的"技能"与"技能形成"概念 (24)
  2.2 新制度经济学基础 (24)
    2.2.1 新制度经济学的交易费用分析范式 (24)
    2.2.2 新制度经济学的治理机制与制度环境分析 (29)
    2.2.3 基于新制度经济学的"专用技能"概念 (32)
    2.2.4 基于新制度经济学的技能形成与技能形成制度 (34)

- 2.3 本书核心概念界定 ……………………………………………… (35)
  - 2.3.1 专用技能人力资本形成 ………………………………… (35)
  - 2.3.2 高职院校产学合作 ……………………………………… (37)
- 2.4 本章小结 ………………………………………………………… (39)

第3章 不同技能形成制度中的高职产学关系 ……………………… (40)
- 3.1 分析框架 ………………………………………………………… (41)
  - 3.1.1 治理机制与产学关系类型 ………………………………… (41)
  - 3.1.2 技能形成制度与产学关系 ………………………………… (42)
- 3.2 英国技能形成制度与高职院校产学关系 ……………………… (45)
  - 3.2.1 早期工业化进程中的技能形成制度 ……………………… (45)
  - 3.2.2 工业化成熟期的技能形成制度与高职产学关系 ………… (48)
  - 3.2.3 英国技能形成制度中的高职产学关系 …………………… (53)
- 3.3 美国技能形成制度与高职院校产学关系 ……………………… (56)
  - 3.3.1 早期工业化时期的技能形成制度 ………………………… (56)
  - 3.3.2 工业化成熟期中的高职产学关系 ………………………… (59)
  - 3.3.3 美国技能形成制度中的高职院校产学关系 ……………… (66)
- 3.4 德国技能形成制度与高职院校产学关系 ……………………… (69)
  - 3.4.1 早期工业化与双元制技能体系的建立 …………………… (69)
  - 3.4.2 工业化成熟期中的高职产学关系 ………………………… (73)
  - 3.4.3 德国技能形成制度中的高职产学关系 …………………… (76)
- 3.5 我国台湾地区技能形成制度与高职院校产学关系 …………… (79)
  - 3.5.1 劳动密集型进口替代/出口工业阶段 …………………… (79)
  - 3.5.2 重工业/技术密集型产业阶段 …………………………… (81)
  - 3.5.3 经济自由化与知识密集型产业阶段 ……………………… (82)
  - 3.5.4 我国台湾地区技能形成制度中的高职产学关系 ………… (84)
- 3.6 韩国技能形成制度与高职院校产学关系 ……………………… (85)
  - 3.6.1 从进口替代到出口工业化阶段 …………………………… (85)
  - 3.6.2 重化工业阶段 ……………………………………………… (86)
  - 3.6.3 经济自由化阶段 …………………………………………… (87)
  - 3.6.4 韩国技能形成制度中的高职产学关系 …………………… (88)
- 3.7 不同技能形成制度下的高职产学关系 ………………………… (90)
  - 3.7.1 技能需求与产学合作动力 ………………………………… (90)
  - 3.7.2 技能形成制度与产学关系稳定性 ………………………… (92)
  - 3.7.3 技能形成制度演变与产学关系变迁 ……………………… (93)
  - 3.7.4 技能形成制度模式与高职产学关系类型 ………………… (94)

3.8 本章小结 …………………………………………………………… (96)

第4章 企业主体对高职院校产学合作行为的影响 ……………………… (99)
4.1 理论分析框架 ……………………………………………………… (99)
 4.1.1 企业人力资本专用性与技能需求 ………………………… (99)
 4.1.2 企业所需技能专用性与获取方式 ………………………… (100)
 4.1.3 企业技能获取方式与产学合作 …………………………… (103)
4.2 研究模型和设计 …………………………………………………… (106)
 4.2.1 研究概念模型和假设 ……………………………………… (106)
 4.2.2 研究设计与数据说明 ……………………………………… (107)
4.3 样本数据统计描述 ………………………………………………… (109)
4.4 实证检验与分析 …………………………………………………… (111)
 4.4.1 企业技能人力资本专用性对产学合作的影响 …………… (111)
 4.4.2 企业合作策略、合作历史对产学合作的影响 …………… (121)
 4.4.3 投资型企业与实质性产学合作 …………………………… (123)
4.5 结果与讨论 ………………………………………………………… (123)
 4.5.1 假设验证结果小结 ………………………………………… (123)
 4.5.2 结论与讨论 ………………………………………………… (124)
4.6 本章小结 …………………………………………………………… (126)

第5章 办学主体对高职院校产学合作行为的影响 ……………………… (127)
5.1 理论分析与研究假设 ……………………………………………… (128)
5.2 研究设计与数据说明 ……………………………………………… (129)
 5.2.1 数据来源 …………………………………………………… (129)
 5.2.2 模型与变量说明 …………………………………………… (130)
 5.2.3 数据（调查样本）的统计描述 …………………………… (132)
5.3 实证分析 …………………………………………………………… (135)
 5.3.1 办学主体差异对产学合作行为的影响 …………………… (135)
 5.3.2 院校其他特征对产学合作行为的影响 …………………… (147)
5.4 结论与讨论 ………………………………………………………… (149)
 5.4.1 研究结论 …………………………………………………… (149)
 5.4.2 政策启示 …………………………………………………… (149)
5.5 本章小结 …………………………………………………………… (151)

第6章 专业人力资本专用性对高职院校产学合作行为的影响 ………… (153)
6.1 理论分析框架 ……………………………………………………… (154)
6.2 研究设计 …………………………………………………………… (155)
 6.2.1 研究假设与指标选择 ……………………………………… (155)

  6.2.2　研究模型 ………………………………………………………… (157)

 6.3　数据说明 …………………………………………………………………… (158)

  6.3.1　数据来源与变量说明 …………………………………………… (158)

  6.3.2　数据统计描述 …………………………………………………… (159)

 6.4　实证分析 …………………………………………………………………… (167)

  6.4.1　专业人力资本专用性和市场需求对产学合作的影响 ………… (167)

  6.4.2　学校专门化投资对产学合作的影响 …………………………… (169)

 6.5　结论与政策启示 …………………………………………………………… (173)

 6.6　本章小结 …………………………………………………………………… (174)

第7章　学生个体技能人力资本对高职院校产学合作行为的影响 ………… (175)

 7.1　理论分析框架 ……………………………………………………………… (176)

  7.1.1　个体技能人力资本专用性与产学合作 ………………………… (176)

  7.1.2　个体可信承诺与产学合作 ……………………………………… (178)

 7.2　研究假设与设计 …………………………………………………………… (180)

  7.2.1　概念模型与研究假设 …………………………………………… (180)

  7.2.2　变量设计与测量 ………………………………………………… (181)

 7.3　样本数据描述统计 ………………………………………………………… (182)

 7.4　实证检验与分析 …………………………………………………………… (184)

  7.4.1　产学合作对个体技能人力资本专用性的影响 ………………… (184)

  7.4.2　学生个体人力资本专用性对产学合作稳定性的影响 ………… (188)

  7.4.3　学生个体契约对产学合作稳定性的影响 ……………………… (191)

 7.5　实证结果与讨论 …………………………………………………………… (194)

  7.5.1　实证结果小结 …………………………………………………… (194)

  7.5.2　结论与讨论 ……………………………………………………… (195)

 7.6　本章小结 …………………………………………………………………… (196)

第8章　研究结论与政策启示 ……………………………………………………… (197)

 8.1　研究结论 …………………………………………………………………… (197)

  8.1.1　技能需求者——企业主体因素对高职院校产学合作行为的影响 ………………………………………………………………… (197)

  8.1.2　技能供给者——学校办学主体因素对高职院校产学合作行为的影响 …………………………………………………………… (198)

  8.1.3　技能专用性——专业因素对高职院校产学合作行为的影响 ………………………………………………………………………… (199)

  8.1.4　技能所有者——学生个体因素对高职院校产学合作行为的影响 …………………………………………………………………… (199)

  8.1.5 技能形成制度对高职院校产学合作行为的影响 …………… (200)
 8.2 政策启示 …………………………………………………………… (201)
 8.3 可能的创新与不足 ………………………………………………… (203)
  8.3.1 可能的创新点 …………………………………………… (203)
  8.3.2 可能的不足 ……………………………………………… (203)
 8.4 研究展望 …………………………………………………………… (204)
附录1 工业和信息化部、国家统计局、国家发展和改革委员会
    对企业规模划分标准 ……………………………………… (205)
附录2 顶岗实习和订单培养情况问卷调查（学生卷）………………… (207)
参考文献 ………………………………………………………………………… (210)

第1章 引　论

1.1 研究的背景与依据

1. 高职院校产学合作培养技能人才是建设高技能社会的迫切需求

中国是一个人口大国，但不是一个人力资源强国。据人力资源和社会保障部的数据表明，2013年我国城镇就业人口中，获得国家职业资格证书或具有相当水平技能的工作者只占就业人员的1/3；根据《中华人民共和国职业分类大典》，高技能人才可定义为"在生产、运输和服务等领域岗位一线，熟练掌握专门知识和技术，具备精湛的操作技能，并在工作实践中能够解决关键技术和工艺的操作性难题的人员"，而人力资源和社会保障部以高级技师、技师、高级技工为统计对象的高技能者不到从业人员总数的7%。

随着经济发展和产业的升级换代，无论是传统产业、高新技术产业还是现代服务业都面临技能人力资本的需求问题：走中国特色新型工业化、农业现代化道路，需要大量优秀的技能人才；发展壮大以现代服务业为代表的第三产业，需要大量具有现代服务技能的人力资本；发展战略性新兴产业和高附加值产业，更需要高新技术领域的高端技能人才。据人力资源和社会保障部预测，以2009年为基数，中国到2020年技能人才需求将净增约3 290万人；其中，高技能人才需求将净增约990万人。[①] 产业的技能要求迫切需要职业院校释放更大人才红利，将人口大国升级为人口强国。为此，中国《高技能人才队伍建设中长期规划（2010—2020年）》（以下简称《规划》）提出如下目标：到2020年，全国的技能劳动者应达到1.4亿人，其中的高技能人才应达3 900万人（占技能劳动者总量的28%）。为实现上述目标，《规划》还要求"职业院校紧密结合市场需求和企

---

① 中共中央组织部、人力资源和社会保障部. 高技能人才队伍建设中长期规划（2010—2020年）[EB/OL]. http：//www. mohrss. gov. cn/page. do，2011-07-22/2012-03-2.

业需求,通过深入开展校企合作,深化教学改革,进一步提高技能人才培养的针对性和适用性。"

2. 高职院校产学合作培养技能人才是国家长期的教育政策

改革开放以前,党和政府在高等教育、职业教育领域的政策文本中较为强调"教育与生产劳动相结合""教学、生产与科研相结合"。改革开放以来,正规教育领域对产学合作或相关内容最早的政策表述可追溯到1991年颁布的《国务院关于大力发展职业技术教育的决定》。在该份文件中,国家首次明确了高职院校应提倡"产教结合、工学结合"。自那以后,在正规职业技术教育领域,国家制定的法律、政策中类似的表述还包括"校企合作""产学结合""工学交替"等;而在高等教育领域,教育部在《关于开展产学研合作教育"九五"试点工作的通知》(1997年)、《面向21世纪教育振兴行动计划》(1999年)两个文件中首次使用了"产学研合作"的提法,而且强调较多的是大学与企业的技术合作和技术研发。

1999年,我国开始大规模举办高职高专。对于"高职高专"这一新型高等教育机构,2000年《教育部关于加强高职高专教育人才培养工作的意见》沿用了1998年《中华人民共和国高等教育法》中的表述,即"学校与社会、教学与生产、教学与科技结合";一直到2006年,《教育部关于全面提高高等职业教育教学质量的若干意见》(教高〔2006〕16号)中首次提出:高职教育作为一种教育类型,其人才培养模式为"产学结合",其人才培养目标为"高技能人才";2011年,教育部颁布的《关于推进高等职业教育改革创新引领职业教育科学发展的若干意见》(教职成〔2011〕12号)中明确规定"高等职业教育兼有高等教育性和职业教育性,应以培养生产、建设、服务、管理第一线的高端技能型专门人才"为主要任务,并要求高等职业院校"深化工学结合、校企合作、顶岗实习的人才培养模式改革,走产学研结合发展道路,系统培养技能型人才";2014年,《国务院关于加快发展现代职业教育的决定》(国发〔2014〕19号)和《现代职业教育体系建设规划(2014—2020年)》则对包括高等职业专科学校在内的职业教育体系进一步提出了"产教融合、校企合作"的要求。

在我国,教育政策对教育机构办学影响巨大,政策文本不仅规定了教育机构的办学方向与发展方向,而且同时也是教育领域研究的重要依据。由于我国高等职业院校兼具高等教育性和职业教育属性。本书将对1991年以来高等教育、职业教育政策文本中涉及"产学合作"(或"校企合作""产学结合"等相近内涵)的用语做如下整理(如表1-1所示)。

从产学合作或相近内涵的政策文本用语演变情况来看,自1999年高职高专大规模兴起之后,国家对高等职业教育主要采用了"产学结合""产学研结合"和"产教融合"等提法,并将重心放在产学合作技能培养(而非技术研发)方面。自此,深入开展校企合作和工学结合、产学合作培养技能人才日益成为高职院校的普遍共识,也是衡量高职院校办学水平的一个极其重要的指标。教育部门的各类政策文件和各种评估[①]、评审也将高职院校产学合作水平作为重点之一。

表1-1 1991年以来产学合作(或相近内涵)用语在我国教育政策文本中的变化

年份	政策文本(法律、法规和重要文件)	政策实施对象	政策用语
1991	《国务院关于大力发展职业技术教育的决定》	职业技术教育	产教结合、工学结合
1993	《中国教育改革和发展纲要》	职业技术教育	产教结合
1996	《中华人民共和国职业教育法》	职业技术教育	产教结合
1997	《关于开展产学研合作教育"九五"试点工作的通知》	高等教育	产学研结合
1998	《中华人民共和国高等教育法》	高等教育	教育与生产劳动相结合
1999	《面向21世纪教育振兴行动计划》	高等教育	产学研结合
1999	《中共中央国务院关于深化教育改革全面推进素质教育的决定》	职业技术教育	产教结合
2000	《教育部关于加强高职高专教育人才培养工作的意见》	高职高专	教学与生产、教学与科技结合
2002	《国务院关于大力推进职业教育改革与发展的决定》	职业教育	合作办学、订单培养
2004	《教育部等七部门关于进一步加强职业教育工作的若干意见》	职业教育	校企合作、订单培养
2005	《国务院关于大力发展职业教育的决定》	职业教育	工学结合、校企合作
2006	《教育部关于全面提高高等职业教育教学质量的若干意见》	高等职业教育	产学结合
2006	《教育部关于职业院校试行工学结合、半工半读的意见》	职业院校	工学结合、校企合作、半工半读
2007	《国家教育事业发展"十一五"规划纲要》	职业教育	工学结合、校企合作、半工半读
2007	《国家示范性高等职业院校建设计划管理暂行办法》	示范高职院校	产学结合
2008	《高等职业院校人才培养工作评估方案》	高等职业教育	校企合作、产学结合
2010	《国家中长期人才发展规划纲要(2010—2020年)》	职业教育	校企合作、工学结合

---

① 如教育部高职高专院校人才培养工作水平评估指标体系与每年高等职业院校人才培养工作状态数据采集与管理平台。

续表

年份	政策文本（法律、法规和重要文件）	政策实施对象	政策用语
2010	《国家中长期教育改革和发展规划纲要（2010—2020年）》	职业教育	工学结合、校企合作、顶岗实习
2011	《教育部关于推进中等和高等职业教育协调发展的指导意见》	职业教育	工学结合、校企合作、顶岗实习
2011	《教育部关于充分发挥行业指导作用推进职业教育改革发展的意见》	职业教育	工学结合、校企合作、顶岗实习
2011	《关于推进高等职业教育改革创新引领职业教育科学发展的若干意见》	高等职业教育	产学研结合
2014	《国务院关于加快发展现代职业教育的决定》	职业教育	产教融合、校企合作、工学结合
2014	《现代职业教育体系建设规划（2014—2020年）》	职业教育	产教融合、校企合作、工学结合

资料来源：作者根据教育部网站（http://www.moe.gov.cn/）公布的法律、法规和政策文件整理。

国际经验早已证明，高端技能人才需要"跨界培养"，仅靠教育机构无法单独承担高技能的培养使命。① 但通过回顾我国高职教育政策文本中人才培养目标定位的演变过程（如表1-2所示），可以发现：培养高技能人才始终是高职教育的第一要务；同时，为适应经济与产业升级对技能人才的新需求，高职教育技能人才培养更加指向"高端"产业与"高端"技术。

表1-2 我国高职教育政策文本中人才培养目标定位

年份	政策文本（法律、法规和重要文件）	人才培养目标定位
1991	《国务院关于大力发展职业技术教育的决定》	技艺性强的高级操作人员
2002	《国务院关于大力推进职业教育改革与发展的决定》	生产、服务第一线的高素质劳动者和实用人才
2004	《2003—2007年教育振兴行动计划》	高素质技能人才（特别是高技能人才）
2004	《教育部等七部门关于进一步加强职业教育工作的若干意见》	面向生产、建设、服务和管理第一线需要的"高素质高技能人才"
2005	《国务院关于大力发展职业教育的决定》	高素质劳动者和高技能专门人才

---

① 许竞. 英国教育领域关于劳动者技能形成研究现状综述 [J]. 比较教育研究，2007（12）.

续表

年份	政策文本（法律、法规和重要文件）	人才培养目标定位
2006	《教育部关于全面提高高等职业教育教学质量的若干意见》	高素质技能型专门人才（高技能人才）
2006	《教育部关于职业院校试行工学结合、半工半读的意见》	高素质劳动者和高技能专门人才
2007	《国家教育事业发展"十一五"规划纲要》	高素质劳动者和高技能专门人才
2007	《国家示范性高等职业院校建设计划管理暂行办法》	高素质高级技能型专门人才
2008	《高等职业院校人才培养工作评估方案》	高素质技能型专门人才（高技能人才）
2011	《教育部关于推进中等和高等职业教育协调发展的指导意见》	高素质技能型人才
2011	《关于推进高等职业教育改革创新引领职业教育科学发展的若干意见》	高端技能型专门人才
2012	《国家教育事业发展第十二个五年规划》	产业转型升级和企业技术创新需要的技术技能人才
2014	《现代职业教育体系建设规划（2014—2020年）》	掌握新技术、具备高技能的高素质技术技能人才

资料来源：作者根据教育部网站（http://www.moe.gov.cn/）公布的法律、法规和政策文件整理。

在实践层面，高职院校与企业产学合作技能培养普遍面临"企业冷，学校热"的问题，企业参与合作培养的动力普遍不足[①]。而现有文献对企业参与产学合作培养技能人才动力不足与合作水平差异的研究解释力普遍不足。因此，在技能短缺背景下，我国企业和高职院校基于技能的产学合作动力不足与产学合作水平差异的问题是本书研究的现实背景和出发点。

1.2 研究的问题与意义

1.2.1 研究的问题

正如上一节所指出的，本书从现实问题出发——技能短缺背景下，我国企业参与产学合作技能培养动力缘何不足？不同国家、不同企业与高职院校在不同专

---

① 耿洁，黄尧. 技能型人力资本专用化：工学结合中一个新的概念[J]. 中国高教研究，2010（7）.

业领域的产学合作为何存在差异?

如将上述现实问题上升到理论角度,企业与高职院校之间的产学合作的问题可从如下两个层面展开讨论。

第一,在个体选择层面,如何解释既定制度约束下专用技能形成主体——高职院校产学合作各参与方在产学合作活动中的行为差异。

这一层面要回答的问题是:在既定制度框架条件下,如何解释不同的企业、高职院校乃至学生个体在产学合作活动中的行为差异?如果说,企业与研究性大学产学合作的主要动机是技术需求,那么企业与技术研发处于弱势的高职院校合作的主要动机显然是技能需求。如果是出于技能需求,企业与高职院校的产学合作在理论上能否看作企业以"或有雇佣"为关系契约的专用技能人力资本投资?如果是,那么企业在何种条件下投资?

第二,在集体选择层面,如何解释不同技能制度环境下的高职院校产学合作治理机制。

在集体选择层面,一般研究的是如何解释不同制度环境下的产学关系,它关注的是政策、传统、法律等制度性因素对高职院校产学合作关系的影响。在这一层面要回答的问题是:为何不同社会的高职教育机构与企业形成了不同水平的产学合作关系?为何在有些国家(比如德国)企业与高职教育机构形成了高水平的产学合作,而在有些国家(比如英国和美国)企业与高职教育机构的产学合作关系反而不那么紧密?为何有些国家(比如韩国)高职领域的产学合作关系主要来自政府的引导?产学合作关系因何变迁?

综上所述,本书研究的问题是:以产学合作培养技能人才为现实出发点和研究对象,以专用技能人力资本为理论视角,分析不同技能制度下的高职产学关系和既有技能制度下企业与高职院校(在不同专业领域的)的产学合作水平差异。

1.2.2 研究的意义

1. 理论意义

技能人力资本形成、投资及激励机制的研究与人力资本理论、新制度经济学、技能形成理论等有着非常密切的关系,是人力资本研究领域中一个非常活跃的领域。

在技能形成领域,经济学家传统上倾向于将从学校获得的技能与从工作中获得的技能区分开来。进入 21 世纪,立足于新制度经济学,在解释自利行动者如何克服市场中的集体行动困境方面,即"以行动者为中心"的讨论更加活跃。

传统的经典人力资本理论认为,企业的人力资本主要通过教育、培训、健康、引进、"干中学"等方式获取,一般的研究主要着眼于企业的人力资本引进

（自购）和培训（自制）这两种投资方式。本书以产学合作为专用技能人力资本研究的新领域，这对于加强技能人力资本专用性投资及其激励机制的研究，对于补充、完善和发展人力资本理论，拓宽人力资本理论中技能专用人力资本投资框架的应用范围，都具有重要的理论意义，也为产学合作培养技能人才的研究提供了新的理论视角。

2. 现实意义

在实践中，产学合作培养技能人才往往认为只是高等教育、职业教育机构的一种教育模式，是高校、职业院校组织中的一个教学环节或一种方法，没有将它放入技能人力资本形成过程中。政策制定者和教育工作者普遍认为：职业院校为更好地完成培养技能人才的目标，理应主动与企业合作。这种静态、割裂的实践认识使产学合作、工学结合陷入了"院校热，企业冷"的困局。基于此，学界亟须通过理论研究实现实践上的突破，走出固有框架，寻找解决问题的新答案。提出"技能专用化"这一概念，目的在于将产学合作培养技能人才统合到技能型专用人力资本的形成和积累过程中，从专用技能人力资本形成与积累的角度重新认识和解释企业等利益相关体参与产学合作培养技能人才的动力。

综上所述，本书的研究无论是在理论研究层面、教育管理政策层面，还是院校产学合作培养技能实践层面都有着重要意义。

1.3 国内外研究综述

产学合作有两个不尽相同的研究领域：产学研技术合作（Industry-university Cooperation）和产学合作教育（Cooperative Education）。产学研技术合作（或协同创新）领域通常研究的是技术需求方（企业）和技术供给方（大学）之间的合作关系。一般来说，企业与大学的合作动机主要基于技术获取和创新或弥补企业内部缺乏的资源从而降低企业交易成本。该领域国内外权威文献认为，产学研合作创新的研究主要涉及研究性大学与企业的技术研发与合作，因此，高职院校不是该领域的研究重点。在我国，产学合作的研究主要是技能供给方（高等教育、职业教育机构）与技能需求方（企业、行业）基于人才培养的合作教育研究。

1.3.1 国内产学合作人才培养的研究综述

自 20 世纪 90 年代以来，国内学术界对产学合作或相近领域的研究始终保持高度的热情，相关文献非常广泛。作者分别以"产学合作"和相近概念"校企合作""工学结合""产学融合"为关键词在中国知网"学术趋势"中搜索发现①：以"产学合作"为题名的文献最早在 1997 年收录数为 71 篇，之后逐年递增并在 2009 年达到峰值 537 篇；以"校企合作"为题名的文献 1997 年收录数为 13 篇，之后逐年递增并于 2015 年达到峰值 5 262 篇；以"工学结合"为题名的文献在 1997 年收录仅为 1 篇，2006 年到 2007 年间达到峰值 2 580 篇，2015 年为 1 421 篇；而以"产学融合"为题名的文献在 2011 年收录为 2 篇，到了 2015 年达到峰值 546 篇。

通过对上述文献分析可以发现，我国产学合作领域的学术探讨主要分布于高等教育和职业教育学科，其研究绝大部分集中于人才培养领域。其研究高潮以 2002 年教育部召开的"全国高等职业教育产学研结合经验交流大会"为标志。在那次大会上，"服务为宗旨，就业为导向，产学（研）相结合"被认为是中国高职教育的发展之路。2003 年 8 月，教育部高等教育司高职高专处领导在中国高等职业教育研究会常务理事会上指出："要大力推进产学研结合的发展之路"，强调加强院校与企业、行业的结合，推行"订单式"培养。在这一背景下，教育部和中国高教学会于 2004 年出版了《必由之路——高等职业教育产学研结合操作指南》一书。该书反映了这一时期高职院校产学合作的理论研究与实践总结。除此之外，在这一阶段比较重要的研究还包括：我国产学合作产生、发展和趋势；高职教育产学合作经济动因，其他更多的则是实践经验性介绍。这些研究无一例外都强调：产学合作应该成为高等职业教育重要的办学形态。

自国内学者陈解放引入国外合作教育的理论和实践之后，很多学者将高校产学合作视为一种"学习与工作相结合"（Work-integrated Learning）的教育模式②；还有学者认为"校企合作"是"产学合作"的前提。2006 年之后，随着我国高职教育政策语言的演变，以"工学结合""校企合作""产教融合"为题名的文献依次成为在该领域研究的热点。通过对既有研究的总结、梳理，产学合作和相近领域的文献大致可以分为以下几类。

1. 产学合作内涵的研究

国内学者崔英德等根据合作主体的不同将产学研合作区分为产学结合、产研结合和产学研联合；李元元等在分析了产学合作教育的内涵与本质的基础上，区分了产学合作与合作教育的概念，他认为产学合作重在合作，而合作教育重在教育。陈解放对"产学研结合"与"工学结合"的概念作了辨析和区分，他认为，"产学研结合"是任何一所高等院校办学发展的必由之路；"工学结合"的本质则是一种将"学习与工作相结合"的教育模式。而这种学习与工作相结合的教育模式，各国都有一些自己约定俗成的叫法，比如：北美国家的"合作教育"或"与

---

① "产学研合作"或"产学研结合"为关键词的研究集中于技术合作与创新而非人才培养，故未列入。

② 李元元，等. 合作教育的本质、历史与发展趋势 [J]. 高等工程教育研究，2010 (5).

工作相结合的学习",英国的"三明治教育"(Sandwiches Education),我国称之为"工学结合"(也曾称为"半工半读")。国内学者余群英区分了"产学合作"与"校企合作"的概念,他认为"校企合作"是"产学合作"的前提。尽管国内学术界对产学合作人才培养和相近领域的研究包括了"产学合作""产教合作""产教结合""产教融合""产学研合作""官产学合作""官产学研合作""校企合作""工学结合"等多种提法,各种提法或称谓也都有其自身逻辑的合理性。但无论何种提法,产学合作或校企合作的核心都在于教育机构与企业或产业界基于人才培养的合作。

2. 产学合作理论基础的研究

赵云良、李小峰从教育哲学、经济学和学习理论等多个角度分析了产学合作理论背景;罗纳德(Ronald)提出了"工作场所学习"的概念框架;耿洁、黄尧从人力资本的角度,提出"技能型人力资本专用化"是职业院校与企业产学合作的基础;[①] 熊惠平就高职教育产学合作中"订单培养"进行了经济学分析;贺修炎、张海峰分别从构建利益相关者角度和治理视域分析了共同治理的高职教育校企合作模式;周会青对高职教育产学合作办学模式的交易成本进行的分析结果发现,不同的产学合作模式有着不同的技能人力资本专用性、保障机制与交易成本;胡海青、王恒和桂庆平运用新制度主义理论分别就高等教育与职业教育的产学合作人才培养的困境与本质进行了理论阐述。

3. 高职院校产学合作地位、作用、意义的总结

这一方面的文献数量最多,其中较有代表性的观点包括:产学合作教育可以培养合格的、直接顶岗的一线人才;产学研结合是现代高等教育发展的必由之路;产学研合作是高职教育的"基本办学模式",而非一个措施。

4. 国内高职院校产学合作的历史研究

吴继文、王娟茹追溯了中国产学合作的产生、发展过程;李大卫就职业院校产学合作办学形式的由来、发展进行了阐述。这一方面的研究多认为,"产学合作"或"产学(研)结合"已有成功的实践与探索,应成为指导我国高等职业教育政策的基本依据和基本办学形态。

5. 高职院校产学合作障碍与动力机制的研究

多数对高职院校产学合作障碍的研究都归结于高职院校的观念、政策、自身管理和动力机制。薛培军发现,经济产业结构的调整直接影响我国高等职业技术教育的发展;申学武认为高职院校产学合作的动力主要源于"市场需求拉动力";郑旭辉等就国内外产学合作各参与主体(企业、学校和学生个体)的动力进行了差异比较。学者普遍认为,我国产学合作培养人才的主要挑战来自企业参与动力

---

① 耿洁,黄尧. 技能型人力资本专用化:工学结合中一个新的概念 [J]. 中国高教研究,2010 (7).

不足。而对于如何解决企业参与动力不足的困境，陆启光强调了政府在产学合作教育中的行动策略；方桐清认为要健全保护企业参与产学合作的法律法规；王奕俊、胡海青认为要破解产学合作培养人才企业参与动力不足的困境的关键是要引入利益机制，所以要对我国产学合作培养人才政策与制度进行再设计。

6. 国外高职院校产学合作模式、经验的介绍与比较

于群英、孔凡成等就国外5种典型的产学合作教育模式进行了比较；胡海清比较了3个国家产学合作培养人才的政策与经验；还有一些学者着重介绍了个别国家的产学合作模式，比如德国的"双元制"模式、日本的"产学合作"模式、英国的"三明治"模式、加拿大和美国的"学习与工作结合"模式、新加坡的"教学工厂"模式和韩国高职教育"产学合作"模式。

7. 国内高校与企业的产学合作模式与类型的探讨

石火学把理工院校产学合作的典型模式总结为产学合作教育、继续工程教育、工程研究中心、企业博士后工作站、校内产学研结合、大学科技园等6种模式，并把前面两种归纳为基于人才培养的模式，后面4种归纳为促进企业技术进步和高科技产业化模式。[①] 王希平、方光礼按合作主体的关系把产学合作分为校内产学研合作模式、双向联合体合作模式、多向联合体合作模式、以企业为本模式。黄尧按照功能把产学合作区分为"人才培养型合作""研究开发型合作"和"生产经营型合作"3种模式。马成荣又进一步提出职教集团模式。值得一提的是，"顶岗实习""订单培养"成为这一领域的研究焦点。周建松等通过对定向委托培养模式、以企业为核心模式、松散型订单培养模式、"2+1"人才培养模式4种订单人才培养模式的比较，认为高职院校订单式人才培养是学校和用人单位共同培养高素质技能型专门人才的重要途径。孙健以广东地方院校调查为基础，提出了工学交替、分段培养、项目依托培养、订单培养、科研基地依托培养和直接为企业生产服务等6种合作模式。

8. 高职院校产学合作的制度化、机制化的探讨

黄尧认为，高职院校实行产学合作既是国家政策法规的明确要求，又是国际社会职业教育发展的基本模式和发展趋势；阮艺华的研究强调了产学合作的制度建设的重要性，认为要通过制定高职教育相关法规来规范高职教育的办学行为；吴继文、王娟茹和宋立学提出应制定相关优惠政策，支持高职院校与企业的合作办学；楼一峰、管平等、胡邦曜、李祥富、刘洪一探析了产学结合、校企合作内部机制、运行机制和长效机制；苏志刚以宁波职业技术学院为个案就产学合作教育模式与机制创新进行了探讨。

上述对于国内文献的综述仅仅是高职教育产学合作领域研究的冰山一角。从

---

① 石火学. 产学研结合的典型模式述评 [J]. 高等教育研究, 2000 (3).

第 1 章 引 论

检索的近 10 年文献来看,以"产学合作""工学结合""校企合作""产教合作""产教融合"等为关键词的研究文献数量巨大并呈现逐年快速增长的趋势。

近 5 年内具有代表性的国内研究中,作者认为下列文献最为重要并与本书的研究直接相关。

(1) 在调研文献方面,吉文林[①]和潘海生、王世斌、龙德毅[②]分别从企业的角度和院校的角度就产学合作现状进行的调研结果显示:我国高职教育产学合作普遍存在企业动力不足、合作质量不高、合作深度不足的问题。但是上述调研类文献都仅仅指出了存在的问题,并没有进一步就产学合作存在问题的原因做进一步的理论解释。

(2) 在理论研究领域,耿洁、黄尧和耿洁的博士论文以经济学、管理学为学科视角,提出"技能型人力资本专用化"是职业院校与企业产学合作的共同基础。胡海青的研究发现,提高企业参与产学合作动力的关键在于引入利益成本分担机制,破解产学合作培养人才过程中企业集体行动和机会主义行为困境的关键在于制定专门的产学合作政策。吴冰、刘志民的研究分析了高职院校产学合作"行政为体,企业为用"的现状与问题,并基于 SECI 模型提出改进产学合作的关键在于加快高职院校治理结构改革和引入企业"实质性参与治理"。在宏观层面,唐治斌、石伟平对国际的产学合作经验比较后也发现,提高企业参与产学合作的积极性的关键在于保护企业利益。从对上述理论研究的梳理可以发现,大家对企业参与产学合作的动力不足的问题都指向了企业的"利益机制"和院校的"治理机制"。

(3) 值得注意的是,近年来在高职院校产学合作领域出现了如下兼具理论和实证分析的代表性文献。北京大学金鑫、王蓉的研究首次根据新制度经济学的分支——交易成本理论,就国内不同办学主体的高职院校的产学合作水平进行了实证研究,其研究发现和教育行政部门相比,我国企业举办的高职院校产学合作水平更高,即产学合作水平和院校治理结构举办者密切相关。[③] 同年,金鑫、王蓉和郭建如、邓峰的实证研究发现,以"示范高职院校建设"为指标的国家财政投入和高职院校自身改革未必能从根本上解决产学合作的困境。郭静进一步指出,提高产学合作水平需要改善行业、企业办学的政策环境,从而建立行业、企业办学的激励机制。[④]

可以说,从新近有代表性的国内文献可以看出,高职院校产学合作存在

---

① 吉文林,等. 基于企业视角的校企合作调研分析与对策 [J]. 中国职业技术教育,2012 (21).
② 潘海生,王世斌,龙德毅. 中国高职教育校企合作现状及影响因素分析 [J]. 职教论坛,2013 (3).
③ 金鑫,王蓉. 高职院校办学主体差异与校企合作水平的实证分析 [J]. 高等教育研究,2013 (2).
④ 郭静. 现代职业教育体系建设背景下行业、企业办学研究 [J]. 教育研究,2014 (3).

的问题与困境的突破已经从过去寄希望于院校自身人才培养模式改革,日渐聚焦到了行业、企业等参与产学合作的利益机制分析和政策环境对上述机制的保护。

1.3.2 国外相同或相近领域研究综述

由于教育体制和技能形成体制的巨大差异,国外对产学合作人才培养的研究大体围绕如下三条线索展开:一是合作教育(Cooperative Education)的研究;二是"工作场所学习"(Work-place Learning)领域的研究;三是"技能形成"(Skill-formation)领域的研究。

(1) 合作教育的研究一般从高等教育机构角度出发,这一领域的研究以美国为主。比如,美国学者Joseph Barbeau、Timpane 和 McNeill、Smollins 和 John-Pierre 分别就 20 世纪美国合作教育的历史演变进行了研究,研究发现,美国企业与院校开展合作教育的主要形式是学生个体在企业的实习(Internship),这种实习是学生在企业"签约并有薪金的雇佣"(Paid Full-time Employment),因而这种实习往往要延迟一年毕业。Karsten E. Zegwaard 和 Richard K. Coll 的研究发现,学生参与合作教育的最大好处在于有助于明确其未来职业生涯(Career Clarification)。Brock E. Barry 和 Russell A. Long 的研究发现,学生个体合作教育参与率的高低和企业所付实习工资密切相关。

(2) 教育学领域的西方学者认为合作教育本质上是"和工作紧密结合的学习"(Work-integrated Learning,WIL)或"基于工作的学习"(Work-based learning,WBL)。自 20 世纪 90 年代起,合作教育的研究重心转移到了更为广阔的领域——"工作场所学习"(也译为"职场学习")。2008 年,芬兰于韦斯屈莱大学教授 Tynjala P. 就"工作场所学习"领域的文献进行了历史性回顾。他分析了工作场所学习理论背景下的主要实习模式,认为职业教育或高等教育机构应发展和工作场所(企业)的伙伴关系,创造真实的职场学习环境并实现所谓的"一体化教学模式"(Connective Model)。"一体化教学模式"有利于学生获取工作过程知识,将是未来产学合作的理想模式。[①] 该领域的学者普遍认为,工作场所学习可以提高劳动力市场需求和教育的匹配,从而促进从学校到工作的转换。而完善工作场所学习保障机制的关键在于权衡设计出一个政府、雇主、教育机构和受训者之间权利义务平衡分担的法律框架。

(3) 近年来,国外学者从经济学、社会学重新定义了技能的概念,并从"技能形成"的角度就企业参与教育机构技能投资进行了阐释。在宏观经济层面,西

---

① Tynjala P. Perspectives into Learning in the Workplace [J]. Educational Research Review,2008,3 (2):130-154.

第1章 引 论

方学者认为技能的获取和投资是"经济增长的发动机";① 在微观层面，施特雷克认为"技能是构成企业竞争优势的关键因素"，而且企业只会投资他们所需的技能，即便这些技能或许最终将失去用途，因为成本—收益意识始终约束着企业行为。②

很多学者探讨了企业投资技能失灵——企业参与（厂内和院校）技能培训不足的现象。有的学者认为企业参与技能形成培训的"市场失灵"原因在于"挖人"引起的"界外效应"。凯瑟琳·西伦发现，当企业需要技能的时候，可以选择厂内投资技能，也可以选择在劳动力市场购得成熟的技能。由于企业在劳动力市场上面临竞争，企业往往试图从其他企业中"挖人"（引进培训过的熟练工人），从而逃避技能投资，而这本质上是偷取其他企业的投资。③ 一些经济学家认为，界外效应问题的症结在于其中存在的集体行动困境。也有学者对上述观点提出了质疑。在加里·贝克尔（Gary Becker）看来，工人个体是通用技能的受益主体和投资主体，企业没有动机投资通用技能；而企业的特殊技能由于只对企业有价值，所以专用技能投资成本应由企业和工人共同分担。贝克尔的研究发现，造成企业对技能培训投资不足的根源并非"挖人"所带来的界外效应，而是资本市场约束尤其是信贷约束对受训者的影响。由于无力还贷的风险和培训投资回报的不确定性，使投资行为难以获得安全保障。上述论点意味着只要能有效地帮助受训者延期支付培训成本或代其支付培训成本，企业对技能的投资会起到有效作用。正如美国学者凯瑟琳·西伦提出的，如将培训成本高效地转嫁给受训者，那么企业是乐于进行技能投资的。④ 事实上，很多国家的传统师徒制度就建立在迫使学徒负担培训成本的基础之上。玛格丽特·斯蒂文斯对贝克尔的技能两分法则保持质疑。她认为，很多企业的技能属于中间类型的可转移技能（Transferable Skills），而这种可以转移的技能同样面临"挖人"所带来的界外效应。阿西莫格鲁和皮斯克的研究发现，劳动力市场制度会对企业投资培训产生影响，他们认为，"在完全竞争的劳动力市场中，企业绝不会投资一般技能培训，然后当劳动力市场是不完全竞争时，企业投资的技能培训也就随之产生。"⑤

20世纪90年代，不同国家的企业接受高校实习生"实习培训率"差异成为

---

① Acemoglu D, Pischke J S. Beyond Becker：Trainging in Imperfect Labor Markets [J]. Economic Journal，1999，109（453）：112.

② Streeck W. Social Institutions and Economic Performance：Studies of Industrial Relations in Advanced Capitalist [J]. Contemporary Sociology，1992，23（23）.

③ 凯瑟琳·西伦. 制度是如何演化的——德国、英国、美国和日本的技能政治经济学 [M]. 上海：上海人民出版社，2010：19.

④ 同上书，第14页.

⑤ Acemogl D, Pischke J S. Beyond Becker：Training in Imperfect Labor Markets [J]. Economic Journal，1999.

研究热点之一。Lynch 的研究发现,和德国、日本相比,美国普通教育的入学率很高,但企业接纳(在校)实习生培训的数量很少。对于这一现象,Giorgio Brunello, Alfredo Medio 的均衡模型做了如下解释:从满足社会技能需求的角度,政府既可以选择投资于教育机构,又可以选择投资于企业;从获取技能角度出发,企业可以选择从市场招聘,也可以选择从高校招收实习生来补充空缺技能从业人员,而无论政府还是企业,究竟如何选择取决于效率和成本。① Paul B. 的研究也认为,技能社会的建立需要政府或者选择通过对教育机构投资提供技能,或者选择建立一种保障企业投资于技能的体系。②

进入 21 世纪,很多学者提出"企业与院校合作技能培养是为了投资还是为了获利"的疑问。Christian Dustman 研究发现,企业参与技能培养的主要动机是为了满足企业特定技能需求,而产学合作的前提是存有可信承诺(Credible Commitment)保障。Jens Mohrenweiser 和 Thomas Zwick 对双元制合作的研究发现,不同行业的企业在双元制培训中的成本不一:在有些行业(比如在商业、贸易)实习生工资成本低于产出,故这些行业的企业产学合作属获利行为;而有些行业(比如制造业)的实习生工资成本高于产出,故这些企业的产学合作属投资行为。这一研究告诉我们,产学合作过程当中,企业对学生或院校技能投资的关键在于建立受训者和企业之间达成某种可信承诺关系。③

在跨国宏观层面,国外对职业教育和高等教育机构产学合作关系聚焦在技能形成制度与教育-工作关系的分析上。英国学者 Aston 和鲍威尔博士对日本、德国等国的技能形成制度的研究发现,现代社会要形成一个"高技能发展路线",在技能形成过程中国家层面必须建立某种长期的制度和机制,从而遏制工作场所培训中的短期机会主义行为。④ 除此之外,一个社会要实施高技能发展路线,还要开发一种能够连续性终身学习的工作环境,必须确保所有利益相关者(政府、企业、教育机构和受训者)齐心致力于高技能形成。⑤

1.3.3 专用人力资本的研究进展和该理论对本书研究的适切性

鉴于本书是基于专用技能形成视角下的研究,所以还须对专用人力资本理论

---

① Giorgio Brunello, Alfredo Medio. An Explanation of International Differences in Education and Workplace Training [J]. European Economic Review, 2000, 45 (2): 307-322.

② Mayer K U, Solga H. Skill Formation: Interdisciplinary and Cross—National Perspectives [J]. Canadian Journal of Sociology Cahiers Canadiens De Sociologie, 2008, 115 (4): 1300-1302.

③ Hansen H E, Caps and Gowns. Historical Reflections on the Institutions That Shaped Learning for and at Work in Germany and the United States, 1800—1945 [J]. Journal of Economic History, 1999, 59 (2): 459-462.

④ David Ashton Green F. Education, Training and the Global Economy [M]. Cheltenham, UK: Edward Elgar, 1996: 99-104.

⑤ 许竞. 英国教育领域关于劳动者技能形成研究现状综述 [J]. 比较教育研究, 2007 (12).

的新近研究和该理论对本书研究的适切性做简单的交代。

贝克尔是第一个区分通用和专用技能人力资本，并强调专用技能在企业发展中起决定作用的学者。他认为，在具备先进技术和广泛人力资本基础的经济中，"全才"技能没有专才技能有用。① 在随后半个世纪，沿着贝克尔的研究思路，国内外技能人力资本理论得到了长足的发展。Jovanovic 基于专用人力资本理论和搜寻理论构造的工作转换模型表明：专用性人力资本投资和匹配质量之间存在互补性。国内学者也证明，如果企业和员工共同增加专用性人力资本投资，就会增加雇佣稳定性。Edward P. Lazear 则完善了企业专门人力资本的概念，他把每一个工作的技能分成许多小的技能，而每一种技能都是通用的。Paul Sullivan 的研究发现：在技术与技能岗位中，大部分的人力资本是基于职业经历的积累；而在管理岗位中，大部分的人力资本是基于行业经历的积累。②

国内研究发现：企业能否吸引员工取决于雇员的人力资本专业化（Specialization）和专用化（Specializing）程度。人力资本的专有性或专用性可以从不同维度做进一步区分。杨瑞龙等将人力资本专有性分为"通用的专有性"和"专用的专有性"2个纬度；③ 也有的学者将人力资本专有性分为通用性、企业专用性和行业专用性3个维度；④ 学者臧武芳甚至将其细分为通用的非专有性人力资本、企业专用的非专有性人力资本、行业专用的非专有性人力资本、企业专用的专有性人力资本、行业专用的专有性人力资本、通用的专有性人力资本6个纬度（如图1-1所示）。⑤

图1-1 臧武芳对人力资本的专有性程度的划分

不管如何分类，学者们普遍认为，人力资本治理的逻辑就是在充分开发人力资本的基础上，通过各种激励手段将各类人力资本转变为企业专用性。⑥

国内学界对企业专用人力资本投资的重要研究主要依据企业层面上的统计数据，指出企业人力资本投资不足的现实。近年来，"专用性人力资本投资与员工

---

① 加里·贝克尔. 人力资本理论 [M]. 北京：中信出版社，2007：224.
② Paul Sullivan. Empirical Evidence on Occupation and Industry Specific Human Capital [J]. Labor Economics，2009.
③ 杨瑞龙，杨其静. 专有性、专用性与企业制度 [J]. 经济研究，2001（3）.
④ 吴能全，冯巨章. 企业人力资本治理 [J]. 上海经济研究，2003（6）.
⑤ 臧武芳，张小峰，芮锋. 高科技企业的人力资本治理 [J]. 华东经济管理，2005（5）.
⑥ 吴能全，冯巨章. 企业人力资本治理 [J]. 上海经济研究，2003（6）.

流动性之间的关系"和"专用性人力资本投资中'敲竹杠'（Hold-up）问题"是两个重点研究的领域。① 由于员工流动性导致企业技能投资流失，专用性特征引起"敲竹杠"问题，企业专用性技能投资大多不足。② 围绕专用性投资激励不足的问题，学者探讨了多种解决机制。新制度经济学理论框架下的关系契约激励是解决专用性人力资本投资不足的重要措施。③ 在这一方面，姚先国、翁杰的研究发现，提高企业和员工之间雇佣关系的稳定性可以提高企业的人力资本投资，他们通过劳动合同期限和任职期这两个变量来反应雇佣关系的稳定性，得出如下结论：企业愿意向那些与企业雇佣关系稳定的员工进行人力资本投资。④ 翁杰的研究还发现：那些与企业没有建立稳定雇佣关系的员工更偏好于投资通用技能（一般性人力资本），而不是企业专用人力资本。⑤ 所以，企业和雇员双方必须签订合同来明确双方人力资本投资的成本分担和各自义务，以避免机会主义行为。

在企业专用人力资本投资领域，现有研究主要就企业专用性人力资本投资中的机会主义和"套牢"风险提出了投资激励机制。但这种专用性人力资本投资主要通过发生在企业或工作场所内的"干中学"和（或）在职培训完成，即在现有雇佣合约框架内，员工对自己和（或）雇主对员工的专用性人力资本投资。近来，国内学者进一步提出，专用性人力资本投资应站在更高的层次，而不应局限于企业内部。⑥ 徐兆铭等通过 GL 集团的案例，区分了企业进行专用性人力资本投资的两种可行途径：一是雇佣合约框架内的专用性人力资本投资模式；二是嵌入性过程控制的专用性人力资本投资模式。⑦ 徐兆铭等的研究认为，嵌入性过程控制的专用性人力资本投资模式是以"或有雇佣合约"为基础，其核心是采用某种方式对学校的人力资本生产过程（教育活动）施加某种控制或影响，进而将企业专用性人力资本生产过程嵌入到通用性人力资本的生产过程中。这一专用性人力资本投资新领域的研究，突破了传统企业技能人力资本投资的定义，丰富和深化了对于专用性人力资本投资与企业合约之间逻辑关系的理解，也为产学合作研究领域提供了新的理论视角。

---

① 尤琳. 专用性人力资本投资研究现状及简要述评 [J]. 经济论坛，2011（9）.
② Didier Fouarge, Andries de Grip, Wendy Smits, et al. Flexible Contracts and Human Capital Investments [J]. De Economist, 2011 (11).
③ 马金平. 基于不完全契约的专用性人力资本投资激励 [J]. 科技进步与对策，2010（10）.
④ 姚先国，翁杰. 雇佣关系的稳定性和企业的人力资本投资 [J]. 技术经济，2005（12）.
⑤ 翁杰. 人力资本投资需求和供给的不对称性 [J]. 山西财经大学学报，2005（4）.
⑥ 黄红灯，阮永平. 知识管理与人力资本专用性投资 [J]. 情报科学，2005（8）.
⑦ 徐兆铭，杨晓波，乔云霞. 雇佣合约、嵌入性过程控制与企业专用性人力资本投资——以 LG 集团为例 [J]. 经济管理，2007（15）.

1.3.4 对现有研究的评析

1. 国内外研究评析

第一，具有理论深度的文献较少。和基于技术合作的大学"产学研"研究相比，即便是引用率居前的高职院校"产学合作"领域文献，也多以经验性、现象描述性和"应然"性的实践探索类研究为主。国内具有理论深度的文献中，作者认为比较有代表性的是中央财经大学的徐兆铭，天津大学的黄尧、耿洁，文玉菊等，华东师范大学的许竞和南京农业大学的吴冰、刘志民的研究。如果说徐兆铭、黄尧、耿洁和文玉菊等的研究证明了专用技能人力资本是产学合作双方人才培养共同的微观基础；许竞和吴冰、刘志民的研究则在理论上证明，不同技能形成制度是产学关系的宏观基础。[①]

第二，实证研究较少。尽管上述文献整理当中可以看到一些对产学合作或校企合作现状与问题的实证调研，但这些文献往往止步于"调研"，其研究方法和手段较为单一，兼具理论价值和实证研究的文献更是凤毛麟角。其中，北京大学的金鑫、王蓉的研究最有代表性，他们的实证研究证明了高职院校治理结构（院校举办方）是决定产学合作水平的重要因素。

第三，基于教育机构与教育理论的研究居多。我国技能形成的主体是高等和职业教育机构，而非企业，国内的产学合作研究主要从教育机构出发，这有其本身的逻辑合理性，但由于没有抓住企业利益考量机制而解释力有限；尽管很多国内研究探讨了企业参与产学合作的动力基础，却无法从宏观视角和微观视角解释既有企业参与产学合作的动力差异。比如，国内文献无法解释在既定制度约束下，不同企业参与产学合作人才培养为何存在差异；而国别比较研究则往往忽视其背后的技能形成制度因素。所以，尽管上述研究从技能人力资本和技能形成制度的角度，阐述了职业院校与企业产学合作的基础，但总体上，对企业通过产学合作以"或有雇佣合约"为关系契约进行专用技能人力资本投资的研究还缺乏进一步的理论和实证支持。

第四，在人力资本投资领域，徐兆铭的研究发现，嵌入性过程控制的专用性人力资本投资模式是以"或有雇佣合约"为基础，其核心是采用某种方式对学校的人力资本生产过程（教育活动）施加某种控制或影响，进而将企业专用性人力资本生产过程嵌入到通用性人力资本的生产过程中。徐兆铭对企业人力资本的研究，突破了传统企业技能人力资本投资的定义，丰富和深化了对于专用性人力资本投资与企业合约之间逻辑关系的理解，也为产学合作研究领域提供了新的理论视角。

[①] 许竞. 试论国家的技能形成体系——政治经济学视角[J]. 清华大学教育研究, 2010, 31 (4).

第五，国外技能形成和"职场学习"研究领域大多基于工作场所而非教育机构，既有研究发现，如能将培训成本高效地转嫁给受训者，那么企业是乐于进行投资的。技能体系制度化作为稳定的制度体系，所面临的关键挑战是受训者和企业之间难以达成一个可信承诺关系。这种基于企业的技能形成研究对于高职院校产学合作研究提供了新的角度。

2. 研究趋势与展望

通过文献整理可以发现，产学合作教育领域的研究已从过往高等和职业技术教育机构角度出发、以教育理论为主，开始转向从企业、社会等多角度出发，并将以新制度经济学的"专用人力资本"和"技能形成"为理论视角，这一全新理论视角赋予产学合作在教育经济学领域有了新内涵；而国内外技能形成和人力资本投资相近领域的研究也开始从基于新制度经济学的专用技能形成或专用人力资本投资的角度研究产学合作。综上所述，基于新制度经济学和人力资本理论的专用技能形成或专用人力资本投资的视角对高职院校产学合作的研究是当前和未来的研究趋势。

1.4 研究目标与研究设计

1.4.1 研究目标

本书研究的总体目标是以专用技能人力资本的视角研究产学合作行为的影响因素。研究的具体目标包括以下三个方面。

1. 对高职院校产学合作理论基础的研究

这一部分的研究目标主要运用新制度经济学、人力资本和技能形成理论，并在文献分析的基础上提出本书研究的概念框架——专用技能形成与高职院校产学合作的关系。

2. 就技能形成主体对高职院校产学合作的影响进行实证分析

在上述概念框架的基础上，运用调查和定量分析的方法，对在既有制度环境下，企业主体、办学主体、专业因素和学生个体对高职院校产学合作行为的影响进行实证分析。

3. 技能人力资本形成制度对高职院校产学合作行为的影响

运用历史分析和制度分析的方法，探讨不同技能制度对高职院校产学合作行为的影响。

1.4.2 主要研究方法

1. 文献分析法

本书理论研究部分采用的是文献分析法。主要对新制度经济学（特别是交易成本经济学、契约理论)、人力资本、技能形成理论文献进行分析,从而形成本书研究的概念体系。文献分析法主要运用于引论(第1章)和理论基础与概念界定(第2章)。

2. 调查法

本书在不同因素(企业主体、办学主体、专业和学生个体)对高职院校产学合作影响的研究部分(第4、5、6、7章)主要运用了调查法。调查内容包括:全国示范性高职院校(77所)和江苏省高职院校(78所)与企业在不同专业领域产学合作的原始数据;学生个体参与顶岗实习和订单培养的问卷调查(附录2)。其中,院校与企业产学合作调查从2010年10月开始,到2014年1月结束。调查的步骤是:首先,从高等职业院校人才培养工作状态数据采集与管理平台收集到113所高职院校产学合作的数据资料,然后,就其中的3 793家产学合作企业总共12 272次产学合作项目通过网络、电话、走访等方法开展了深入调查。学生个体的问卷调查共进行了3批(次):第一批调查在2012年5月,第二批调查在2013年5月,第三批调查在2014年5月。

3. 制度分析法

本书就技能人力资本形成制度对高职院校产学合作关系的影响研究(第7章)中运用了制度分析法。研究发现,在企业通过产学合作获得技能的过程中,有些社会存有产学合作的制度条件,而有些社会则不存在。对这个问题的研究主要将不同社会(经济体)高职院校产学合作行为置于技能形成制度环境当中,探讨高职院校产学合作与制度环境的关系。

1.4.3 研究技术路线与逻辑结构

本书的研究技术路线是:首先,在文献收集的基础上建立理论基础,在调查的基础上建立数据基础;其次,以技能型专用人力资本为视角,构建概念框架;最后,以技能形成和技能形成制度为主线,分析既定制度和不同制度下影响产学合作行为的主要因素。研究技术路线如图1-2所示。

本书研究的逻辑框架是如下。

第一,构建技能型专用人力资本的概念、内容、特征等概念体系;

第二,分析不同经济体技能形成制度中的高职院校产学合作行为;

第三,对于既有技能制度环境下各要素(企业、院校、专业和学生个体)对高职院校产学合作行为的影响进行实证分析;

第四,提出研究结论和政策建议。

本书研究的逻辑框架总体上是沿着"理论构建—(不同社会技能形成制度中的)案例分析—(既定制度下的)实证因素分析—结论与政策建议"展开。

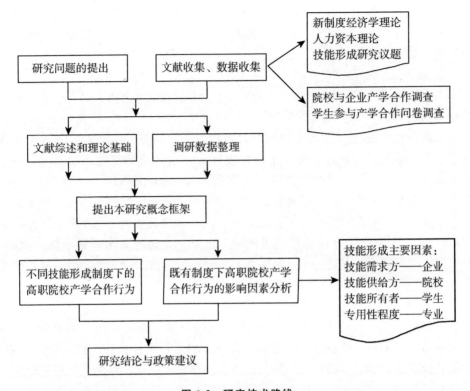

图 1-2 研究技术路线

第 2 章 理论基础与概念界定

本书的核心概念——专用技能人力资本是建立在人力资本与新制度经济学这两大理论基础之上的。本章旨在通过对两大基础理论文献回顾的基础上，就专用技能人力资本这一核心概念进行理论分析，并就本书所涉及的重要概念进行界定。

2.1 人力资本理论基础

对于"技能"（Skill）这一概念，不同学科的学者有不同的诠释。本书所使用的技能概念首先与人力资本理论密切相关，故先对人力资本理论做如下回顾。

2.1.1 早期人力资本思想回顾

学界普遍认为，人力资本思想的萌芽来自英国古典政治经济学家威廉·配第（William Petty）的《税赋论》。他认为"技艺"和土地、物质资本、劳动同等地位、同样重要，还提出土地乃财富之母，劳动乃财富之父的著名论断。[①] 古典经济学鼻祖亚当·斯密（Adam Smith）则在其《国民财富的性质和原因的研究》（以下简称《国富论》）中提出：一个工人熟练操作某台昂贵机器的技能所需花费的时间、劳动资本可能相当于这台昂贵机器本身的成本，所以技能劳动（Skilled Labour）所得报酬理应高于普通劳动（Common Labour）。[②] 法国古典经济学家萨伊（Say）在《政治经济学概论》中将人力看作一项资本，并认为该资本由每年的教育款项累积而成。英国经济学家约翰·穆勒（Mill John）在《政治经济学原理及其在社会哲学上的若干应用》中提出"技能与知识都是对劳动生产率产生

[①] 约翰·伊特韦尔，等. 新帕尔格雷夫经济学大辞典：第 2 卷 [M]. 陈岱孙，编译. 北京：经济科学出版社，1992：736.

[②] 亚当·斯密. 国民财富的性质和原因的研究 [M]. 郭大力，王亚南，译. 北京：商务印书馆，1972：46.

重要影响的因素"。此后，新古典经济学家继承并发展了人力资本思想。其中，最有代表性的是阿尔弗雷德·马歇尔（Alfred Marshall）。马歇尔在其《经济学原理》中将人视为生产要素，并将人的能力分为"通用能力"和"特殊能力"，他甚至预言"一个伟大的工业天才的经济价值，可以抵偿一个城市的教育费用"。

在这一时期，以亚当·斯密、配第、马歇尔为代表的古典和新古典经济学家最早阐明了人力资本的思想，并在此基础上提出了劳动中"技能"和"能力"的概念和重要性。① 但在随后的 200 多年里，个体劳动依然被假定为"同质"的：劳动力的数量等同于或类似于农业生产中的土地数量和工业生产中的机器数量；而劳动者的个体技能或个体能力差异对于生产率、经济发展的作用往往被忽视。因此，这一时期更多强调的是劳动的分工，而非技能的投资。②

2.1.2 现代人力资本理论的形成

严格意义的人力资本理论始创于 20 世纪 60 年代，对该理论做出重大贡献并受到学界认可的包括西奥多·舒尔茨（Throdore W. Schurz）、雅各布·明塞尔（Jacob Mincer）和贝克尔等经济学家。

舒尔茨在其系列著作中阐述了人力资本理论的基本理论框架：（1）人力资本体现在人的身上，表现为人在知识、技能、经验等方面的能力和素质；（2）人力资本是人力投资而形成的资本，所以是投资的结果；（3）对人力的投资会产生投资收益，人力资本是提高劳动者收入的源泉；（4）人力资本积累是社会经济增长的源泉；（5）人力资本的投资包括学校教育、企业培训、营养和医疗保健、择业和迁移成本等渠道。③

人力资本理论的数学化工作由明赛尔在其博士论文《人力资本投资与个人收入分配研究》中完成，他建立的经济数学模型中阐明了工人的工资增长和差距来自人们的教育水平差异。

完成人力资本理论体系构建的是美国经济学家贝克尔，他在其系列著作中从微观角度阐述了教育培训对人力资本形成的作用。他的经典论断包括：（1）人力资本投资主要包括教育、保健、劳动力流动和移民等；（2）培训是人力资本投资的重要内容；（3）人力资本投资既要考虑当前经济收益，又要考虑未来的经济收益。④

---

① 雅各布·明塞尔. 人力资本研究——雅各布·明塞尔论文集：第一卷 [M]. 北京：中国经济出版社，2001：3.
② 亚当·斯密尽管意识到国家教育的重要，但他认为提高生产率主要在于劳动分工而非教育或者学徒培训。
③ 西奥多·舒尔茨. 人力资本投资——教育和研究的作用 [M]. 蒋斌，张蘅，译. 北京：商务印书馆，1990：22-40.
④ 加里·贝克尔. 人力资本 [M]. 梁小民，译. 北京：北京大学出版社，1987：5-18.

这一时期人力资本理论的核心思想在于，个体的劳动不再被视为"同质"的生产要素，个体的技能差异会对生产率乃至经济增长产生直接影响，包括技能在内的人力资本形成主要依赖教育与培训，而所有的这些"工作准备"都属于人力资本投资行为。所以，这一时期人力资本理论的主要任务在于解释个体人力资本的投资行为；而就整个社会的教育培训体系而言，这一时期的著名学者凯尔在其著作《工业主义与工业人》中仅做了如下阐述：任何一个社会只要一旦步入工业化进程，其整个教育体系就必然要与社会生产技术所需要的技能同步发展。

2.1.3 当代人力资本理论的发展

在舒尔茨、明塞尔和贝克尔等经济学家完成现代人力资本理论的创建之后，到了20世纪80年代后期，以"知识经济"为背景的人力资本理论研究出现了第二个高潮，主要可概括为如下几个方面。

1. 罗默的内生增长模型

罗默（Romer Paul M.）在其博士论文中提出了内生增长模型，他将知识分为一般知识和专业知识，并强调了以下内容：第一，通用知识将会产生规模经济的收益，而专业化知识可以产生生产要素的递增收益。两种效应的结合不仅使知识、技术和人力资源本身产生递增的收益，也使得资本和劳动等其他投入要素的收益出现递增现象。第二，特殊知识和专业化人力资本是人类经济增长的主要因素，这些人力资本不仅能形成递增的收益，而且能使资本和劳动等要素投入也产生递增收益，从而使整个经济的规模收益递增，而这将保证长期经济增长。第三，知识具有"溢出效应"，知识会随着资本和生产规模的增加而流动，每个企业都从其他企业获得知识溢出的好处，从而进一步推动整个社会知识存量的增加。[①]

2. 卢卡斯的专业化人力资本积累增长模型

卢卡斯（Lucas）在其《论经济发展的机制》一文中，提出了人力资本积累增长模型。卢卡斯把资本形式区分为物质资本与人力资本两种，并将劳动进一步区分为"原始劳动"（Raw Labor）与"专业化人力资本"（Specified Human Capital）两种。他指出一般原始劳动的人力资本不是产出增长的主要因素，只有专业化人力资本的劳动才是经济增长的主要动力。

无论是罗默还是卢卡斯，他们都将原来外生的技术因素作为专用技能人力资本来研究。就人力资本而言，他们仅仅关心人力资本投资前后的影响，至于技能人力资本的生产过程，则被视为一个"黑箱"。他们认为，对技能人力资本的生

[①] Romer Paul M. Dynamic Competitive Equilibria with Externalities, Increasing Returns and Unbounded Growth [D]. Chicago, 1983.

产过程——教育和培训体系进行研究是教育学家而非经济学家的事；同时，对技能人力资本的衡量也局限于个体的"可雇佣性"（Employability）。

2.1.4 基于人力资本理论的"技能"与"技能形成"概念

纵观人力资本研究的发展演变过程，其理论经历了早期萌芽、经典理论形成和当代人力资本理论发展三个阶段。不同时期教育经济学研究的着重点不尽相同，他们从不同的角度将人力资本划分为不同的种类。

国外学者贝克尔根据人力资本的通用程度，将人力资本区分为通用人力资本（General Human Capital）和专用人力资本（Specific Human Capital）。在此基础上，汉密尔顿根据能力结构差异将人的能力区分为领导能力、基础能力和技术能力，并据此将人力资本划分为企业家型人力资本（Entrepreneurial Capital）、通用型人力资本（General Human Capital）和技能型人力资本（Technical Human Capital）三种类型。国内学者李忠民、马振华则将人力资本类型划分为五种，即一般型、技能型、技术型、管理型和企业家型。

不管对人力资本的类型做何种分类，学者普遍认为技能型人力资本是具有某项专门知识和特殊技能和技术的人力资本。技能型人力资本对应的社会角色是各级各类技能或技术员工，其形成需要各投资主体以利益最大化或理性条件为前提的投资，从而使"通用性技能型人力资本"进一步转化为行业、企业所需的"准专用性技能型人力资本"和"专用性技能型人力资本"。因此，对技能人力资本投资是技能人力资本最终形成并专用化的根本途径。

根据上述对人力资本理论基础的梳理，并且为了描述的简便，本书采用"技能"作为"技能型人力资本"概念的代名词，将个体的"技能形成"作为"技能型人力资本投资"概念的代名词。所以说，本书所使用的"技能"和"技能形成"的概念首先源于人力资本理论。至于"专用技能"和"技能专用化"的概念不仅与人力资本理论相关，还和新制度经济学密切相关，这一部分的概念内涵和理论基础将在下一节展开。

2.2 新制度经济学基础

本书的另外一个理论基础——新制度经济学有众多分支和流派，而其中的交易费用分析范式和产权理论与本书分析视角——专用技能形成密切相关。

2.2.1 新制度经济学的交易费用分析范式

新制度经济学的重要分支——交易费用经济学或交易分析范式将交易（Transaction）视为经济社会的基本分析单位，并将交易费用或交易成本

第2章 理论基础与概念界定

(Transaction cost)的节省作为经济组织的核心问题。不同类型的交易要对应不同的治理结构或治理机制,而交易费用根据资产专用性、重复交易频率和交易不确定性与治理结构三项因素的变化而变化。

1. 资产专用性

尽管资产的专用性（Asset Specificity）的概念早在马歇尔、贝克尔、波尼（Pony）和雅各布·马尔沙克（Jacob Marschak）等经济学家在研究人力资本的时候就已经认识并被提出,但是真正将这一问题放到核心地位的是以奥利弗·E. 威廉姆森（Oliver E. Williamson）为代表的新制度经济学家。威廉姆森发现,"当某些投资一旦形成某种资产就很难再作重新配置使用,否则它们在转移配置中将遭受重大的经济价值损失",他将资产专用性定义为"不牺牲生产价值的条件下,资产可用于不同途径和由不同使用者利用的程度"。① 他把各种资产专用性分成如下六种类型：①"干中学"方式获得的人力资本专用性,如注册会计师或者某一领域的专家;②物质资源专用性,如某零件必用的专用模具;③场地专用性（专用地点）,其用途在于节约库存和运输成本;④专项资产,如专用的资产设施、机械设备或者应客户紧急要求的专门投资;⑤品牌资产专用性,包括组织或产品的品牌和企业的商誉等;⑥时间上的专用性,类似于技术不可分性。

威廉姆森认为,上述专用性资产一旦形成,一方的违约或机会主义行为必将导致另一方无法挽回的损失,因此,必须对资产专用性进行某种治理机制设计,以降低交易双方的违约或机会主义行为,从而减少交易成本。

2. 重复交易频率

如果仅仅为了完成偶尔的一次交易就设计、维持一种专门的治理结构是"不经济的"。根据斯密定理,只有一定规模的交易才能促成一个专门的劳动分工形式——解决资产专用性的特殊治理结构。威廉姆森认为,资产专用性和交易频率是影响交易双方行为关系的两大关键因素。他根据交易频率的维度（偶尔的交易和重复的交易）和资产专用性维度（专用性投资特征）,区分如下四种类型的治理结构（如图2-1所示）。②

上述四种类型分别具有如下几个特点。③

（1）市场治理（Market Governance）：这种方法,依赖于市场上的非人格化交易（Impersonal Transaction）,威廉姆森认为偶然契约和重复契约的非专用性

---

① Oliver E Williamson. Comparative Economic Organization：The Analysis of Discrete Structural Alternatives [J]. Administrative Science Quarterly,1991.

② 威廉姆森. 资本主义经济制度——论企业签约与市场签约 [M]. 北京：商务印书馆,2002：120.

③ Oliver E Williamson. The Economic Institutions of Capitalism：Firms, markets, relational contracting [M]. New York：Free Press. 1985：73-74.

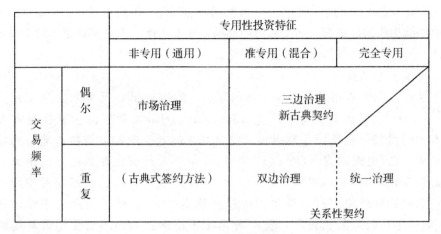

图 2-1　不同类型的治理结构

交易适用市场治理安排。

（2）三边治理（Trilateral Governance）：当交易是偶尔性的且具有"混合"或"高度专用性"的情形时适合于三边治理。由于这些专用性投资"木已成舟"，其机会成本非常低，因此很难改变用途。这时，单独依赖市场的效果并不理想，因为会发生和变更商业伙伴相关的交易成本。通过新古典契约的方式，借助第三方就可以解决纠纷并对契约履行进行评价。

（3）双边治理（Bilateral Governance）：在双边安排下，交易各方的自治得到了保证，独立的组织不会融为一体。在这种情形下，需要依赖关系性契约来获得"最优"解。威廉姆森曾将这种治理模式的基础解释为：两类交易都需要设计专门的治理结构，又都得到混合型投资以及高度专用性投资的支持，因此都属于不断重复的交易。正是由于这两类交易具有非标准交易的性质，才会出现那种根本性的变化。而交易的重复性实际上就为补偿专用治理结构的成本提供了条件。①

（4）统一治理（Unified Governance）：这是纵向一体化的情形。此时，为了让"联合利润"最大化的发生更为可能，以及更快适应变化的环境，单个商业实体放弃自治。其有利之处在于，（交易方）无须商议，只要完成或设计实体间的协议，就可以做到适时调整。

3. 交易不确定性与治理结构

威廉姆森还发现，交易不确定性的增强会最终将混合投资交易"推向"专用

---

① 埃里克·弗鲁博顿，鲁道夫·芮切特. 新制度经济学：一个交易费用分析范式［M］. 姜建强，罗长远，译. 上海：上海人民出版社，2006：219.

第2章 理论基础与概念界定

投资，从而使混合交易变得不可行。① 这一判断与（Langlois）就不确定性与治理结构之间途径的分析不约而同。② 在朗格卢瓦的分析中，不确定性主要受技术、连续性和产量的影响，技术变革将导致市场的不确定性增加。③

在上述三个维度当中，尽管交易不确定性、重复交易频率两个纬度也很重要，但新制度经济学主要关注于专用性资产投资这一因素，并认为：随着资产专用性程度的增加，会出现交易双方相互依赖的情形。当资产专用性为零时，就会出现经济学中的理想交易（与买卖双方的身份无关）；随着对专用性资产投资的增加，交易身份会变得越来越重要。也就是说，资产专用性决定了双边依赖程度与治理结构并最终决定双方的契约安排。

根据新制度经济学的交易成本分析范式，可将契约（Contract）视为有法律约束的合同；也可以将之视为非法律约束的承诺——它可以通过某种形式的社会压力或"自我履约"的方式来保证。④ 威廉姆森治理机制各种形式的关键区别在于不同的协调、控制机制及不同的适应变化的能力，而不同类型的契约法支持并且规定了不同的组织形式。

古典契约法（Classical Contract Law）适用于所谓"理想的"交易，在这种交易中，双方身份并不重要，市场中买卖双方之间不存在相互依赖的关系。交易的特征就是契约法的规则被严格应用于市场的讨价还价过程中。古典契约法支持"自发的"市场组织形式并与之保持一致。

新古典契约法（Neoclassical Contract Law）适用于这样的契约：契约中的交易仍然是自发的，但是不能忽略双方的依赖性。新古典契约法支持混合的缔约模式，契约双方保持自主，但该契约受"弹性缔约机制"的调节。威廉姆森认为，长期的不完全契约需要特定的适应性机制以便遇到意外干扰时可以有效地重新安排并保证效率。⑤

采用威廉姆森的契约计划图（如图2-2所示）可以表示多样性契约关系。假定用 k 表示购买专用性资产的投资量，前面三种交易专用性资产的投资量为零（$k=0$），而治理性交易使用的是专用技术（$k>0$）。但如果交易中愈来愈多的专用性资产面临风险，交易双方就需要设计出一种安全措施（用 s 表示），以保护

---

① Oliver E Williamson. Comparative Economic Organization: The Analysis of Discrete Structural Alternatives [J]. Administrative Science Quarterly, 1991.

② Nlanglois R. The Vanishing Hand: The Changing Dynamics of Industrial Capitalism [J]. Industrial & Corporate Change, 2007, 12 (2): 351-385.

③ 杨德才. 新制度经济学 [M]. 南京: 南京大学出版社, 2007: 43.

④ 埃里克·弗鲁博顿, 鲁道夫·芮切特. 新制度经济学: 一个交易费用分析范式 [M]. 姜边强, 罗长远, 译. 上海: 上海人民出版社, 2006: 187.

⑤ Oliver E Williamson. Comparative Economic Organization: The Analysis of Discrete Structural Alternatives [J]. Administrative Science Quarterly, 1991.

在此之后交易投资的安全。如果 $s=0$，表示不采取这种安全措施；如果决定要采取安全措施，则用 $s>0$ 表示。

将图 2-2 中 A、B、C 三点各代表一种价格，就能很直观地比较各种价格。①分支 A 表示的是专用性资产的投资量为零（$k=0$）条件下的供给量，其预期价格应为 P_1；②分支 B 所表示的是用于专用资产（$k>0$）、无须安全措施（$s=0$）的交易，其预期价格是 P_2；③分支 C 代表的是专用资产投资（$k>0$）、并提供了安全措施（$s>0$）的交易，其预期价格 P_3 将低于 P_2。

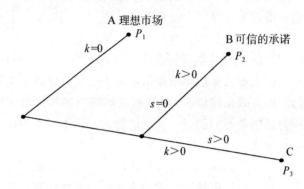

图 2-2　威廉姆森的契约计划图

在上述三种情况下，第一种情况需要调整激励契约计划；第二种情况是建立并使用某种专门的契约计划，以解决有关契约纠纷；第三种情况是鼓励双方持续合作的意向，用双边互惠的方式解决交易不平衡的契约计划。契约计划图说明了多样性契约的关系形成，它突出了技术（k）、契约治理结构或安全措施（s）和价格（P）三要素相互作用、相互决定的关系，可以适用于各种不同的交易问题与制度分析，有着非常广泛的用途。①

依据上述分析，以威廉姆森为代表的新制度经济学交易费用范式的基本命题是：交易者将选择使交易费用最小的交易协调机制。而何种交易费用最小，要根据交易过程中资产专用化程度、不确定性和交易频率三个变量来确定。也就是说：①资产专用化程度低的交易，无论其不确定性程度或交易频率大小，都采用古典契约法。在这种情况下，交易各方能够根据市场达成交易，买卖双方不存在相互依赖的关系；②当资产专用性、交易频率和不确定性较高的交易属于某种关系型契约时，主要依靠统一治理来完成；③两者之间的交易属于新古典契约和另一种关系型契约时，分别对应于第三方治理和双方治理机制。

在威廉姆森的三变量（价格、资产专用性、安全措施）刻画交易与契约特征

---

① Oliver E Williamson. The Economic Institutions of Capitalism: Firms, Markets, Relational Contracting [M]. New York: Free Press. 1985: 33.

的基础上，法国经济学家克劳德·梅纳尔（Claude Ménard）进一步提出：价格是激励的一个关键成分，资产专用性（交易特征）是契约持久性和完备性的主要决定因素，安全措施条款是实施的一种手段。资产专用性在很大程度上决定治理结构和它们相关的契约安排，而不确定性主要影响契约和其相关的执行程序间的关系。①

交易成本分析范式下的关系性契约理论可以直接应用于契约双方因交易专用性投资而相互依赖关系的情形。威廉姆森曾提到"根本性转变"（Fundamental Transformation），"契约签订最初存在大量数目的竞争者，过后却有效率地转变为双边供应关系。这种根本性转变会涉及契约结果的方方面面"。② 以高校与企业产学合作顶岗实习为例：从企业的角度，用技术不熟练的实习生替换原来有经验的熟练工人本身就是低效行为；而当实习生实习一段时间，到了企业越来越离不开这些新形成的专用技能的时候，实习生却将离开企业。为了避免这种"根本性转变"，企业往往投资不足——拒绝接纳实习生或将实习生作为廉价劳动力。

综上所述，新制度经济学中的"人力资产专用性"和人力资本理论中"专用性人力资本"的概念相仿，即本书所界定的"专用技能"。由于技能的专用性往往和特定的企业、行业、职业密切相关，专用技能的形成是企业、行业与院校共同投资的结果。③ 所以说，本书中基于技能的产学合作可以看作是技能形成参与主体（企业、行业、院校、学生等）建立某种契约关系或治理机制进而对通用技能实现专用化的过程。

2.2.2　新制度经济学的治理机制与制度环境分析

新制度经济学视角的研究可以区分为交易成本经济学和产权经济学两个层次。交易成本经济学的研讨对象聚焦于短期内（如1—10年）的治理机制或治理结构；而产权经济学则聚焦于长期内（如10—100年）的制度环境。由于交易费用分析范式往往从狭隘的功利主义角度出发，认为只有理性计算交易成本才会导致治理机制的转变。格兰诺维特认为，应将治理机制研究纳入更为广阔的视野中去。即便威廉姆森也提出，新制度经济学领域的研究应该通过制度环境这一"系列参数"将制度环境和治理机制两个"明显相关却经常分离的"部分结合起来，

---

① 科斯，诺思，威廉姆森. 制度、契约与组织 [M]. 北京：经济科学出版社，2003：279-290.
② Oliver E Williamson. The Economic Institutions of Capitalism：Firms, Markets, Relational Contracting [M]. New York：Free Press. 1985.
③ 耿介的研究认为，中高等职业技术教育投资形成职业技能，企业投资形成了企业专用技能。

即制度环境参数的变化引发比较治理成本的变动,从而带来治理机制的变动。①但对于制度如何引发组织行为的改变,新制度经济学不同学派的学者大致可以分为两种不同的研究视角:算计路径与文化路径。以道格拉斯·C.诺斯（Douglass C. North）为代表的新制度经济学家产权学派算计路径的主要观点是,制度是行动者的行动背景,行动者根据利益最大化来选择行动策略并有目的地创立、改变制度。② 从这一角度出发,当企业在面临技能需求的时候,可以选择从市场购买（招聘）、企业生产（培训）或与相关院校合作三种方式来培养技能,究竟如何选择取决于效率和成本比较;而以迈耶（Meyer）为代表的文化路径制度学派则认为,制度主要为合作行为提供合法性,行动者根据制度进行价值判断并根据合法性最大化选择行动策略并创立、改变特定制度。③ 从这一角度出发,产学合作者根据所在经济体技能制度进行价值判断,根据合法性最大或合法化压力最小原则来制定合作策略。④ 为了理论的一贯性,本书主要基于诺斯产权结构（上一节我们称之为"治理机制"）分析的视角:产学关系主要涉及技能的供需双方——学校和企业。从技能的需求方——企业的角度,企业面临技能需求的时候短期内需要理性计算来确定技能获取方式与治理机制;同时,这种治理机制长期内还受制于所在经济体的技能形成制度。

近年来,在威廉姆森、诺斯的基础上,新制度经济学在治理机制领域的研究积累了丰富的文献。除了交易成本分析范式中的市场和科层制,一般按照如下两个维度来划分治理机制类型。第一个维度是正式整合的程度,它体现了组织正式或者非正式的程度。据此可以将双方关系区分为整合程度低（没有离散的组织结构）、整合程度中（自治连接,但相互独立的行动者）和整合程度高（完全科层等级控制）三种。第二个维度是合作的范围,即参与交易的组织数量。根据参与组织数量,合作仅在两个组织中展开;也可以纳入第三方力量,行动者互相激励形成集体行为。

根据上述两个维度,可以将各种治理机制类型划分为市场、监控制、责任网络、推广网络、等级制、行会六种（如表2-1所示）。在下面章节中将进一步描述基于这六种治理机制的产学关系类型。

---

① 威廉姆森,斯科特·马斯滕.交易成本经济学——经典名篇选读［M］.北京:人民出版社,2008:123.

② 诺斯.制度、制度变迁与经济绩效［M］.上海:格致出版社·三联书店·上海人民出版社,2008:81.

③ 鲍威尔,迪马吉奥.组织分析的新制度主义［M］.上海:上海人民出版社,2008:57.

④ 胡海青.我国产学合作人才培养中企业机会主义行为的制度分析［J］.高等教育研究,2014（1）.

表 2-1 治理机制的类型

治理机制	（双边关系）正式整合的程度	国家或行会在多边关系中的作用
市场	低（没有离散的组织结构）	无
监控制	低（没有离散的组织结构）	有
责任网络	中（自治连接，但相互独立的行动者）	无
推广网络	中（自治连接，但相互独立的行动者）	有
等级制	高（管理科层等级控制结构）	无
行会	高（管理科层等级控制结构）	有

资料来源：坎贝尔. 美国经济治理 [M]. 上海：上海人民出版社，2009：11.

1. 市场

威廉姆森将市场原则下的交易称之为古典交易。市场治理机制下的交易双方整合程度非常低，交易各方保持各自的独立性和自主性。

2. 监控制

监控制、推广网络、行会三个治理机制都引入了来自"第三方"力量，它们是多边关系的连续统一体。监控制较为接近于市场治理，但和市场治理相比，行动各方都必须遵守相互理解和认同的规制。例如，19世纪美国纺织业领袖通过晚餐聚会的非正式形式来达成价格协定，但这一协议由于没有强制执行机制，所以属于君子协定。[①]

3. 责任网络

威廉姆森将责任网络治理方式称为责任契约。和自由市场的治理机制相比，责任网络治理机制的最大特征是通过建立长期转包合同等契约关系降低了企业的不确定因素。[②]

4. 推广网络

推广网络治理机制也需要引入第三方的力量来作用于集体行为。集体行为的基础在于合作各方的相互认同、相互协作。和监控制的隐性交易原则相比，推广网络的行动者会在一起明确各项交易规则。一般认为，政府部门、大学、推广部门和农业企业之间的长期研发合作属于推广网络治理。

5. 等级制

交易成本分析范式中垂直合并企业是等级制治理机制最常见的方式。通过这种治理方式，可以控制交易关系中内在的机会主义倾向。

---

① 坎贝尔. 美国经济治理 [M]. 上海：上海人民出版社，2009：19.
② 同上书，第15页。

6. 行会

为了大家的共同利益，行会治理机制通过"制度和程序"建立正式的组织，从而体现了组织之间多边性、结构性协商。一般来说，行会拥有的制裁能力能够提高治理能力，从而控制内部机会主义和"搭便车"行为。①

在新制度经济学中，治理机制与治理制度之间的关系（如图 2-3 所示）可以做如下描述：交易成本分析范式下的治理机制或治理结构聚焦于短期内（1—10年）的交易契约；而产权经济学下的制度环境则聚焦于长期内（如 10—100 年）的产权规则。

层次	频率	目的
社会理论层面：非正式制度规则、传统、宗教和习俗	100—1000年	自发而非计算而得
产权经济学层面：正式的产权制度、规则等制度环境	10—100年	得到制度环境权利
交易成本层面：契约与交易规则等治理机制	1—10年	得到治理结构权利
古典经济学层面：价格、数量、激励	经常性	得到边际条件权利

图 2-3　治理机制与制度环境

新制度经济学中的两大分支——治理机制与治理制度之间相互联系、相互影响，而本书主要将前者（交易成本与治理机制）运用于个体的微观分析（第 4 章到第 6 章），而将后者（治理制度）运用于第 3 章集体的制度分析。

2.2.3　基于新制度经济学的"专用技能"概念

根据人力资本理论中专用性人力资本的概念和新制度经济学中人力资产专用性概念，结合本书研究对象——技能型人力资本，本书提出了专用技能的概念，该概念具有如下特点。

（1）专用技能的概念是内生的，它往往产生于具体工作组织"干中学"的过程。由于组织中每一个工作都涉及专用性技巧，所以不同的企业需要不同的技

---

① 坎贝尔. 美国经济治理 [M]. 上海：上海人民出版社，2009：22.

能。① 根据狄迪业·沙博（Didier Chabaud）的分析，在有些人力资本专用性很少的工厂中，工人的工作范围很窄，技术性操作很少，强调的是重复、单调的操作技能；而在有些工厂则表现出较大的人力资本专用性，表现为工作和技术技能范围的扩大，强调的是处理非常规操作（Unusual Operations）的知性（Intellectual）技能。因此，不同工作组织中的工人所拥有的专用技能种类、专用性程度都有所不同。②

（2）即便在同一个工作组织中，熟练的工人和不熟练的工人在以下几个方面也存在显著的区别：①由于技能的高度专用性或不完全标准化，即便是普通设备，其设备特质（Equipment Idiosyncrasies）也只是被有经验的熟练工人掌握；②管理者和熟练工人在特殊操作过程中形成了特殊的流程经济（Processing Economies）；③沟通特性的形成使各方相互熟悉并在共用一种语言的操作环境中才有价值。③ 因此，同一个企业中，不同岗位、职业也存在不同的专用技能。在较大的人力资本专用性企业中，替换掉原来雇佣的有经验的专用技能劳动者是低效率行为。

（3）从技能的可转移角度来看，专用技能可以进一步划分为企业专用技能、行业专用技能、专业专用技能、职业专用技能等。在新古典经济学框架下，贝克尔将人力资本划分为专用性人力资本和通用性人力资本。他指出，在劳动力市场完全竞争的情形下，通用性人力资本的外部性使员工获得了通用性培训的全部收益，因此，培训费用只能由员工全部负担；相反，专用性人力资本没有外部性，企业是唯一的受益者，但由于劳动力流动会造成部分专用性人力资本投资成本无法收回的局面，所以企业和员工任何一方都不会负担全部培训费用，较为理想的模式是两者共同分担投资费用，共同分享投资收益。他还认为，在具备先进技术和广泛人力资本基础的经济中，"全才"没有专业人员有用。④ Paul Sullivan 的研究发现：在技术与技能岗位中，大部分的技能人力资本是基于职业经历的积累；而在管理岗位中，大部分的技能人力资本是基于行业经历的积累。⑤ 国内研究发现：技能专有性可以进一步分为通用的专有性和专用的专有性两个维度；⑥ 或分为通用性、企业专用性和行业专用性三个维度；⑦ 甚至还可以将技能人力资本进

---

① 科斯，诺思，威廉姆森. 制度、契约与组织 [M]. 北京：经济科学出版社，2003：408.
② 同上书，第 409 页.
③ 威廉姆森，斯科特·马斯滕. 交易成本经济学——经典名篇选读 [M]. 北京：人民出版社，2008：415.
④ 加里·贝克尔. 人力资本理论 [M]. 北京：中信出版社，2007：224.
⑤ Paul Sullivan. Empirical Evidence on Occupation and Industry Specific Human Capital [J]. Labor Economics，2009.
⑥ 杨瑞龙，杨其静. 专有性、专用性与企业制度 [J]. 经济研究，2001 (3).
⑦ 吴能全，冯巨章. 企业人力资本治理 [J]. 上海经济研究，2003 (6).

一步细分为通用的非专有性人力资本、企业专用的非专有性人力资本、行业专用的非专有性人力资本、企业专用的专有性人力资本、行业专用的专有性人力资本、通用的专有性人力资本六个维度。①

本书依据相近领域研究,将专用技能划分为企业专用技能、行业专用技能和职业专用技能。②

2.2.4 基于新制度经济学的技能形成与技能形成制度

无论是人力资本理论中"技能"的概念,还是"专用技能"的概念,它们都聚焦于个人的可雇佣性。正如舒尔茨所论述的:"通过投资于个体,人们可以扩大职业选择,进而提高'自由人'的福利"③。但人力资本理论对所谓可雇佣性的技能投资研究往往忽略了个体背后的社会因素。就一个国家的工业化进程而言,从低技能经济体(Low Skill Economy)到高技能经济体(High Skill Economy)的形成往往与技术的提升同步进行——技术的提升带来高技能工人需求的增加和低技能岗位的减少。但这一进程并非如下述简单的线性关系:技术进步—教育培训体系投资—技能提高—工资增长。在不同的国家与社会,政府、企业、个体对技能的投资行为与投资方式往往还和特定社会的经济、政治、教育制度背景相关。④ 从技能需求角度,不同社会的制度环境——比如短期主义(Short-termism)行为倾向影响了技能获取方式;从技能供给角度,不同社会的技能往往通过已经形成的常规机构(Institutional Routines)供给。⑤ 自20世纪80年代起,国外在这一领域的研究主要聚焦于不同社会技能形成制度中的技能形成差异。以英国莱斯特大学阿什顿(David Ashton)教授为代表的技能形成学说认为,不同经济体的技能形成制度模式主要包括以下三种,即市场模式、社团合作模式(或协调性市场经济模式)和发展型模式。

1. 市场模式

在以英、美等国家为代表的市场模式(The Market Model)社会中,自由市场是资源配置和经济增长的主要机制。作为工业革命的先驱,英、美等国家在18世纪工业化早期主要依赖于低附加值产业(如纺织品)。以低附加值产品为主的生产方式使上述经济体的初始技能形成制度具有"低技能均衡"的特征。在个人主义的文化情景中,工作技能投资被看作是个人和雇主的事,政府

---

① 臧武芳,张小峰,芮锋. 高科技企业的人力资本治理 [J]. 华东经济管理,2005 (5).
② 孟大虎. 专用性人力资本研究:理论及中国的经验 [M]. 北京:北京师范大学出版社,2009.
③ Throdore W Schurz. Investment in Human capital [M]. New York: Free Press, 1971: 26.
④ Clark Kerr, et al. Industrialism and Industrial Man [M]. Penguin Books Ltd: 2nd edition, 1973: 153.
⑤ Hodgson G M. Economics and institutions [M]. Cambridge: Polity Press, 1998: 142.

作用有限。在这种模式下,技能主要依靠市场来提供。由于市场本身的缺陷(如"搭便车"或公共物品的问题),这一模式下的工作技能投资经常出现供需不匹配的情景。国家往往通过立法和财政补贴来弥补"市场失灵"导致的技能供需不匹配。

2. 社团合作模式

和自由市场经济模式相比,以德国为代表的社团合作模式(The Corporatist Model)(或翻译为协调性市场经济模式)有着更有利于企业内部培训(Plant-based Training)和对"可转移技能"长期投资的技能形成制度。和市场模式相比较,德国政府对生产体系、教育与培训体系的参与度相对较高。更为重要的是从19世纪工业化早期开始,在德国社会技能形成制度产生过程中,逐渐形成了雇主和雇员之间、雇主和雇主之间的合作信任关系,这一制度确保了学徒制和后来的双元制培训质量、雇主利益和行会利益的均衡。工作场所学习成为德国政府、行会、企业和雇员的共识。社团合作模式技能制度最终造就了德国的"高技能社会"。

3. 发展型模式

发展型模式(The Developmental Model)是东亚新兴工业化经济体中常见的技能制度。这一模式以中国台湾、中国香港、新加坡、韩国等第二次世界大战后发展起来的亚洲新兴工业经济体为代表,其模式带有"执政实体驱动"(State-driven System)的特征:政府(或行政当局)对生产体系、教育与培训体系中的控制程度比市场模式、社团合作模式都强得多;即便在缺乏行会学徒制和企业培训传统的背景下,政府(或行政当局)也能随着工业化进程中产业对技能的需求,通过直接影响教育培训体系和生产体系使每一个经济发展阶段的技能保持供需匹配。

由于以经济学、社会学、教育学、政治学等多学科为基础的"技能形成学说"在我国学术界仍未得到内化,而该学说的重要理论基础之一——新制度经济学在我国引入时间较长,并取得了充分内化,所以,本书引入了该学说的核心概念——技能形成,并将广义概念的技能形成和技能获取视为是一个社会化的过程。

2.3 本书核心概念界定

2.3.1 专用技能人力资本形成

1. 技能

本书所指技能即人力资本理论中"技能型人力资本"(Skill Human Capital)

的概念。就个体而言，是指通过正规教育培训体系、企业培训、"干中学"等渠道形成的通用和专用人力资本。

2. 专用技能（Skill Specificity）

本书中的专用技能或专用技能人力资本的概念不仅与人力资本理论相关，还和新制度经济学密切相关。它是指具有一定人力资本专用性（Human Capital Specificity）的技能，即通过正规教育培训体系、企业培训、"干中学"和经验等渠道积累的专用知识，这些专用知识往往和特定的行业、企业、职业、专业背景相关。

3. 技能形成（Skill Formation）与技能形成制度（Skill Formation System）

本书中的技能人力资本形成的概念与基于新制度经济学等学科的技能形成研究议题密切相关。如果说技能获取的概念主要从企业技能需求的角度出发，那么技能人力资本形成的概念主要从一个社会或经济体的角度出发，它一般聚焦于技能形成主体（包括技能需求者、技能供给者和技能所有者）在特定技能制度背景（包括特定经济、社会、政治、教育制度）中相互影响、相互作用，社会技能形成与积累的过程与方式。

4. 专用技能人力资本（Skill Specificity Formation）

专用技能人力资本形成或专用技能形成的概念主要基于人力资本理论和新制度经济学，主要是指专用技能形成主体（包括专用技能需求者、专用技能供给者和专用技能所有者）在特定技能形成制度背景（包括特定经济、社会、政治、教育制度）中相互影响、相互作用，专用技能形成与积累的过程与方式。

5. 技能专用性和技能专用化（Skill Specificity and Skill Specializing）

技能专用性即技能型人力资本专用性（Skill Human Capital Specificity），是指通过正规教育培训体系、企业培训、"干中学"和经验等渠道积累的，技能所有者掌握的知识、技能、技巧、能力的专用性质和程度。一般来说，技能专用性越强，其技能所有者的可雇佣性越强，地位也越难被取代。技能专用化即技能型人力资本专用化（Skill Human Capital Specializing），是通用技能人力资本向专用技能人力资本发展转化的过程。其发展转化过程需要包括有个人、教育机构和企业或其他工作场所的参与，其投资途径除了教育、培训、"干中学"之外还包括了企业通过产学合作参与学校培养的中间过程。根据耿洁的定义，广义上的技能专用化包括企业前期、企业期和企业后期三个阶段；狭义上的技能专用化则只包括第一阶段——企业前期。① 本书使用狭义的技能专用化，即技能专用化发生于学生入学与入职之间——职业院校与企业产学合作阶段。

---

① 耿洁. 职业教育校企合作体制机制研究 [D]. 天津：天津大学博士学位论文，2011：115.

2.3.2 高职院校产学合作

1. 职业院校、高等职业院校和高等职业教育

本书中职业院校的概念是指从事高等、中等职业技术学历教育的正规教育机构，其外延涵盖了普通教育体系和职业教育体系（如图2-4所示），但不包括企业培训和继续教育体系。

图 2-4　职业院校的概念

根据2014年6月国务院颁布的《现代职业教育体系建设规划（2014—2020年）》，在我国未来的教育体系当中（如图2-5所示），完整意义的高职院校和与之相关的高等职业教育结构既包括现有高等职业专科院校，又包括未来即将要转型的本科层次应用技术类型高校，甚至还将包括"符合条件的技师学院"。由于我国高职教育体系正处于剧烈变革期，从当下高职教育发展现状出发，本书将上述描述界定为广义的高等职业院校，而将狭义的高职院校（和高等职业教育）界定为国内现有专科层次的高等职业学院和高等专科学校（即高职高专）。

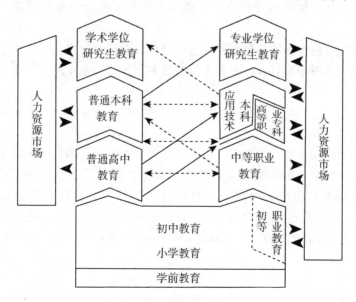

图 2-5　我国教育体系基本框架

资料来源：国务院. 现代职业教育体系建设规划（2014—2020年）

根据国内学者匡瑛和周光礼对高等职业教育和职业教育的权威定义,本书将高等职业教育的概念区分为广义和狭义。狭义的高等职业教育主要是指高等技术教育（Higher Technical Education）；广义的高等职业教育主要是指"面向职场的高等专业教育"（Higher Professional Education）。

2. 高职院校产学合作行为与产学关系

2006年教育部《关于全面提高高等职业教育教学质量的若干意见》中将高职人才培养目标规定为"高技能人才"；2011年教育部《关于推进高等职业教育改革创新引领职业教育科学发展的若干意见》中规定高等职业教育培养目标为"生产、建设、服务、管理第一线的高端技能型专门人才"；2014年国务院颁布的《现代职业教育体系建设规划（2014—2020年）》中规定,包括高职院校在内的职业教育体系以技术技能人才为培养目标。基于上述政策目标和本章理论分析,本书将高职院校产学合作界定为：技能形成主体（高职教育机构与行业、企业、个体等）在既有技能形成制度下以技能专用化投资为目标的契约关系与治理机制。

由于企业与高职院校基于技能专用化的合作可以看作企业对院校和学生个体的技能投资,其技能投资行为和投资水平直接影响了企业与不同高职院校、不同专业呈现不同水平的产学合作行为。根据教育部高等职业院校人才培养工作水平评估"状态数据采集平台"统计口径和既有研究[①],将我国高职院校产学合作行为区分为以下三类。

（1）基于技能使用的产学合作：包括合作企业接受毕业生就业、合作订单培养。

（2）基于技能培养的产学合作：包括合作企业接受顶岗实习生、产学合作共同开发课程、共同开发教材、企业支持学校兼职教师、企业向学校捐赠教学实训设备等。

（3）基于技术与社会服务的产学合作：包括学校为企业提供技术服务、学校为企业培训员工等。

当然,上述高职院校产学合作行为的分类主要基于我国技能形成制度和高职院校产学合作现状。如果放宽这一制度约束条件,在下一章可以发现不同经济体、不同技能形成制度下的高职教育机构产学合作关系包括了诸如学徒项目（Work Placement）、合作教育项目（Cooperative Programme）、职业性实习（Internship）、"三明治"学位（Sandwich Degree）等多种合作方式与形态。

---

① 金鑫、王蓉根据"高职院校人才培养状态数据采集平台"统计口径把高职产学合作行为区分为"选拔人才"（企业接受毕业生）和"提升人才"（企业参与人才培养）两类。

2.4 本章小结

至此,可以总结一下本章的理论基础和逻辑框架。本章首先对两大理论基础——人力资本理论、新制度经济学进行梳理;在此基础上,界定了专用技能人力资本形成或专用技能形成等核心概念,并将高职院校与企业的产学合作界定为:技能形成主体(高职教育机构、行业与企业、个体等)在既有技能形成制度下以技能专用化为目标的契约关系与治理机制。

本章提出了研究企业参与高职院校产学合作的理论框架。由于理论本身的局限,学术研究还需建立在实践观察的基础上。而探索性的多案例研究有助于观察现实的高职院校产学合作行为实践特征。因此,下一章首先将讨论域外不同经济体、不同"技能形成制度"背景下的高职院校产学合作行为。

第3章 不同技能形成制度中的高职产学关系

由于理论本身的局限性，学术研究需建立在实践观察的基础上。因此，探索性的多案例研究有助于观察现实的高职产学关系实践特征。而企业与院校现实的产学合作可从两个层面讨论：在个体选择层面，研究的是既定制度环境约束下不同技能形成主体（院校、企业、行业和学生个体）对不同专业产学合作的影响；而在集体选择层面，一般研究的是如何解释不同技能形成制度环境约束下的产学关系，它关注的是诸如政府、社会组织、政策、传统、法律等制度性因素对产学关系的影响。为了从整体上把握现实的高职产学关系，本书首先讨论不同经济体、不同"技能形成制度"背景下高职院校产学（合作）关系。

高职产学（合作）关系至少涉及教育体系（高职教育机构与其前身）与生产体系（企业），对于这两个体系间关系的研究应纳入更为广泛的制度环境。自20世纪80年代起，国外在该领域的研究主要聚焦于技能形成制度的差异。以阿什顿教授为代表的技能形成理论认为，技能形成体系可以概括为"正规学校教育"和"业界职业培训"两个系统在既定制度下的结合体，两者的契合方式决定了技能形成制度。不同经济体的技能形成制度有着不同模式，其原因在于，一个经济体的技能形成除了受技能需求方（生产系统）与技能供给方（教育培训系统）的共同影响，还受该经济体主导的生产方式、技能获取与供给方式、国家或地区干预方式乃至政治、经济、文化、教育传统等诸多背景因素的约束。据此，阿什顿等学者区分了几种主要的技能形成制度模式：以英、美为代表的市场模式、以德国为代表的社团合作模式、以中国台湾地区和韩国为代表的发展型模式。[1] 按照这一理论，如若将技能作为"技能人力资本"的代名词，不同经济体的企业与高职教育机构基于技能的合作是否与其技能形成制度相关呢？以此为逻辑起点，本

---

[1] David Ashton, Johnny Sung, Jill Turbin. Towards a Framework for the Comparative Analysis of National Systems of Skill Formation [J]. International Journal of Training and Development Volume 4: Issue 1, 2000: 8-25.

书提出并试图解释如下几个问题：为何不同社会的高职教育机构与企业形成了不同水平的产学合作关系？同为发达市场经济体，为何德国企业与包括高职院校在内的高等教育机构形成了高水平的产学合作，而英国、美国企业与高职院校的产学合作关系反而不那么紧密？为何韩国和我国台湾高职领域的产学合作关系主要来自执政当局的引导？高职产学关系因何变迁？

从这一领域的国内既有研究来看，绝大部分对高职产学关系的国别研究往往限于现象和模式比较而忽视背后的技能制度因素。华东师范大学的许竞曾对国外技能形成制度的研究进行了介绍，[①] 并从政治经济学视角论述了国家技能形成制度。[②] 除此之外，从技能形成制度与产学关系议题开展讨论的国内学者极少。由于以经济学、社会学等多学科为基础的"技能形成理论"在我国学术界仍未得到充分内化，而该学说的重要理论基础之一——新制度经济学在我国引入时间较长，并取得了充分内化。所以，本书首先将不同经济体高职院校的产学关系定义为特定技能制度下企业和院校基于技能形成的治理机制；然后以"行动者为中心"的新制度经济学为理论框架，分析技能形成制度对高职产学关系的影响。

通过纵向历史分析发现，发达经济体的高职产学关系最早可以追溯到19世纪工业化初期所建立起来的技能形成制度；通过跨域比较分析发现，不同经济体工业化时间和技能形成制度的差异与高职产学关系的差异密切相关。

3.1 分析框架[③]

探索性案例分析多用于在既有研究的基础之上，对现有理论进行扩展补充，从而尝试形成新的理论假设和观点。本章将以新制度经济学的两大分支——交易成本分析和产权分析为研究视角，前者聚焦于短期内的治理机制，后者则聚焦于长期内的制度环境。本节首先以治理机制为理论框架，将不同社会的产学关系类型定义为某种治理机制；然后将不同社会的技能形成制度定义为影响产学关系的制度环境；最后用治理变迁模型分析不同技能形成制度中的高职产学关系。

3.1.1 治理机制与产学关系类型

要分析不同经济体技能形成制度下的产学关系，先要将不同的产学关系类型定义为某种治理机制。本书大都基于如下逻辑起点：从交易成本的角度，企业面临技能需求的时候，可以选择从市场购买、企业生产或与院校合作三种方式（或

---

① 许竞. 英国教育领域关于劳动者技能形成研究现状综述 [J]. 比较教育研究，2007 (12).
② 许竞. 试论国家的技能形成体系——政治经济学视角 [J]. 清华大学教育研究，2010, 31 (4).
③ 本节部分内容发表于：吴冰，刘志民. 技能形成制度对高职产学关系的影响——基于新制度经济学的分析 [J]. 教育发展研究，2014 (13).

治理机制)获取技能,而选择与院校合作来获取技能也可从不同的教育机构选择,最终选择与高职院校合作培养技能主要取决于(获取专用技能的)效率与成本的比较。

近年来,新制度经济学在治理机制领域有了最新研究进展。根据第2章的理论基础描述,本书按照新制度经济学区分治理机制常用的两个维度来划分产学关系类型。(1)区分治理机制的第一个维度是正式整合的程度,它体现了组织正式或者非正式的程度。据此可以将教育机构与企业的关系区分为整合程度低(没有离散的组织结构)、整合程度中(自治连接,但相互独立的行动者)和整合程度高(完全科层等级控制)。(2)区分治理机制的第二个维度是合作的范围,即参与交易的组织数量。根据产学关系的参与组织数量,基于技能的产学关系可以是技能的供需双方——学校和企业间的双边合作;也可以纳入第三方力量——比如政府和行业在多边关系中发挥作用,行动者互相作用从而形成集体行为。

依据上述两个维度可以将各种产学关系治理机制类型划分为市场、责任网络、等级制、监控制、推广网络、行会六种(如表3-1所示)。需要指出的是,这六种产学关系治理机制类型是从新制度经济学抽象出来的理想类型,未必都能获得高职产学关系案例的支持。

表3-1 基于治理机制的产学关系类型

产学关系机制	合作双方正式整合的程度	政府和行会在产学关系中的作用
市场	整合程度低(没有离散的组织结构)、院校与企业之间非正式的双边合作	无
责任网络	整合程度中等(自治连接,但相互独立的行动者)	无
等级制	整合程度高(管理科层等级控制结构)	无
监控制	整合程度低,非正式的多边合作	有
推广网络	整合程度中等,中等非正式的多边合作	有
行会	整合程度高、正式的多边合作	有

3.1.2 技能形成制度与产学关系

上一小节从治理机制定义了不同产学关系的类型。从新制度经济学的视角,还可通过制度环境这一"系列参数"将制度环境和治理机制两个"明显相关却经常分离的"部分结合起来:各种产学关系短期内受制于技能专用性所引致的治理机制;在长期内则受制于技能制度环境,即技能制度环境参数(财产权、可信承诺等不确定性）导致的比较治理成本变动，从而引发从市场制（或层级制）到混合治理机制（合作）的变动。① 从制度环境的角度，企业往往根据所在经济体技能形成制度进行成本和价值判断，并根据干扰频率最小和合规性最大原则来获取技能并采取合适的产学关系策略。

（1）从治理机制的角度，任何技能形成制度下的企业对专用性中间技能（Intermediate Skill）的需求都是高职产学关系的关键变量。以威廉姆森比较静态分析法（Comparative Statics）为基础，本书就企业技能需求与产学关系作如下分析：将市场、层级制和混合制分别对应于企业购买技能、企业生产技能、（企业与院校）合作培养技能，并将资产专用性和干扰频率分别对应于技能专用性和技能制度环境的不确定性。从图3-1可以看出：从治理机制的角度，产学合作的需求短期内受制于企业对一定专用性程度的（K1到K2之间）技能需求。② 问题的关键是：什么样的技能才是"一定专用程度的"技能？从而让企业放弃"自产"（企业内部职业培训）或"外购"（企业市场招聘），而更倾向于与高职院校（而非其他教育培训机构）合作培养？本章研究对上述问题的回答是：从历史上来看，企业对专用性中间技能的需求是高职产学关系的关键变量。

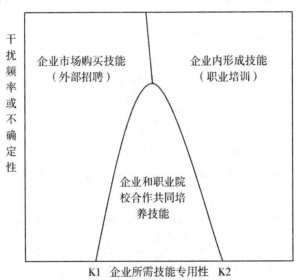

图3-1 企业产学合作治理机制对技能形成制度的反应

---

① 威廉姆森，斯科特·马斯滕. 交易成本经济学——经典名篇选读［M］. 北京：人民出版社，2008：123.
② Giorgio Brunello，Alfredo Medio的均衡模型也发现，教育机构投资、企业职业培训与实习生培训三者之间存在某种替代关系：增加对教育机构的投资可以减少企业对职业培训的成本支出；当面临技能需求的时候，企业可以选择从市场招聘毕业生也可以选择培训实习生。究竟如何选择取决于效率和（招聘与培训的）成本比较。

(2) 制度环境角度，企业与高职院校产学关系长期内受制于技能制度环境的保障。从图 3-1 中可以看出，制度干扰频率的增加会使得组织形式背离"混合制"或契约精神，只有在"合适的"制度环境中（不确定性或干扰频率较小、合规性较大的情景下）才会出现合作行为。① 然而不同学派、不同学者对于什么是一个有利于高职产学合作的合适的制度环境有着不同的阐述。根据技能形成领域的既有研究，不同经济体中有市场型、社团合作型（或"协调性市场经济模式"）和发展型等不同的技能形成制度。通过对不同技能制度环境下的产学关系分析，总结出一个有利于企业与高职产学合作的"合适的"制度环境正是本章所研究的重点。

(3) 技能人力资本形成制度演变中的高职院校产学关系变迁。上述分析框架仅仅是静态地阐述了技能人力资本形成制度对产学关系治理机制的影响。但是高职产学关系治理机制不是孤立存在的，若从历史演变的角度进一步分析技能形成制度对高职产学关系变迁的影响，还需引入治理机制变迁模型。根据治理机制变迁模型，当变迁压力产生时，行动者在一定条件下选择替代治理机制，变迁就会发生，从而产生新的治理机制（如图 3-2 所示）。② 不同经济体在不同工业化阶

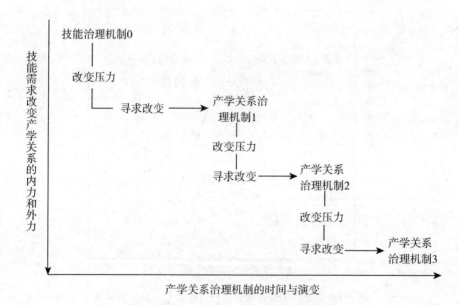

图 3-2　产学关系治理变迁的分析框架

---

① 威廉姆森，斯科特·马斯滕. 交易成本经济学——经典名篇选读 [M]. 北京：人民出版社，2008：122.

② 坎贝尔. 美国经济治理 [M]. 上海：上海人民出版社，2009：299.

第3章 不同技能形成制度中的高职产学关系

段技能需求的改变形成了企业产学关系现有治理机制改变的压力。根据新制度经济学和技能形成理论，改变的压力可能来自内力（出于技术与技能需求改变导致的理性计算），也可能来自外力（国家或地区政策和技能形成传统的合法性约束）。所以，企业、高职院校、国家（或地区）或行业组织这三类行动者在技能形成制度背景中通过复杂的依赖和独立关系联系在一起，三个行动流共同构成了产学关系演进的中心动力机制。

由于英国、美国、德国同属典型的发达经济体，我国台湾地区和韩国又属典型的东亚新兴工业化经济体，而且上述经济体分别代表了主要的技能形成制度模式，本章选取上述经济体为研究对象，聚焦于三个维度的现实问题：第一，就某个社会（或经济体）而言，什么样的技能需求具有一定程度的技能专用性，从而引发了多数企业与高职院校基于技能的产学合作需求？第二，哪些制度性因素减少了企业集体投资于工作技能的不确定性（或干扰频率），并进而保护了企业与职业院校基于技能的产学合作？第三，在工业化进程中的不同时期，哪些改变的压力促使企业、行业、高职院校、国家或地区政府等多个行动者相互作用从而形成产学关系演变的动力？

3.2 英国技能形成制度与高职院校产学关系

3.2.1 早期工业化进程中的技能形成制度

1. 18世纪中叶到19世纪早期

根据技能形成领域的既有研究，一个国家的早期工业化对其技能形成轨迹具有重要作用。作为第一批工业化国家，英国18世纪中叶到19世纪以纺织业为代表的第一次工业革命所需技能主要通过工匠技能（Craft Skill）和大量无技能或低技能者的高低搭配来完成工作任务。在纺织业工厂，男性熟练技工处于主导地位，妇女、小孩等初级工则作为从属处于辅助地位。18世纪英国正规教育体系较为落后，其主要功能在于道德、宗教等社会功能而非为产业提供技能。即便到了19世纪中叶，英国精英式大学依然"一潭死水"，高等教育所提供的绅士教育对于工业革命毫无贡献。[①] 因此，这一时期产业所需技能主要依赖其传统的学徒制。而历史悠久的学徒制也在这一时期经历着巨大改变。在工业革命之前，实施了几个世纪的《手工业法》（1563年）为各行各业的学徒培训规定了行为准则。但随着18世纪英国工业革命的兴起，新兴工作岗位的衍生，该法案没有随市场环境而做出适应性调整。1814年，在正式宣告废除《手工业法》后，由于不再

---
① 王承绪. 英国教育 [M]. 长春：吉林教育出版社，2000：457.

受到任何公共制度的约束，英国的学徒制变成一个原始的、具有私人性质的契约关系。由于没有第三方监督，学徒制尽管在大多数行业依然存在，学徒工和雇主仍旧签订正式合同或非正式的口头协议，但契约不再受法律保护，协议中往往缺少培训质量、培训规模、培训年限和培训待遇等对雇主的强制性约束。这样就带来了培训质量和相互承诺的问题——由于学徒工和雇主（培训企业）双方很难达成可信承诺关系，有些雇主（师傅）不再直接培训学徒，转而将培训任务委托给企业里的熟练技工。而当时企业在学徒工使用方面普遍存在着机会主义行为，并且不用担心任何惩罚。① 因此，尽管19世纪的英国每年有35万～40万学徒，但和德国不同的是，在没有集体认可的培训标准和第三方监督的情况下，雇主往往只根据特定生产机器的需求对学徒工进行相关训练，技能培训质量普遍不到位，学徒工也无法通过法律追究雇主的责任。②

所以，英国第一次工业革命所需技能主要来自其学徒制和大量低技能者。由于第三方（国家和行业）对学徒培训没有直接调控政策和集体约束，技能供需双方在有着明显缺陷的市场中达成契约。受训者与雇主之间未能建立可信承诺关系。英国早期工业革命尽管没有依赖其正规教育体系，但在第一次工业革命结束后催生了少量的技术学校（学院），这些技术学院构成了英国未来高职教育机构的雏形。③

2. 19世纪后期到20世纪初

19世纪后期，英国开始了第二次工业革命，电力、机械业日渐兴起。1890—1915年间，以船舶建造和机械制造业为代表的大规模生产部门开始大范围引进半自动生产机器，雇主大量使用低技能工作者来代替原来的工匠。④ 很多雇主延长学徒工年限，把其当作廉价劳动力来替代准技术工人。20世纪初，造船业和机械制造业企业当中有一半多的学徒工受训时间长达5年（如表3-2所示）。很多小型机械制造业企业通过"增加学徒工加班和使用非技术工人的方法来操作简便机器"。⑤ 因此，当时的学徒制对英国年轻人的吸引力较小，即便是学徒制工人，也会不停地转换所服务的企业，而不像德国那样固定在某一个特定企业。

---

① 19世纪英国机械制造业企业对学徒制最重要的管制来自工会，但工会关注的是"学徒工的数量，而非学徒培训质量"。

② 凯瑟琳·西伦. 制度是如何演化的——德国、英国、美国和日本的技能政治经济学 [M]. 上海：上海人民出版社，2010：90.

③ 1823年，英国创办了伦敦机械学院，目的在于向各行各业的工人、技师提供职业教育。到1826年，该校规模已达1500人。

④ William Knox. Apprenticeship and De-Skilling in Britain, 1850—1914 [J]. International Review of Social History. 1986, 31 (2)：166-184.

⑤ Zeitlin, Jonathan. The Triumph of Adversarial Bargaining：Industrial Relations in British Engineering, 1880—1939 [J]. Politics & Society, 1990 (18)：405-426.

第3章 不同技能形成制度中的高职产学关系

表3-2 20世纪初学徒制培训的年限与其所占百分比（%）

	3年	4年	5年	5—7年	6年	7年
造船业	0.2	—	53.0	0.6	18.0	28.2
机械制造业	0.1	0.9	53.5	10.0	8.0	27.5

资料来源：More, Charles. Skill and the English Working Class, 1870—1914 [M]. New York: St. Martin's Press, 1980: 70.

这一时期，少数依赖技能的大型机械制造业企业致力于厂办技校来提高学徒制培训的规模和质量，但这一活动并未形成类似于德国的企业办学制度。1873年，曼彻斯特机械制造业企业建立了以车间为基础的职业技术学校，为企业内的学徒提供实践训练。① 制造业企业巨头克莱顿沙特沃斯公司试图通过企业培训项目将传统学徒体系和现代工厂生产体系相结合，努力让学徒工转换不同的岗位从而全面熟悉行业技能。1913年，英国西屋公司开办了一所培训学校并于次年招收了100名学员，这些学员的家长须和企业签订一个正式合同，承诺其孩子为企业服务到21岁。但即使在西屋公司为代表的龙头机械制造业企业中，企业培训也常常在生产岗位上"随意地"进行，而不像德国那样在专门的实训车间中进行结构化的培训。② 由于英国未能建立有利于企业工作技能投资的制度，到20世纪20年代，全国只有33家企业开办了厂办技校。而且企业培训开展得越好，越容易遭受到技工被"挖走"的风险，由此打击了培训企业的积极性。③ 对此，当时多数企业的最终理性选择是：最小化培训投资，并努力转嫁培训成本或者将成本社会化。而这最终导致了20世纪初英国学徒制的衰落。

到了20世纪初，美国式大规模生产模式还未引入英国，企业对管理技能的需求和相关的管理类教育需求较少。④ 这一时期基于新产业、新技术的技能需求引发了工程技术教育的需求。1889年英国颁布《技术教育法》，将职业技术教育纳入正规教育，高等教育也从传统的文理为主逐步扩大到工程、医学等技术教育；《1902年教育法》和1905年《技术学校规程》实施后，技术教育的倡导者批评传统学徒制的腐朽，他们要求找到"培养有技术、有能力的工人新途径"。为此，从19世纪末到20世纪初英国大力发展了技术学院，到1913年共建立了

---

① Perry, Charles P J. The Evolution of British Manpower Policy: From the Statute of Artificers 1563 to the Industrial Training Act 1964 [M]. UK, 1976: 31.
② 据英国劳的身份工部统计（1928），1925年，企业培训中只有23%的学徒工签订了书面协议，25%的学徒工以见习者参与工作，只有25%的学徒工设有专门的学徒工师傅。
③ 凯瑟琳·西伦. 制度是如何演化的——德国、英国、美国和日本的技能政治经济学 [M]. 上海：上海人民出版社，2010：109.
④ 1930年，英国制造业企业中针对大学毕业生制订管理发展计划（Management Development Scheme）的还不足12家。

37所初级"技术学院"。这些学院主要是以"工读交替"的形式发展而来的。①但由于技术教育的成本"过于昂贵",同时缺乏工业界的外部压力,这一时期英国的职业技术教育整体上发展缓慢,高等教育依旧以精英式的学术教育为主,正规教育机构的产学关系依然不够紧密。②

综上所述,英国早期工业化时期所需技能主要依靠学徒制而非正规教育体系。③ 由于其技能形成制度中可信承诺和集体合作的问题,这一时期企业技能投资普遍不足:第一次工业革命中,以纺织业为代表的传统产业对技能依赖度较低,雇主通过技能高低搭配等市场机制来解决技能需求,企业技能投资需求较少;第二次工业革命中,由于受训学徒工与雇主间缺乏可信承诺,也没有建立类似于德国的行业技能资格认证和考核体系等来约束职业培训,所以尽管少量依赖技能的机械制造业企业发动了"厂办技校运动",但绝大多数企业对技能投资不足,学徒制也只能吸引极少部分年轻人。英国从工业化早期一直到第二次世界大战前,无论是职业技术教育还是高等教育产学关系发展都较为缓慢,其工业化早期建立起来的市场模式技能形成制度构成技能短缺和技能投资低下长期并存的"低技能均衡",同时也锁定了工业化成熟时期企业与高职教育系统较为松散的产学关系。

3.2.2 工业化成熟期的技能形成制度与高职产学关系

根据华东师范大学石伟平教授和匡瑛博士的研究,英国教育体系中没有与我国"高职"完全对应的教育机构。英国最为接近我国"高职"内涵的应该是第二次世界大战后发展起来的地方学院、区域学院、地区学院、高级工程技术学院、多科技术学院、城市技术学院等提供职业类课程的中学后教育机构。④ 第二次世界大战后,随着英国进入工业化成熟期,上述高等职业教育机构的产学关系在其技能形成制度演变中发展,大致可以通过如下几个阶段来进行描述。

1. 第二次世界大战后到20世纪60年代初

从第二次世界大战结束到1960年,英国政府面临经济增长乏力和熟练技能短缺问题,很多学者认为技能短缺主要是因为教育部门与企业合作出现了问题。⑤ 在这一背景下,英国发布了对高职教育与产学关系都具有里程碑意义的文件——1944年《教育法》、1945年的《帕西报告》、1946年的《巴洛报告》和

---

① 王承绪. 英国教育 [M]. 长春:吉林教育出版社,2000:389.
② David Ashton, Green F. Education, Training and the Global Economy [M]. Cheltenham, UK: Edward Elgar, 1996:122.
③ 这一时期英国正规教育体系的主要功能在于"社会控制"而非为产业提供合适的专用技能。
④ 匡瑛. 比较高等职业教育——发展与变革 [M]. 上海:上海教育出版社,2006.
⑤ 何杨勇. 英国高校校企合作平等问题与企业责任的考察 [J]. 教育理论与实践,2013 (03).

1956年的《技术教育白皮书》。1944年《教育法》明确了职业教育为继续教育的重要组成部分。《帕西报告》指出英国产业界和教育界之间缺乏协作,报告要求现有技术学院积极为本地区产业服务,同时要求工业部门派技术专家兼任技术教育教师;为加强产教合作,根据该报告英国设置了由雇主、教育当局和工会代表组成的全国工商教育咨询委员会(The National Advisory Council on Education for Industry and Commence)。① 1946年的《巴洛报告》呼吁技术学院(包括高级技术学院)和大学应和工业部门合作。但由于缺乏具体措施,《帕西报告》发表后的十年间,英国社会技能缺乏的状况并未得到改善。根据1952年英国科学人力委员会的报告,英国工程技术人员短缺现象依然存在。为此,英国政府在1956年发表的《技术教育白皮书》中要求,高级技术学院中要发展工读交替为特征的"三明治"高级技术课程。② 该报告发布后,英国工读交替的技术教育课程有了显著发展,特别是20世纪50年代的高级技术学院工程专业大幅度采用了以企业为基础的"三明治"高级技术课程。③

2. 20世纪60年代到70年代

从20世纪50年代后期开始,英国经济和其他发达经济体的差距日渐拉大,产品日益受到德国和美国商品的挑战。根据1961年《卡尔报告》的分析,熟练技能短缺是阻碍英国经济发展的重要因素,而长期以来职业技能训练由企业"自愿自助"是症结所在。一直到20世纪60年代之前,英国制造业部门的技能供给主要来自学徒制培训,而自60年代后学徒制培训数量急剧下降。④ 与此同时,在上述系列政策性文件的推动下,英国兴起了如下提供职业课程的教育机构:350所培养熟练工人为主、开设普通国家证书课程的地方学院(Local College);165所培养技术员为主、开设普通国家证书课程和工读交替课程的区域学院(Area College);25所培养高级技术员为主、开设全日制和工读交替课程的地区学院(Regional College);28所培养高级技师为主、开设全日制和工读交替高级课程的高级工程技术学院(College of Advanced Technology)。⑤

20世纪60年代后,在系列法案、政策的推动下,上述教育机构与产业界关系开始日渐紧密。⑥ 1962年,政府公布的《产业训练白皮书》中强调"加强产业界、政府和教育行政当局之间在提供职业技能培训方面所结成的伙伴关系"。

---

① 石伟平. 比较职业技术教育[M]. 上海:华东师范大学出版社,2001:44.
② 黄福涛. 外国高等教育史[M]. 上海:上海教育出版社,2008:232.
③ 一般认为,英国"三明治"产学合作教育起源于20世纪初的桑德兰技术学院;但也有学者认为,"三明治"课程起源于1840年的格拉斯哥大学和1878年布里斯托大学的部分课程。
④ Lehmann W, Karl Ulrich Mayer, Heike Solga, et al. Skill Formation: Interdisciplinary and Cross-National Perspectives [J]. Canadian Journal of Sociology, 2008.
⑤ 石伟平. 比较职业技术教育[M]. 上海:华东师范大学出版社,2001:44.
⑥ 王承绪. 英国教育[M]. 长春:吉林教育出版社,2000:398.

1964年，英国《产业训练法》中正式确立了"国家干预职业技能训练的原则"，该法案建立了由雇主、工会和教育行政部门组成的产业训练委员会（Industrial Training Boards）来负责产业界与教育界合作，从而将工业训练的部分职责从雇主转移到了政府。① 为应对技能不足的问题，这一时期英国政府加强了工作场所学习与职业教育的整合。1973年，英国《就业与训练法》设立人力服务委员会（Manpower Service Commission），这个由技能供需双方代表和教育部门代表组成的三方委员会负责全国性的职业培训政策。根据该法案，人力服务委员会对企业职业技能训练进行"英国历史上从未有过的高度干预"。面对70年代的经济衰退，人力服务委员会推出了旨在提高工作技能和就业的青年就业机会计划（Youth Opportunity Program）。该计划包括了两类职业准备课程：一类是基于工作现场的职业训练课程，主要在工作现场实施教学；一类是单元教学的形式——部分单元在继续教育学院，部分单元在企业开展教学活动。② 但这一阶段英国企业参与产业训练依然不失为"自愿自助"的传统，企业依然决定着技能训练进程。③

在高等教育领域，1963年英国政府发表《罗宾斯报告》后，将质量较好的10所高级技术学院升格为大学。升格后的技术学院保留了"三明治"传统：第一年在校理论学习；第二年在企业顶岗实习；第三年再回校学习。④ 为了让高校与工商业界密切合作，1966年英国政府通过合并质量较好的技术学院新建了30多所多科技术学院。随后又成立了"三明治教育与培训协会"。该协会每年进行学校、企业和学生之间的交流，为学生和雇主提供供需信息。为了使高等教育界和产业界之间建立起比较稳固的合作渠道，英国在70年代组建了全国性的教学公司。教学公司负责组织高校和企业共同参加的科技协作项目。由此，英国高等职业院校（特别是工程大学）与企业的产学关系开始日趋紧密。

3. 20世纪80年代

20世纪80年代后，英国产业结构发生调整，重工业日益下降，服务业日益上升。为满足英国社会对中级技术人员的需求，提升年轻人的技能水平，企业、政府决定共同投资建设城市技术学院（City Technology College）。到20世纪80年代末，城市技术学院、多科技术学院和其他学院在规模上已经可以与大学相当。⑤ 在这一

---

① 在产业训练委员会存续的20多年中，主要通过拨款等手段扶持企业培训从而改善学徒培训。到1970年底，成立了27个法定产业训练委员会，分布在纺织、钢铁、工程、造船、陶瓷、水路运输等行业部门。

② 匡瑛. 比较高等职业教育——发展与变革 [M]. 上海：上海教育出版社，2006：93.

③ 王承绪. 英国教育 [M]. 长春：吉林教育出版社，2000：398.

④ 匡瑛. 比较高等职业教育——发展与变革 [M]. 上海：上海教育出版社，2006：93.

⑤ 范富格特. 国际高等教育政策比较研究 [M]. 杭州：浙江教育出版社，2001：368.

阶段，包括高职在内的高等教育规模进一步扩张，高校入学比例也从1963年的8%上升到1991年的20%。与此同时，各类高校参加"三明治"教育的学生继续增加，接受"三明治"教育的在校生达到23 188人，专业也从工科扩展到商业等学科。① 在80年代，英国还实施了所谓的"EHE计划"（Enterprise in Higher Education），该计划由政府资助，旨在通过加强高校与企业合作培养"有事业心、有创造力和创新精神"的通用技能人才。但总体上，高校与企业未能建立更加紧密的产学关系。正如1983年英国政府《增进高等教育与工业之间科研的联系》报告中所指出的："人们早已认识到产学合作的意义，但是有成效的产学合作进展缓慢，有时是勉强地走到一起。"为此英国政府于1986年成立了工业和高等教育委员会，旨在"鼓励工业与高等教育合作，并向政府提供合作双方的共同意见"。

4. 20世纪90年代后

20世纪90年代，英国高等教育规模继续扩张。《继续和高等教育法案》（1992年）颁布后的第二年，英国35所多科学院升格为科技大学。一些升格后的院校放弃了原有的职业特色，转而追求传统大学"精英"特色。高等教育系统中传统精英大学和多科技术学院的差别日益模糊。② 高校中接受"三明治"教育的学生比例也逐年下降（如表3-3所示）。③

表3-3 英国高校"三明治"学生数（1997—2002年）

学年	第一学位/个	其他本科生/个	占所有本科生/%
1997/1998	115 743	8 059	8.8
1999/2000	118 510	6 150	8.6
2001/2002	120 655	5 525	7.8

资料来源：何杨勇，韦进. 英国高校三明治课程的发展及评述[J]. 高等工程教育研究，2014（1）：113.

这一时期的英国企业界日益相信专门技能的培训应来自职场实践而不是正规教育机构，而这一观点得到了政府的支持。④ 1991年，英国政府发表《21世纪的教育与培训》政策白皮书。白皮书确立了国家职业资格框架下的工作学习（Work-based Learning）路线。1992年，政府成立的国家职业资格委员会

---

① 陈解放. 合作教育的理论及其在中国的实践——学习与工作相结合教育模式研究[M]. 上海：上海交通大学出版社，2006：114.

② Lehmann W, Karl Ulrich Mayer, Heike Solga, et al. Skill Formation: Interdisciplinary and Cross-National Perspectives [J]. Canadian Journal of Sociology, 2008.

③ 根据Harvey的研究，英国"三明治"教育课程主要以本科为主，并且存在着把学生当成廉价劳动力使用的风险。

④ 匡瑛. 比较高等职业教育——发展与变革[M]. 上海：上海教育出版社，2006：93.

(The National Council for Vocational Qualifications,NCVQ)推出了与国家职业资格(National Vocational Qualifications,NVQ)和普通国家职业资格(General National Vocational Qualifications,GNVQ)。在职业资格证书与学历学位证书对应关系中(如表3-4所示),高职教育机构主要对应于第4级和第5级。通过该资格认证者既可以直接就业又可以继续就学,从而为打通职业资格与学术教育之间的关系奠定了重要的制度基础。但由于雇主更愿意资助"急迫的"专用技能培训,该体系并没有得到他们的支持,职业资格认证主要集中于低端技能。

表3-4 英国职业资格证书与学历学位证书对应关系

国家职业资格(NVQ)	技术标准	相应岗位	普通国家职业资格(GNVQ)	学术证书
5级	专业	高级工程师、高级管理人员		学士学位
4级	高级	工程师、高级技工、中级管理人员		
3级	熟练	技术员、技工、领班	高级	2个GCEA或AS
2级	一般	初级技工、熟练工	中级	4个A-C的GCSE
1级	初步	半熟练工	初级	D-G的GCSE

资料来源:姜惠.当代国际高等职业技术教育概论[M].兰州:兰州大学出版社,2002:105.

为吸引更多的青年参与工作学习,英国在20世纪90年代还实施了一系列政府资助的技能培训项目,政府通过"现代学徒制"(Modern Apprenticeship)、"青年培训"(Youth Training)、"青年信贷"(Youth Credit)等项目来创建"青年工作本位学习"(Work-based Learning for Young People)。① 其中的现代学徒计划将学徒培训与国家职业资格制度结合起来,并将其中的高等学徒制延伸到高职教育领域。② 1998年,现代学徒计划吸引了约9万个青年人(占英国青年人口的14%),但由于英国传统的技能形成制度中未能建立制度化的可信承诺框架,现代学徒制中的学徒利益无法得到保障,该制度沦为雇主主导的培训项目,各行

---

① 国际上通常将职业教育分为三类:针对学龄人口的职业教育(IVT)、继续职业教育(CVT)和针对失业人群的职业教育(UVT)。英国政府在20世纪90年代实施的系列技能资助可以理解为政府对职业教育的投资。

② 英国正式的学徒制体系分为三层:学徒制(2级)、高级学徒制(3级)和高等学徒制(4级)。高等学徒制是与少数高职教育机构联系起来的试点项目,帮助学生获取NVQ4级资格证书(如工程技术、信息技术)。

业培训总体上发展很不均衡。①

20世纪90年代现代学徒计划实施后,学徒制参加人数从1995年的2.6万人增加到了2008年的20万人,取得3级以上国家职业资格的学徒比例也有所上升,但中高级技能短缺问题依旧严重。据统计,90年代末英国成年人取得高级职业资格证书的比例仅为18%,而在同期,德国成年人取得高级职业资格证书的比例为51%,韩国为41%,日本为42%;即便到了2003年,英国成年人中获取3级以上职业资格证书的比例也仅为43%,而在同期,德国成年人取得3级以上职业资格证书的比例为78%,法国为52%。②英国最具竞争力的银行与金融服务业中,60%以上的员工具有高级职业资格,可以从事高端岗位;但在中低端岗位(比如分行经理、有经验的柜台员工)则普遍面临技能不足的问题。而在工程机械业中,大约有33.3%的员工不能满足企业的技能要求。③ 在这一背景下,英国颁布了《2000年学习与技能法案》,并建立学习与技能委员会(Learning and Skill Council, LSC),并于次年将教育行政部门改组为教育与技能部(Department for Education and Skills, DFES)。2006年,政府发布的《利曲报告》中提出如下目标:到2020年,90%以上的成人取得2级职业资格证书;40%以上的成人取得4级或更高级别的职业资格证书。《利曲报告》还建议改善雇主和高校间的产学合作关系,提高雇主在工作技能培训的参与和投资等多项措施。④ 尽管英国政府高度重视技能问题,并从技能立国的高度"雄心勃勃"地推进其高技能路线,但企业参与工作技能投资与产学合作的情况总体上并不令人满意。据统计,2001年大约只有10%的企业提供了学徒实习岗位;而在私有经济部门,仅有13万个企业雇用了学徒。与此同时,2000年英国工业联合会所属200家大公司的调查发现,只有28%的公司参与了高等教育机构的合作。⑤

3.2.3 英国技能形成制度中的高职产学关系

从第二次世界大战前后英国高等职业教育产学关系发展的基本脉络来看(如

---

① Lehmann W, Karl Ulrich Mayer, Heike Solga, et al. Skill Formation: Interdisciplinary and Cross-National Perspectives [J]. Canadian Journal of Sociology, 2008.

② House of Lords. Apprenticeship: A Key route to skills [R]. London: The Stationery Office Limited, 2007: 9.

③ Brown P, Green A, Lauder H. High Skills: Globalization, Competitiveness, and Skill Formation [J]. Oup Catalogue, 2001, 17 (100): 445-449.

④ 段晓明. 殊途同归异曲同工——来自澳英技能领域两份报告的启示 [J]. 中国职业技术教育, 2007 (32).

⑤ 另据欧盟组织1999年的调查,82%的英国企业有培训行为,但培训时间很短,而且企业培训主要集中于高端岗位或者雇员的入职培训,中级技能的培训很少。

图 3-3 所示），其技能形成制度中市场模式和低技能均衡两大特征使得企业在与高职教育机构的产学合作中一直扮演着较为"消极的"角色，并呈现出企业、行业"低介入"，国家"高介入"等特征。

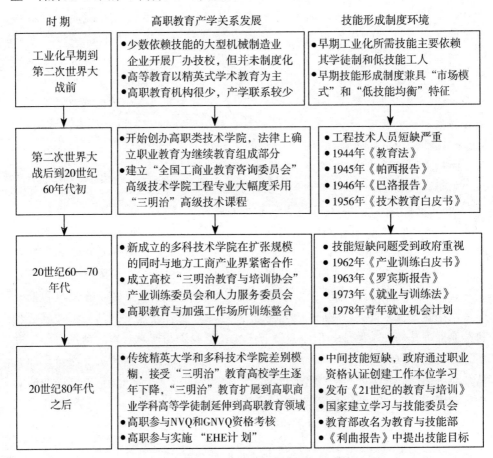

图 3-3 英国高等职业教育产学关系发展基本脉络

（1）为建立高技能社会，市场模式技能形成制度下的英国政府成为高职产学关系的主要行动者，但在推动、保护企业参与产学合作方面存在制度性障碍。英国在 19 世纪后逐渐建立起来的市场模式技能形成制度存在明显缺陷——企业与受训者未能建立可信承诺、企业与企业也未能建立充分的合作关系。由于这一缺陷，英国社会长期缺乏技能（特别是中级技能），而提高技能的任务主要落在学徒制而非正规教育体系上。在国家法律层面，除了 1964 年颁布的《产业培训法》，英国在技能培训与产学合作领域几乎没有再颁布过类似的法律，而该法案也于 1973 年后逐步撤出历史舞台。之后，为了促进就业与技能供给，英国颁布了《就业与训练法》（1973 年）、《继续教育和高等教育法》（1992 年）、《学习与技能法》(2000年)和《教育与技能法》(2008年)。但这些散落于教育、经济和就业的法案大多采取实用主义的"项目资助"形式来推动技能提升。这些法律和政策、报告体现了国家对技能问题和产学合作的高度重视,但大多是对教育机构提要求,较少涉及企业,对于企业不参与产学合作没有任何制约。① 和德国相比,英国企业既没有法律义务为雇员提供技能培训,又没有必须参加商会或其他类似组织的义务或规定。企业既没有投资于工作技能的法律制度压力,又没有行业部门内部受制于岗位资格证书的约束;企业股东的权力很大,企业合并转手的法律障碍较少,这些制度性因素使得企业投资工作技能缺乏保障。英国政府提供最大的准公共物品是20世纪90年代推出的国家职业资格和普通国家职业资格。这种高等教育机构与雇主间以职业资格证书为纽带的产学合作推进了工作本位的教育实践,但却无法代替企业雇主主动参与的深层次制度性合作。

(2) 英国技能形成制度中市场模式和低技能均衡的特征使行业及企业未能成为高职产学关系的主要行动者。由于缺乏企业工作技能投资的制度保护,企业技能培训经常出现"挖人""搭便车"的现象,这些因素对企业与高校基于工作技能的产学合作增加了不确定性和干扰。从技能需求角度,英国早期工业化依靠低技能的学徒而非正规教育体系,技能体系在此基础上形成了"低技能均衡"。到了工业化成熟期,传统机械制造业的不断下滑、现代服务业的不断扩张,中级技能需求下降,而精英式的高等教育满足了新兴产业对高端技能的需求。到了当代,英国技能体系日益形成中间技能匮乏、"低技能均衡"哑铃型的特征:在竞争力强的服务业中(如银行金融、媒体和娱乐业),其高技能造就其高生产力;而在竞争力弱的制造业(如机械制造、家具、服装和食品加工业),其较低的生产力源于其低技能。② 从技能供给角度,在20世纪60年代之前,英国中低级技能主要由学徒制供给;在随后高等教育大众化的背景下,精英式大学为雇主提供了高端技能。由于上述原因,尽管英国一直面临中间(专用)技能需求、供给不足共存的问题,企业和高职教育机构基于中间(专用)技能的产学合作关系一直较为松散。

(3) 英国高职教育机构的产学合作主要是学校主导下基于通用技能的合作。从本书的研究来看,英国高校领域内的产学关系包括了"三明治"教育"EHE计划""教学工厂"以及延伸到高职教育领域的"高等学徒制"等多种形态。据英国西格拉摩根高等学院 Ken Jones 的总结,英国高校领域产学合作形式有12

---

① Denis Gleeson, Ewart Keep. Voice without Accountability: the Changing Relationship between Employers, the State and Education in England [J]. Oxford Review of Education, 2004 (1).

② 据调查,在德国服装制造业中大约有40%为中高级机械师,而在英国几乎为零;德国酒店业中约有75%的服务员来自学徒制,而英国几乎没有。但从技能需求的角度,这些行业采用低成本的低技能策略也能够盈利。

种，而其中最具有代表性的是"三明治"教育中的企业实习。① 英国"三明治"教育和美国合作教育相同的是，两者都发端于大学，都随着第二次世界大战后高等教育大众化的进程延伸到了高职教育机构。由于"三明治"教育培养计划主要由教育部门确定，对学生的管理完全由校方承担，所以本质上是学校主导下、面向产业部门（而非单个企业）的工学结合教育模式，而非企业、行业主导下基于专门技能的结构化、制度化的产学合作模式。这种合作由于缺乏法律约束和各方利益成本分摊契约，企业与院校间的关系较为松散。

3.3 美国技能形成制度与高职院校产学关系

3.3.1 早期工业化时期的技能形成制度

技能形成的既有研究表明，一个经济体技能形成制度的成型与其早期工业化密切相关。根据美国学者诺斯对美国工业化阶段的划分，本小节将美国早期工业化进程中的技能形成制度演变作如下两个阶段的描述：

1. 1820—1860 年

美国的早期工业化大致始于 19 世纪 20 年代。由于"地广人稀"、本土技能严重短缺，当时的工业企业所需技能基本上不是来自国内。来自欧洲（主要是英国和德国）的技术工人、外来移民为美国早期工业革命提供了大量的技能支持。同时，美国社会结构的流动性导致了技能在地理分布和职业分布上具有高度的流动性。很多居住在偏远地区的农民技术工人（或"美国式工匠"）是没有任何技能资格认证的"多面手技工"（Jacks-of-all-trades）或"技能多面手"。因此，在整个 19 世纪，美国企业面临的主要问题是缺乏有资质的技工。当时机械制造业企业对这一问题的应对策略是：一方面想方设法招聘低技能劳动力，并进行批量化、标准化的福特式生产，从而减少对工匠和技工的技能依赖；另一方面允许少数有经验的技师以内部承包制（Internal Contracting）的形式招募低成本的低技能技工做帮工。由于成功运用低技能、低成本战略，这一时期机械制造业企业的规模不断扩大。② 规模扩大的背后是"以牺牲产品工艺为代价换取高产量"，从而减少了技能工人的比例和作用，并最终"废除了古老的学徒制"。所以，这一时期的工业化是建立在分工细致、充足且廉价的低技能基础之上的。从技能的供需来看：早期工业化生产对正规教育体系的技能需求是提供"生产

---

① Ken Jones，周晏雯. 产学合作：英国经验 [J]. 教育发展研究，1991（4）：19-21.
② 根据 Gary M Walton 和 Kenneth L Sokoloff 的研究，1820—1850 年，美国棉纺织业、毛纺织及混合纺织业分别扩大了 2.8 倍和 2.3 倍。

所需的具有一定工作态度和工作习惯的劳工"①，而非"具有一定认知能力的技术人才"②；而当时美国正规教育体系主要服务于白领中产阶级，其主要功能在于"社会控制"而非为产业提供所需技能。③ 在企业技能投资领域，当时仅有纽约等地举办了少量机械工人讲习所或机械学校。所以，美国这一时期工业化所需技能是在没有依赖正规教育体系和企业技能培训的支持下完成的。

2. 1860—1914 年

到了 1860 年，美国已有 130 万人从事制造业，第二产业与第一产业的产值已非常接近。④ 1860—1914 年间⑤，以规模经济、标准化、技术理性化⑥为标志的美国福特式生产进一步发展，福特式大规模生产的劳动分工日益细致，细致的劳动分工带来管理技能需求的增加。企业所需管理技能日益取代传统的工匠技能。除了需要专业的管理人员，大规模大生产还需要会计、秘书等"低级管理技能"。随着 20 世纪初化工、电子、机械等新兴行业日益发展，大型企业组织中所有权和管理权逐步分离，这些变化逐渐催生出对新兴技术和新的管理技能的需求。

由于 20 世纪初的新兴行业和大规模生产增加了基于新兴科学技术和企业管理的技能需求，这一时期少数大型机械制造业企业开展了厂内培训，但由于缺乏制度保障，这对于绝大多数企业的技能投资没有产生重大影响。第一次世界大战前，美国福特、通用电气等知名机械工程制造业企业创办了厂办技校，有些大企业要求员工在厂办教育机构内接受职业教育。这一时期，来自"第三方"的力量促进了企业投资。1911 年，威斯康星州通过一项法案，主张积极的政府干预来维持学徒培训。该法案就工人培训、学徒制培训体系等做出了具体规定。在这一法案的支持下，威斯康星州机械制造业企业对培训投资最大，学徒制发展也较为迅速。但其他地区的雇主对技能培训毫无兴趣，相邻城市的雇主甚至开出高工资从威斯康星州企业中"挖人"，这最终导致了威斯康星模式的衰败。1913 年，美国几个大企业组成了全国厂办技校联合会（National Association of Corporation

---

① David Ashton, Green F. Education, Training and the Global Economy [M]. Cheltenham, UK: Edward Elgar, 1996: 130.

② 凯瑟琳•西伦. 制度是如何演化的——德国、英国、美国和日本的技能政治经济学 [M]. 上海: 上海人民出版社, 2010: 159.

③ 根据 Green 的研究，当时美国正规教育体系的主要功能是服务于立国所需文化和意识形态。

④ 1860 年，美国超过 10 岁的劳动力总数大约为 1 100 万人，其中农业人口占 56%，制造业人口约占 15%。

⑤ 诺斯将 1860—1914 年间的工业化阶段定义为美国的"工业化时代"；国内学者马亚华则称之为"重工业化时代"。

⑥ 学者认为，实物资本和人的技能资本互为替代品。19 世纪晚期，美国早期工业化的"理性技术选择"主要大量利用其最丰富的资源——资本和原材料，尽可能减少使用相对稀缺的资源——人的劳动技能。

Schools，NACS)。一些联合会的会员通过正式的合同契约来提高培训质量，稳定培训项目。但由于当时没有统一、公认的资格认证和培训标准，学徒工技能资格认证的价值取决于培训企业在市场中的地位。而且当时企业之间普遍存在着"挖人"问题，① 就连当时极力提倡企业培训的著名经济学家保罗·道格拉斯（Paul Douglas）也不得不承认："尽管良好的企业培训对于整个产业有帮助，但对于单个企业却是某种损失。"受德国双元制培训体系的启发，全美制造商协会（National Association of Manufactures，NAM）呼吁建立公立职业教育体系。这一努力促使1917年美国出台的《国家职业教育法》中规定政府要扶持公立职业培训学校。但由于这些公立学校与产业存在脱节，企业与公办学校技能培训之间仍然没有任何稳固的产学合作纽带。正如凯利（Kelly）所指出的："国家没有计划和措施将公民的普通教育与有利于学生将来就业的职业技术教育结合起来……所以，美国的职业教育非常学院化……"②

第一次世界大战前，美国多数企业以招收低技能为主，企业所需的管理技能和新兴技术技能一般从大学中招聘。所以，企业很少直接从正规职业技术教育机构招聘员工，更少与公立的职业教育机构合作。对当时的美国适龄青年人来说，参加职业学校的培训并不必然带来一份工作岗位，反而封闭其争取企业管理岗位的道路；而参加学徒工的培训回报也高度不确定③，怀有抱负的年轻人更偏爱完成中学教育后接受学院化的高等教育，以便在将来的劳动力市场获得更多、更好的机遇。更为重要的是，由于没有行会组织和行会传统，绝大多数企业没有工作技能投资的制度性约束，这些因素使得绝大多数美国企业缺乏投资于工作技能培训的动力，少数大型机械制造业的企业培训仅仅关注"良好正规教育背景的领导岗位"。④

为回应这一时期的技能需求，当时的正规教育系统兴办了一些管理学校（Management School）和工程院校。⑤ 少数精英式大学引入土木、机械、电力等技术教育课程，并开始注重培养产业（特别是大型企业）所需技术、管理、商务等技能。⑥ 而高等教育系统真正面向产业的转型是以19世纪末的《莫里哀法案》

---

① 根据美国全国厂办技校联合会1914年的调查报告，受训学徒工从最初受训到最终工作一直在同一个企业的人数不到9%。
② 凯瑟琳·西伦. 制度是如何演化的——德国、英国、美国和日本的技能政治经济学[M]. 上海：上海人民出版社，2010：171.
③ 有些企业通过正式契约来稳定学徒培训项目和质量；通用电气、西电、西屋等龙头企业将完成培训的学徒工奖金提高到100美元；还有一些企业则在培训前收取一定数额的押金。
④ 例如，通用公司1921年拥有300名大学毕业的学徒工。
⑤ 1866年前的31年间，总共只有300名左右工科毕业生；1862年工程院校有12所，到了1896年发展到了110所。
⑥ 宾夕法尼亚大学和哈佛大学分别于1881年和1908年成立了商学院，培养面向产业的管理人才。

和20世纪初的初级学院运动（Junior College Movement）为标志的。《莫里哀法案》等系列法案促进了高校与社会的联系，服务社会和经济日渐成为高校主要职能之一。在这一背景下，美国初级学院——社区学院的前身也逐渐兴起。

综上所述，美国将近一百年的早期工业化进程基本确立了技能形成制度：企业普遍致力于生产规模化、标准化和技术理性化从而减少对于技能的依赖，所形成的技能制度具有市场模式、低技能、通用（如职业态度和职业习惯）技能而非（企业或行业）专用技能等特征。这些技能特征连同集体行动的可信承诺等制度性障碍，使得美国早期工业化时期的企业技能投资不普遍，国家旨在强化公立职业教育提高技能供需匹配的做法也不成功。这一时期的正规教育体系以普通中等和初等教育为主，适龄青年更愿意参加普通教育而非各种形式的职业技术教育或技能培训。第一次世界大战前，已经出现了社区学院的前身——初级学院，但基于技能的产学关系主要表现为少数精英大学面向产业的专门教育。技能形成制度的市场模式和雇主低参与度的产学关系初始治理机制对工业化成熟期社区学院产学关系产生了深刻影响。

3.3.2 工业化成熟期中的高职产学关系

根据国内外学者的研究，美国的社区学院较为接近于中国"高职高专"内涵。本书研究发现，以美国社区学院为代表的高职产学关系受工业化早期技能制度影响，并随着工业化成熟期技能形成制度的发展而发展。

1. 第一次世界大战后到20世纪50年代

第一次世界大战后，特别是从20世纪20年代之后，美国以电力、冶金、电器、汽车、飞机、石化重化工为主的工业体系得以确立并逐步进入工业化后期。① 在之后的30年里，随着企业技术进步，美国工业生产越来越依赖于专门的中高级技能。② 由此，制造业对低技能劳动者需求逐年下降，企业更倾向于从劳动力市场直接招聘接受过中等以上教育的年轻人，而不愿意投资于高质量的工作技能培训。少量大型制造业企业开展的系统化教育仅限于"管理者、带班者和工头的培训"。③ 企业较少从职业教育机构招聘员工，更少"对公立职业教育培训机构的规模扩大或质量提高给予支持"。④

---

① 根据库兹涅佐夫提出工业化完成的三项指标（第一产业产值、第一产业劳动力比重和第二产业产值），美国大约于20世纪40—50年代完成工业化。

② 在这30年间，美国飞机制造、汽车制造、一般机械、电气设备等技术密度高的行业年均增长率超过8%；而劳动密集型行业年均增长率不到4%。

③ 例如，1927年美国通用汽车公司创建了通用汽车设计和管理学院（GMI），培养工程技术和工业管理人才。

④ 凯瑟琳·西伦.制度是如何演化的——德国、英国、美国和日本的技能政治经济学 [M]. 上海：上海人民出版社，2010：179-183.

1910—1940年间的高中教育运动使青少年更容易接受普通教育,这加速了美国企业职业培训体系的瓦解,也为高等教育大众化创造了条件。① 这一时期初级学院的规模随着高等教育大众化进程而日益扩大,② 但依然兼具双重职能——为大学三年级做准备的转学教育和两年制"终结性"(Terminal)的职业教育。③ 到1940年,约有70%的初级学院提供了半年、一年和两年时间不等的商业、秘书等职业教育课程。但到第二次世界大战之前职业教育入学人数比率一直很低,表3-5和表3-6的数据反映了这一状况。

表3-5 初级学院职业教育课程情况一览表(1917—1937年)

研究者及成果发表时间	所有初级学院		公立初级学院		私立初级学院	
	学院数	职业教育课程比例/%	学院数	职业教育课程比例/%	学院数	职业教育课程比例/%
麦克道尔(Mc Dowell 1917)	37	14	9	18	28	9
库斯(Koos 1921)	58	29	23	31	35	25
霍林斯沃斯和埃尔斯(Holingsworth,Eells 1930)	279	32	129	33	150	29
科尔沃特(Colvert 1937)	—	—	195	35		

资料来源:Arthur M Cohen. The American College [M]. San Francisco:a Wiley Imprint,2008:249.

表3-6 初级学院职业教育各专业领域人数(1938—1939年)

学院类别	职业教育人数	各科入学人数和百分比/%									
		普通教育	农业	商务	工程	艺术	医疗	家政	新闻	公职	其他
总数	41 507	6 205 14.9%	1 673 4%	14 511 35%	4 449 10.7%	3 406 8.2%	1 603 3.9%	1 387 3.3%	808 1.9%	6 500 15.6%	965 2.3%
公立	30 261	4 724 15.6%	1 631 5.4%	11 278 37.3%	3 915 12.9%	2 341 7.7%	1 029 3.4%	876 2.9%	673 2.2%	3 033 10%	761 2.5%
私立	11 246	1 481 13.2%	42 0.4%	3 233 28.7%	534 4.7%	1 065 9.5%	574 5.1%	511 4.5%	135 1.2%	3 467 30.8%	204 1.8%

资料来源:Arthur M Cohen. The American College [M]. San Francisco:a Wiley Imprint,2008:250.

---

① 1910年,适龄青年中不到10%的人高中毕业;30年后,高中毕业生的比例超过了50%,适龄青年进入高校比例也从1930年的12%攀升到1941年的18%。而职业技校被大众称为"失败者的避难所"。

② 根据王廷芳的研究:第一次世界大战前,美国总共有74所初级学院;两次世界大战期间,初级学院发展到648所;到1940年,初级学院学生已经达到24万人,占高等教育总体规模的10%。

③ 根据Arthur M Cohen的研究,四年制大学培养的是专业技术人才(Professional),所谓终结性的职业教育培养的是居于手工劳动和专业技术人员之间的"半专业技术人员"(Semi-professional)。

第3章 不同技能形成制度中的高职产学关系

这一时期的美国高校中发展了独具特色的产学合作模式——合作教育,但当时政府支持不够,合作教育主要集中于企业与少数大学的合作。① 美国社区学院②与产业之间的关系仅仅表现为一些社区学院有少数面向产业的职业化课程,雇主实质性参与的产学合作依然不紧密。造成社区学院与企业产学关系不够紧密的主要原因在于以下几点。

首先,这一时期社会迫切需要的商业、农业、秘书、会计、销售等技能主要由中等教育机构中的职业教育课程提供。上述领域的雇主认为中等教育所提供的技能已经足够,而同期在工程、电子、医疗等领域的中间技能需求还不旺盛。

其次,"正统"的普通高等教育观念在当时多数美国学生中根深蒂固,他们更偏好于在一个普通高等教育机构接受"学院式"教育。社区学院过于强调职业教育功能反而会"赶走"部分潜在的学生。

最后,政府和社区学院对于职业教育投入都较少。根据1939年的初级学院终结性教育委员会(Commission on Junior Terminal Education)的报告,在14个州当中约有62个初级学院从《史密斯-休斯法》和《乔治·迪恩法案》得到了财政资助,但是资助金额很少,而且都是和学制、学历学位无关的短期职业技能培训。同时,当时社区学院普遍规模小、收入低,而普通教育的投资比职业教育少,也更容易找到生源。③ 所以,社区学院一般不愿在和产业技能需求密切相关的职业教育课程进行投入。

基于上述原因,社区学院与企业之间的产学关系不够紧密,这一状况一直到了20世纪60年代之后才有所改变。

2. 20世纪60年代

学者普遍认为,美国社区学院从20世纪60年代后期开始进入大发展时期。社区学院大发展改变的不仅是其规模的增加,更是高等职业教育机构功能的转变与其产学关系的深入。这些变化主要来自以下因素。

第一,工业化后期的产业结构日益向技术密集型转变,高新科技的迅速发展,特别是航天航空、计算机、石化等新兴产业的兴起,需要大量中间技能或半专业人员技能。而当时普通大学的学士教育提供的是专业性和管理性职业课程,培养的是"名列15%之前的"经理人(或者管理技能人员)。因此,社区学院提

---

① 1906年,美国辛辛那提大学首次推出合作教育计划:工程专业学生分成两组,一组在学校学习的同时,另一组在与自己专业对口的企业实习。一周之后轮换,毕业时间则相应延迟1—2年。当时把课堂教学与工作实践相结合的教育方式称为"合作教育"。1906—1957年的50年里,共有55所大学采取了这种教育模式。

② 1946年杜鲁门总统高等教育委员会将"初级学院"改称为"社区学院"。

③ Eells的研究发现,1946年以前的社区学院规模普遍不足1 000人。小规模学院(99个学生及以下)开设了约10%的职业课程;大规模学院(1 000名以上学生)则开设超过38%的职业课程。

出开设大学尚未占领的面向中等技能水平的课程,提供当时大学尚未涉足而社会又急需的"配套性"和"辅助性"的职业课程——基于中间技能的职业技术教育。半专业化训练(Semi-professional Training)由此成为美国社区学院的定位。

第二,在政策层面,根据美国总统高等教育委员会的报告,社区学院的主要功能应包括"提供两年即足够的职业训练"。同时,为了回应社会技能不足问题,美国1963年制定的《职业教育法》推动了社区学院职业化。

第三,20世纪60年代中期社区学院普遍开展了"职业化运动"。20世纪50年代以前,社区学院学生中学习职业课程的学生只占总数的四分之一。[①] 从60年代开始,社区学院学习职业课程人数开始逐年递增(如表3-7所示)。社区学院提供的职业课程也随着产业的技能需求变化而变化:在20世纪40年代,社区学院提供的是秘书、会计等课程;20世纪50年代,社区学院提供面向制造业所需职业课程;到了20世纪60年代,社区学院开始大量提供技术类课程(如计算机编程、医疗技术等)。

表3-7 社区学院职业类课程学生注册情况(1963—1975年)

年份	学生总数/个	职业课程登记人数/个	所占百分比/%
1963	847 572	219 766	26
1965	1 176 852	331 608	28
1969	1 981 150	448 229	23
1970	2 227 214	593 226	27
1971	2 491 420	760 590	31
1972	2 670 934	8 739 33	33
1973	3 033 761	1 020 183	34
1974	3 428 642	1 134 896	33
1975	4 001 970	1 389 516	35

资料来源:Arthur M Cohen. The American College [M]. San Francisco:a Wiley Imprint,2008:257.

这一时期社区学院在职业化的发展进程中,逐渐加强了产学联系。但这种产学关系主要是学院主导下面向产业的合作。1963年《职业教育法》和《高等教

---

① Arthur M Cohen. The American College [M]. San Francisco:a Wiley Imprint,2008:221.

育法案》颁布后，合作教育在法律和经费两方面都得到了保障。① 到了 20 世纪 60 年代末，采取合作教育的社区学院增加到了 32 家，② 并且在社区学院中出现了一种新模式——平行模式。③

总体而言，20 世纪 60 年代社区学院产学关系主要表现为少量的合作教育和少量面向产业所需技能的职业课程（约占课程总数的四分之一）。对企业来说，依然倾向于直接雇佣具有大学本科学位的毕业生，对于和社区学院的实质性合作并不关心。

3. 20 世纪 70—80 年代

20 世纪 70 年代后，美国生产体系与工业品受到德国、日本等国的竞争与挑战。④ 美国开始淘汰部分传统的劳动密集型重工业，重点发展新兴技术行业和现代服务业。一些大型跨国公司开始学习日本企业的全面质量管理（Total Quality Management，TQC）、扁平化管理等新型管理模式。由于这一时期经济不断下滑，美国社会对其技能形成制度和正规教育体系开始反思。20 世纪 80 年代，美国麻省理工学院工业生产力调查委员会在其《美国制造——如何从渐次衰弱到重振雄风》报告中指出，美国社会高低技能两极分化、中间技能严重缺乏是传统产业衰落的原因。该报告还认为，美国当时的正规教育体系尽管提供了大众化的高等教育，却无法为高附加值产品行业或"高绩效的工作场所"（High Performance Workplace）提供所需中间技能。

在这一时期，美国制定了《全面就业与培训法》《工作训练伙伴法案》和《帕金斯职业教育法案》。上述法案都通过财政项目的形式资助工作技能训练，帮助弱势群体就业。法案带来的联邦财政资助项目对社区学院产学合作影响巨大。调查显示，美国 93% 的社区学院得到过上述法案的资助，平均每个学院有 27 个财政资助的职业培训项目。⑤

这一时期社区学院在规模和产学关系方面都得到飞速发展。社区学院学生数不断扩张，比重占据了高等教育规模的三分之一。⑥ 在功能定位方面，选修职业

---

① 美国国会在 1968 年拨款 4 300 万美元之后，分别于 1972 年拨款 7.07 亿美元，1974 年再拨款 9.8 亿美元。这些拨款主要用于资助低技能者和残疾学生的职业教育，社区学院职业教育课程从中得到很多资助。

② Josept E Barbeau. Cooperative Education in America 1906—1971 [J]. Northeastern University, 1973：153.

③ 采用平行模式的社区学院根据企业需求开展职业训练，实习常常在企业进行，而且利用他们的雇员做教师。学生上午在校学习，利用下午或晚上业余时间工作，每周 15～25 小时。

④ 1972—1982 年，因国外竞争，美国制造的商品让位于进口商品的比例从 20% 上升到了 80%。

⑤ Arthur M Cohen. The American College [M]. San Francisco：a Wiley Imprint，2008：227.

⑥ 1975 年，全美在社区学院学习的学生约 400 万人，而同年在四年制普通大学就读的学生约为 720 万人。

课程数过半。① 社区学院实现了从人文教育机构到职业教育机构的转型,成为一个真正以"职业教育为主的机构"。② 1980 年,四分之三的学生接受了与未来就业岗位相关的职业教育课程。③ 社区学院与企业的联系也日渐加强。1984 年,将近有一半的社区学院与企业合作培训员工。④ 在国家财政项目刺激下,⑤ 20 世纪 70 年代约有 20% 左右的社区学院开展了合作教育项目。⑥ 但即便在 80 年代的合作教育高峰期,合作教育项目也未能在美国社区学院全面展开。⑦ 没有权威部门认可、全国通用的职业资格证书是其重要原因。在美国,学徒训练由联邦学徒训练局颁发"学徒训练合格证书",持有该证书的学徒才可以在国内流动。而合作教育一直未能形成统一的资格证书制度,这严重影响了社区学院合作教育的开展。

4. 20 世纪 90 年代后

20 世纪 90 年代美国经济开始复苏并步入"新经济时代"。这一时期就业率逐年增加的同时,职业结构也在发生深刻的转变:生产性岗位日益减少,服务性岗位日益增加⑧;高新技术岗位增加,岗位技术含量提高;职业更替与工作岗位转换率加快。⑨ 与此同时,高技能(高工资)和低技能(低工资)的就业增长快于中等职业,中间技能普遍缺乏,20 世纪 90 年代的多数工业品出口竞争力下降。1998 年美国制造商协会的专题调查报告《技能的差距——合格工人的短缺:美国经济面临的日益增强的挑战》中指出,现有技能供给和产业技能需求间的差距日益扩大,美国企业员工的技能水平无法满足产业的需求。

在上述背景之下,1990 年《伯金斯职业应用技术教育法案》和 1994 年《从学校到工作机会法》中提出为了保障从学校到工作岗位的顺利过渡,实现职业技术教育与学术教育的衔接,要求社区学院在内的"中学后教育机构"与中等教育、企业雇主和公共组织合作,从而建立起 STW 强大的保障体系。其中最为关键的就是院校与企业紧密合作,从而实现学校本位学习与工作本位学习有机结合,让学生通过职业进行学习(Education Through Occupation)。从该法律的实

---

① 1970—1971 学年,社区学院获职业学位或证书的毕业生占毕业生总数的 49%。
② 鲍威尔,迪马吉奥. 组织分析的新制度主义 [M]. 上海:上海人民出版社,2008:364.
③ Brint S, Karabel J. The Diverted Dream: Community Colleges and the Promise of Educational Opportunity in America, 1900—1958 [M]. New York: Oxford University Press, 1989: 107.
④ 顾明远,梁忠义. 世界教育大系——职业教育 [M]. 长春:吉林教育出版社,2000:317.
⑤ 1970—1994 年间,美国 24 个财政年度总计拨款 17 次,拨款总额达到 2.3 亿多美元。
⑥ Josept E Barbeau. Cooperative Education in America 1906—1971 [J]. Northeastern University, 1973: 154.
⑦ 1981—1988 年,美国合作教育缔结数量从 4.2 万上升到了 14.08 万个。
⑧ 据统计,美国制造业就业人数占劳动力比例从 1950 年的 25.6% 不断下降到 2001 年的 12.8%;制造业产出占 GNP 的份额也从 1950 年的 28% 不断下降到 2001 年的 14%。1992 年,有三分之二的劳动力在私人服务机构或者政府部门工作。
⑨ 根据 2000 年美国劳工部的统计,每个美国工人一生至少变更三次职业,七次工作岗位。

施效果来看，共有 50 个州、约 2 600 个中学后教育机构中将近 1 800 万个学生和 17.8 万个企业获得 STW 的资助，提供工作本位学习的企业有 1.09 万个。政府推广的模式除了既有的合作教育，还包括"学校到学徒计划""校办企业"（School-sponsored Enterprise）、"企业-学校合作"（Business-education Compacts）、"技术准备计划"等。上述模式的共同特点都是政府提供资金扶持，将学校本位学习与工作本位学习相整合。到 STW 法案经费资助结束的 1999 年，该法案总共提供的财政经费超过 15 亿美元。① 随着 STW 的废除，2001 年美国联邦政府转而以每年投入 70 万美元支持各州的"学校向生涯过渡"（School to Career，STC）改革。

这一时期的社区学院重点开展了以新职业主义（The New Vocationalism）为特征的产学关系。

第一，社区学院更加注重面向就业的产学合作。调查显示，社区学院"合作项目生"中大概有 60% 学员的入学动机是为了"准备就业"或"改变职业"。为了取得财政资助项目，社区学院需要追踪当地的就业岗位趋势并和企业沟通。由于项目申报过程严密，社区学院为了取得财政资金需要开展周全的计划、调研和实施。一项全国性的调查显示，80%－90% 的毕业生对资助的职业项目表示满意；有近 90% 的企业雇主对社区学院的合作培训项目表示满意。②

第二，社区学院更关注新兴产业和高新技术。1988 年的《美国经济竞争力强化教育训练法》要求，把接受过高等教育的高技能（劳动力）纳入职业技能训练并由社区学院负责实施；③ 1992 年通过的《科学和高技术法》授权美国国家科学基金会开展"高新技术教育计划"（Advanced Technological Education Program，ATE）。法案指定美国科学基金会建立以社区学院为中心的高新技术教育。在上述法案的引导下，社区学院开始关注基于新兴产业和高新技术的高技能培养。

第三，社区学院的职业课程不仅和产业相结合，还注重与中等教育的结合，以培养产业所需的全面和完整的职业素质。1990 年的《卡尔·D. 伯金斯职业应用技术教育法案》中规定政府资助各州创建中等教育机构和社区学院一体的"技术预科联合体"，并在技术预科的教学计划中包含企业工作场所学习。到 20 世纪 90 年代，美国各地约有 1 058 个技术预科联合体，为约 50 万名学生服务。④

新职业主义下的社区学院产学合作需要更多企业提供更高质量的工作本位学

---

① 石伟平. STW：世纪之交美国职业教育改革与发展策略的抉择 [J]. 全球教育展望，2001（6）.
② Arthur M Cohen. The American College [M]. San Francisco：a Wiley Imprint，2008：260.
③ 匡瑛. 比较高等职业教育——发展与变革 [M]. 上海：上海教育出版社，2006：42.
④ 以通信技术岗位为例，中学开设数学、物理、计算机程序基础、经济学、工业关系、电工电子学、制图学、机械系统、材料学、仪表和液压等课程。而社区学院则提供数字电路、数字设备技术、设备与系统、微波和光纤通信、电信网络和设备等较为高端的课程。

习岗位。但从实施效果来看，这一时期社区学院的产学合作依然是在国家法律引导下，面向就业市场主动对接产业技能需求的行为，企业参与积极性普遍不高。正如美国劳工部1992年报告中所述："各州的企业尽管已经意识到经济变化对于技能提升的重要作用，但只有少数企业参与了为学生提供工作本位学习岗位的行动。"①

3.3.3 美国技能形成制度中的高职院校产学关系

将美国高等职业教育产学关系发展的基本脉络加以总结（如图3-4所示），可以发现技能形成制度影响下的美国高职产学关系存在如下特点：

1. 企业、行业较低参与度的产学合作

以美国高校所倡导的合作教育为例，20世纪90年代全美实行合作教育的高校大约有1 000所（占高校总数的三分之一）。但全部实行合作教育的高校只有5~6所。实现合作教育的高校当中，平均每个学校只有200~300名学生，而且主要集中在大学的工程、建筑类专业，社区学院参与的很少。②造成这一局面的原因在于，美国合作教育本质上是高校、学生、雇主和政府四方互惠互利的契约合作，而热衷于合作教育的主要是高校和政府而非企业。③和德国相比，美国企业主动参与基于技能的产学合作的积极性普遍不高，原因主要在于其工业化进程中所形成的技能制度特征：美国早期工业化的成功建立在低技能的福特式大规模生产模式之上，企业需要的是大量的低技能和少量的管理技能；在工业化后期，高新技术和新兴管理方法所需的高端"软性技能"主要来自精英式大学而非高职教育机构。企业与高职基于中间技能的产学合作需求不大。④而高校合作教育项目的学生能为企业做一些"略低于专业人员技术水平的工作"，所以大学中的工程、建筑专业的学生更容易为雇主带来低成本的技能从而引发合作需求。⑤

2. 基于学校面向就业生涯的产学合作

除了少量的合作教育，美国社区学院的产学关系还反映在其面向就业生涯所需技能的职业化转型。从20世纪60年代到80年代的三十年里，社区学院接受职业教育的学生数从1/4攀升到3/4，社区学院功能发生了重大转型；到了90年代，社区学院开始注重新兴产业和高新技术岗位。对于这一现象，可以用美国技能形成制度来解释：产业对半专业化技能需求是社区学院转型的动力，而面向就

---

① Charles S Besnon. New Vocationalism in the United States: Potential Problems and Outlook [J]. Economics of Education Review，1997.
② 傅维利，李英华. 合作教育及其在当代美国的发展 [J]. 比较教育研究，1996 (01).
③ 到20世纪90年代，美国联邦政府共投资2.75亿美元支持合作教育。
④ 根据美国教育部统计中心数据，1984—2001年间，美国高等职业教育学位授予主要集中于商业、销售领域。
⑤ 陈解放. 合作教育的理论及其在中国的实践 [D]. 上海：华东师范大学，2002.

业市场的系列法案与财政资助进一步推进了转型。

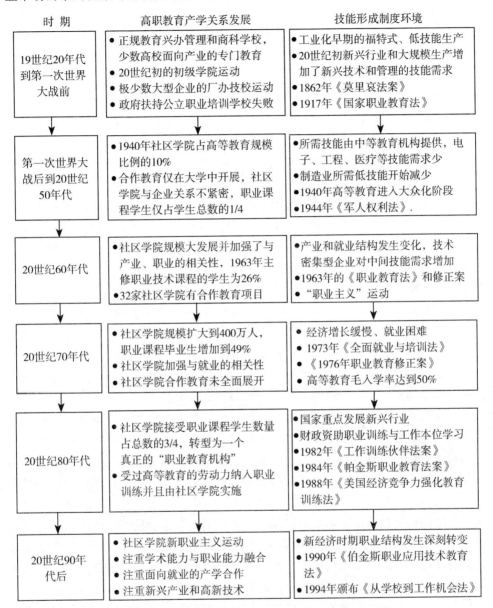

图 3-4 美国高等职业教育产学关系发展基本脉络

3. 国家法律影响下的产学合作

和英国一样，美国技能形成体系属市场模式，技能"外部性"和社会"个人主义"特征经常导致社会技能供需不匹配的"市场失灵"现象。而美国学徒制技能培训规模仅牵涉到"少数成年人和极少数二十几岁的青年人"，国家往往通过立法以财政项目的形式为学校教育到劳动力市场的过渡提供技能扶持。和英国一样，美国立法宗旨在于矫正"市场失灵"，其政策目标在于实现充分就业和满足劳动力市场（而非具体产业）所需技能；其政策风格主要是为了回应社会的技能需求而采取的应急性措施；从政策工具来看，主要采用了激励工具——对技能培训进行财政补贴资助。① 尽管其立法初衷是引导就业——其财政扶持对象主要面向"项目生"（而非仅仅社区学院），但在国家财政项目的影响下一定程度上改善了院校的产学关系，从而间接促进了社区学院面向就业的产学合作。②

4. 通用技能为主的产学合作

美国技能形成制度中，企业对专用技能的投资动力不强。在工业化早期，美国福特式大规模、标准化生产需要的是以"爱岗敬业"为特征的"高素质"的低技能劳动者；在工业化成熟期，整体的技术进步增加了技能的总需求却降低了各项职业的中间技能需求，而以高新产业、现代服务业为主体的产业结构更需要以创新能力、多样化技能为特征的高端技能。③ 和传统机械制造产业所需要的中级技能不同，这些"软性"技能要求看似和具体岗位、具体企业、具体行业没有关联，但更注重一个"职业人"的通用技能。在20世纪工业化早期，美国合作教育就从注重技能学习的辛辛那提模式日益转向注重"全人教育"（Whole Person Education）的安提亚克模式；进入21世纪，美国各州"从学校到工作"项目日益被"从学校到生涯"所替代，"职业教育"正被"生涯教育"所替代。④ 这反映了美国社区学院基于技能的产学合作主要不是满足企业（或行业）的专用技能需求，而是适应美国社会技能结构对通用技能的需求。

综上所述，以美国社区学院为代表的高职院校与企业基于技能的产学合作具有行业、企业参与度低、基于学校、面向就业生涯、法律与财政引导、基于通用技能合作等特征。这些特征与其工业化早期形成的技能制度市场模式和缺乏中间技能、注重通用技能、劳动力高转换率等特征密切相关。在工业化早期，美国福特式生产所需低技能由外来技工和学徒工提供；在工业化成熟期，职业结构的改变导致了中间技能需求下降，而美国精英式大学教育为后福特式生产和高新科技提供了高端技能支持。这使美国企业"中级"技能投资动力小，而（类似英国的）制度性因素造成企业投资"中级"专用技能的风险较大，企业更倾向于从市场"购买"甚至"偷取"现成技能。在这一制度背景下，企业主动与高职院校合作培养技能的需求程度较低；高度自治的教育机构使得国家无法直接调控正规教

---

① 刘志民，吴冰．"三化"进程中农民职业教育与培训政策的国际比较 [J]．中国农业教育，2013（01）．
② 据Hughe, Bailey 和 Bechur 的研究，大多数财政资助的产学合作仅限于在企业的简单"职业熏陶"。
③ 1960—1980年间，美国制造业产出增加了104%，但制造业就业量仅增加了21%。
④ 美国的职业教育已改称为"生涯与技术教育"（Career and Technical Education）。2000年，美国"国家职业教育研究中心"改名为"国家生涯与技术教育研究中心"。

育培训系统,当社会技能供给水平无法适应社会技能需求时,国家一般以立法形式通过财政项目为学生从教育机构到工作岗位的过渡提供培训,这在一定程度上起到了纠正"市场失灵"的作用,但无助于建立(类似于德国的)企业与行业深度参与的产学合作制度。

3.4 德国技能形成制度与高职院校产学关系

通过对英、美两国技能形成制度的分析可以发现,以英、美为代表的第一批工业化国家,在早期工业化进程中尽管出现了少数大型机械制造业企业的厂办技校运动,但由于缺乏有利于企业工作技能投资的制度环境,企业技能低投入不仅形成了整个社会"低技能均衡",也锁定了工业化成熟期高等教育大众化背景下的高职院校产学关系:高职教育机构在市场和国家法律的引导下建立了面向就业的产学关系。本节通过对德国技能形成制度与其高职产学关系的考察,可以发现德国双元制技能形成体系不仅为产业提供了所需技能,而且也对其高职产学合作关系产生了深刻影响。

3.4.1 早期工业化与双元制技能体系的建立

在很长的历史进程中,德国双元制中的学校教育与企业培训两大要素,一直都以各自成长的逻辑发展演变。其中,以企业师徒结对开展工作技能培训为特征的德国行会学徒制最早可以追溯到中世纪早期。但直到 20 世纪,正规教育与企业技能培训两大要素才有意识地结构化,而促成德国的技能形成体系从传统的行会学徒制到现代双元制转变的重要因素是德国早期工业化进程。

1. 1830—1919 年

和英国、美国相比,德国属第二波工业化国家。19 世纪 30 年代德国开始工业革命,经济快速兴起的同时产业结构也发生了重大变化,机器大工业逐步代替手工业成为主要的劳动部门。19 世纪初期,高度依赖技能的机械制造业企业所需技能主要来自小手工企业的学徒工。① 19 世纪 50 年代到 70 年代,随着大机器生产规模不断扩大,德国早期工业化的关键部门——机械制造业企业开始逐步取代传统的小手工企业成为技能的主要消费者。但一直到 19 世纪 80 年代之前,德国机械制造业企业的技能供给绝大部分还来源于传统的手工业部门。② 随着机器大工业对专用技能的需求呈几何级数上升,手工业部门所提供的

---

① 手工业部门的雇主更乐意学徒工培训期满后到大工厂工作而非在手工业部门内自立门户。
② 一项全国性的调查显示,所有学徒工中的 55% 在手工业企业,只有 45% 在工业部门中。

学徒制工匠技能在数量和规格上都已经无法满足大工业生产的技能要求。①

工业化早期所需技能体系迫切需要摆脱传统手工业学徒制的传统藩篱，探索适合大工业大机器生产的现代学徒制。在上述背景下，德国于1884年和1887年两次修订《工业手册》，进一步扩大了行会的权责；更大的国家干预则是1897年通过的《手工业保护法》，该法案连同1908年的修正案在继承行会学徒制传统的同时，扩大、明晰了行会在学徒培训方面的权利与责任。② 这一被著名学者汉森（Hansen）称为"传统与现代元素的完美结合"的法案平衡了工业化进程中行会、企业与受训者三方的权利和责任关系：手工业协会负责评估、监管企业的培训质量；企业可从学徒工的工作中获取利益，但前提是对学徒工进行高质量的培训；③ 为了获取技能资格证书和高质量的培训，学徒工须接受低工资（甚至支付给师傅一定的费用）和最长时间为四年的学徒契约。这些法案强化了技能资格认证与监管体系，为受训者与雇主之间达成可信承诺协议提供了有力的保障，从而避免了发生在英国的学徒制培训由于缺乏监管而导致的剥削廉价童工现象。这些法案不仅使德国行会学徒制传统在工业时代获得重生，也首次在法律上明确了职业教育是"产业界的责任"，这奠定了德国技能形成体系中企业参与技能培训的制度基础。

面对手工业部门技能供给数量、质量不足的问题，这一时期的德国大型机械制造和金属加工企业开始创办厂办学徒训练车间和厂办技校，试图通过"理性化"、系统化的技能培训来满足企业特殊技能需求。④ 从1900—1914年，德国厂办技校从17家增加到了72家；厂办训练车间从1912年的11家增加到1926年的175家。

这一时期德国正规教育体系开始为早期工业化提供产业所需的技能。19世纪早期，德国高等教育领域还以博雅教育为主，缺乏为产业提供技能的功能。随着早期工业化的发展，产业要求提供"具有良好科学技术训练的工人"。19世纪70年代后，在政府推动下，和铁路、造船、钢铁、煤矿等密切相关的高等工程技术院校开始发展。到了20世纪初，德国49所高校中包括11所工业大学和16

---

① 凯瑟琳·西伦. 制度是如何演化的——德国、英国、美国和日本的技能政治经济学［M］. 上海：上海人民出版社，2010：47.

② 《工业手册》规定"自愿性行会组织拥有学徒工的唯一雇佣权"，这一措施使自愿性行会有能力迫使非会员分担职业技校建设费用；《手工业保护法》规定，手工业部门组织的强制性协会在学徒培训方面有充分自主权，包括有权对学徒受训时间在内的学徒合同进行管制（学徒制一般为3年，合同必须以书面形式上交到行会）；1908年的修正案对工业师傅强化了认证资格与监管的规定。

③ 凯瑟琳·西伦. 制度是如何演化的——德国、英国、美国和日本的技能政治经济学［M］. 上海：上海人民出版社，2010：42.

④ 根据David Ashton的研究：工业企业雇主培训现有的半熟练工人比使用现成的学徒制工人来得容易。

所农学、林学、矿业等专科院校。① 当时的正规职业技术教育机构——"进修学校"(Continuation School)也得到了威权政体和企业的支持。《北德意志联邦工商条例》(1869年)和《普通学校法》(1872年)中规定,"18岁以下的学徒工须在周末去进修学校接受额外的技能培训"。② 在厂方和学徒订立的培训合同中,甚至包含有学徒接受业余教育的条款。1899年的第四届德国进修学校会议决议要求将进修学校发展成为"与车间对应的理论场所"。在这一背景下,进修学校、专科学校等各类中级技术院校得到发展。20世纪初,德国共建有进修学校1 070所,在校生达15万人。其中,中等技术学校在校生达130多万人(其中农业类占6%,工业类占39%,商业类占6.4%)。③ 这一阶段企业与正规教育机构的产学联系较多表现为德国大型机械制造企业通过赠送磨具、图纸和工业加工品等影响方式,促使中等技术学校按照其生产需求进行课程设置与改革。

2. 1919—1933年

德国企业深入双元制技能体系两大制度特征——国家统一的技能资格认证和工会参与的企业技能培训监管形成于魏玛共和国时期(1919—1933年)。

在20世纪的头几十年,多数大型制造业企业拥有了自己的学徒学校,也控制了雇员培训,但这些企业没有技能考核和认证权利。④ 到了魏玛共和国时期,这一矛盾变得日益突出:大企业厂办学徒车间或厂办技校的培训已初步实现了统一,但还未能控制技能资格认证;手工业部门虽然掌握了技能认证权,但还未在培训上实现标准化。技能考核与资格认证和标准化成为这一时期工业企业与手工业部门之间的主要矛盾。⑤ 在魏玛共和国时期,代表机械制造企业的德国机械设备制造业联合会⑥的主要工作是阻止企业滥用学徒制培训,推动机械制造业企业的技能标准化,并争取技能资格认证。⑦

第一次世界大战过后,为了应对来自美国低成本产品的冲击,德国机械制造业企业开始面向更高端的市场,转而生产更高质量、更加专业化的机械产品。由于企业对于中间技能人力资本的依赖,大企业又开始出现厂办技校浪潮。这一时期,代表重工业利益的德国技术工人培训研究所主持创办了厂办培训车间,开始

---

① Hans-Werner. Sozialgeschichte des Hochschulwesens [M]. Kosel, 1978.

② Wolf-Dietrich Greinert. The German System of Vocational Education: History, Organization, Prospects [M]. Nomos Baden-Baden: Nomos, 1994: 36.

③ 翟海魂. 发达国家职业技术教育历史演进 [M]. 上海:上海教育出版社,2008:71.

④ David Ashton, Green F. Education, Training and the Global Economy [M]. Cheltenham, UK: Edward Elgar, 1996: 142.

⑤ 学徒工主要依赖于工匠师傅指导下的在岗培训获得所谓的默会知识,而这种默会知识往往依赖于具体生产车间的特殊技能。所以技能资格认证不是一个高度标准化的体系。

⑥ 德国机械设备制造业联合会成立之初主要代表了大型机械制造企业。到1923年,已覆盖了德国90%以上的机械制造企业。

⑦ 根据凯瑟琳·西伦的研究,技能资格认证和技能标准化两者并不必然是高度一体化的整体。

了基于企业工作技能的培训。厂办培训分为两个部分：前面两年在培训车间完成"基本训练"；其后两年在企业完成以专业化技能为主的在岗培训（On-the-job Training）。除了厂办培训车间，技术工人培训研究所还通过大力创办企业技校来替代传统的工匠培训与正规的职业学校，从而使受训学徒成为"新型技术工人"。1917—1918 年，德国新建厂办技校 7 所；1923 年新建厂办技校 17 所；1926—1928 年，仅技术工人培训研究所就创立了 18 家厂办学校和 71 个培训车间。①

3. 1933—1945 年

纳粹当政之后，为解决当时的失业和军备问题，政府通过补贴政策大规模扩大学徒培训以满足战时大量技能的需求。为了加强国家干预，政府甚至将企业与学徒的培训合同重新界定为一种教育培训关系而非 1928 年德国劳动法院所判定的雇佣合约关系。② 政府还规定：钢铁、金属加工和建筑行业的企业至少招聘 10 个工人负责学徒培训。在纳粹国家政策和军事需求的作用下，德国技能培训体系的标准化和统一化取得了重要进展。1935 年，新的"学徒合同"样板规定了学徒的雇佣待遇和培训条件。次年，代表德国工业界的技术学校委员会开发了职业培训条例并得到了政府的推广。该条例就培训企业和学徒工受训要求乃至资格考核作了统一规范。在魏玛共和国时代，机械制造业就一直努力获取技能资格认证，这一努力最终在纳粹时期得到实现。纳粹政府一方面大规模扩大技能培训，一方面赋予工业行会管理和认证技术工人的技能培训权利。③ 这些强制性举措使受训者人数和厂办培训机构急剧上升。从 1933—1940 年间，厂办培训中心从 167 家跃升到 3 304 家，厂内培训工人从 16 222 人次上升到244 250人次。④

在正规职业教育领域，职业学校⑤于 1937 年根据"教学与企业培训相适应的原则"逐步统一了教学计划和课程，并最终于第二次世界大战前出版了机械装配工、精密机械工、车床工等课程标准。⑥ 次年，德国正式实行普通义务职业技术教育制度，德国双元制职业教育模式初步形成。

至此，可以简单总结一下德国从工业化早期到第二次世界大战前技能形成制

---

① Wolf-Dietrich Greinert. The German System of Vocational Education：History, Organization, Prospects [M]. Nomos Baden-Baden：Nomos，1994：49.

② 1928 年德国劳动法院的判定，明确了学徒合同属于事实上的雇佣合约关系。而在这之前，传统的工业企业一直认为雇主与学徒之间的关系应当是某种教育关系而非雇佣关系。

③ 1933 年，工业部门的工人中有 45% 为技术工人，20% 为半技术工人，35% 为非技术工人。

④ 凯瑟琳·西伦. 制度是如何演化的——德国、英国、美国和日本的技能政治经济学 [M]. 上海：上海人民出版社，2010：197.

⑤ 1920 年德意志德国教育会议将进修学校正式改称为"职业学校"。

⑥ 国家教委职业技术教育中心研究所. 历史与现状：德国双元制职业教育 [M]. 北京：经济科学出版社，1998：6.

第3章 不同技能形成制度中的高职产学关系

度的演变过程：19世纪80年代前，机械制造业企业所需技能主要来自传统手工业部门受训过的学徒工；以1897年的《手工业保护法》为标志，技能受训者和企业之间建立了一个可信承诺关系；以魏玛和纳粹时期所形成的技能资格认证体系认证与标准化为标志，通过提供行业内"高度可转移技能"克服了企业培训中"挖人"的机会主义问题。企业与受训者间的可信承诺关系和行业内技能标准化成为日后有利于德国企业工作技能投资与形成的两大制度要素。在上述技能形成制度环境下，19世纪末到20世纪初，大型机械制造业企业开展了厂办技校运动，这一传统一直维持至今；同时，与产业密切相关的高等工程教育在这一时期尽管有所发展，但企业主要与中等职业教育机构开展初步的产学合作。

3.4.2 工业化成熟期中的高职产学关系

第二次世界大战前，德国技能体系中所建立起来的行业技能标准化和资格认证权为企业参与产学合作提供了重要的制度保障；随着第二次世界大战后德国步入工业化成熟期，政府、雇主、行会继续致力于积极发展双元制（而这一过程从未在英、美国家发生）。其技能形成制度演变也深刻影响了德国职业学院等高职教育机构与企业的产学关系。①

1. 第二次世界大战后到20世纪60年代

第二次世界大战后的德国经济和教育体系都受到极大破坏，但基于企业的技能培训制度继续得到政府的支持，并在行业协会的努力下很快得到了恢复重建。1953年，联邦德国颁布《手工业条例》再次明确了产业界对于学徒制的职权；1964年，联邦德国在《对历史和现今的职业培训和职业学校教育的鉴定》中提出"学校和企业并行，职业教育伙伴须在新的契约及法律规范基础上，进行双元制合作"；② 特别重要的是，1969年通过的《联邦职业教育法》为职业教育提供了一个全国性的管理和监管法律框架。该法案规定企业和受训者之间须订立实习的性质、内容、期限等方面内容的合同。③ 如果说早在1897年的《手工业保护法》中就已有类似条款和表述的话，《联邦职业教育法》最根本性的变革是赋予工会在企业培训中的监管权力，而在该法案出台前，企业培训仅仅是行会的职权范围。④ 该法案规定新建立的联邦职业教育科学研究所接管过去行业协会掌控

---

① 第二次世界大战后到两德统一前，德国分为民主德国和联邦德国，本节重点以联邦德国和统一后的德国为主线；学者认为德国高职教育主要由应用科学大学、高等专科学校和职业学院承担，职业学院是双元制从中职到高职教育的延伸。

② 江奇. 从校企合作到学习场所合作——德国职业教育研究和实践的新发展[J]. 比较教育研究，2014 (1).

③ 石伟平. 比较职业技术教育[M]. 上海：华东师范大学出版社，2001：111.

④ 凯瑟琳·西伦. 制度是如何演化的——德国、英国、美国和日本的技能政治经济学[M]. 上海：上海人民出版社，2010：227.

的调控管理职能,由该研究所负责院校与企业培训间的协调。根据该法案,政府承认的双元制教育专业目录,由联邦德国主管专业部门和教育与研究部协商后,以法规形式公布,并且制定与该专业对应的《职业教育条例》。此外,该法案还规定只有经过行业协会的资质标准审查认定后的企业,才能开展正规教育领域内的双元制职业教育。[①] 至此,联邦德国技能体系中形成了三个有利于企业工作技能投资的制度条件:企业与受训者之间的可信承诺、行会标准化的职业资格认证和工会参与企业培训的全程监控。

在高等教育领域,1968年联邦德国决定在原中等职业教育的基础上创建一种与大学并行的新式高职教育机构。1970年,在原有的工程师学校(又叫技师学校)和高级专门学校等院校基础上建立了21所旨在培养一线高级技术人员的三年制高等专科学校。高等专科学校创建之初就明确为非学术性性质,以培养一线工程技术人员为主,由于强调企业实践训练,其电子、机械工程等专业毕业生受到企业普遍欢迎。但这一时期企业双元制技能培训主要和中职教育而非高等教育机构合作。[②]

2. 20世纪70—80年代

20世纪70年代,联邦德国双元制学徒开始短缺。与此同时,高等教育规模开始不断扩张,高等教育的入学人数也不断增加。1970年,联邦德国高等教育入学比例增加到了15%。[③] 由于高等教育的日益普及,企业直接聘用技术学院甚至大学学士毕业生的成本没有以前那么高了,企业开始越来越倾向于直接雇佣大学生作为产业工人或服务领域雇员。[④] 这一时期的双元制培训由于无法获得中等教育和高等教育资格也一度衰落。为了吸引更多的双元制学员从而满足雇主对专用技能的需求,联邦德国1979年首先在巴登-符腾堡州,随后在其他各州的专科高中、职业学院推广了双元制教育。高等专科学校也出现了以双元制为特色的职业学院。20世纪70年代,在巴登-符腾堡州等经济发达地区,出现了企业和学院联办,专门培养企业所需应用型人才的职业学院。职业学院入学条件之一是须持有参加职业学院联合培训的企业签订的双元制合同。[⑤] 到1974年,联邦德国共有6所职业学院建立,在校生规模达1.2万人,开创了教育机构与企业双元制举办高职的新途径。[⑥] 这代表联邦德国双元制传统从20世纪70年代开始延伸到了高

---

① 姜大源. 德国"双元制"职业教育再解读[J]. 中国职业技术教育,2013(33).
② 徐辉,方展画. 高等教育[M]. 长春:吉林教育出版社,2000:132.
③ Wolf-Dietrich Greinert. The German System of Vocational Education: History, Organization, Prospects[M]. Nomos Baden-Baden: Nomos,1994:70.
④ 凯瑟琳·西伦. 制度是如何演化的——德国、英国、美国和日本的技能政治经济学[M]. 上海:上海人民出版社,2010:236.
⑤ 李其龙. 德国教育[M]. 长春:吉林教育出版社,2000:308.
⑥ 姜惠. 当代国际高等职业技术教育概论[M]. 兰州:兰州大学出版社,2002:186.

职教育系统中。

这一阶段的法律对企业与学校双元制合作办学作出了详细规定。1972年，德国联邦政府颁布《职业教育领域培训条例和框架教学计划协商协议》。1976年《培训支持法》规定：教育机构的双元制培训学员要在三年半的合同培训期内，每周有三天时间在工厂中有资质的师傅指导下接受技术培训，其余时间则在教育机构接受普通教育或与岗位相关的理论知识学习。1981年，《联邦职业教育促进法》赋予德国联邦职业教育与培训研究所（Federal Institute for Vocational Education and Training，BIBB）[①] 在双元制教育领域更多宏观决策咨询、协调和标准制定的作用。1982年，巴登-符腾堡州正式出台《职业学院法》，并于1989年正式认定双元制职业学院的毕业证书与高等专科学校等值。至此，双元制职业学院在联邦德国高等教育中的法律地位得以确立。

3. 20世纪90年代后

20世纪90年代后，随着德国的统一，其工业化和高等教育大众化都进入了一个新阶段。随着德国工业化进程，20世纪90年代开始，高技能岗位需求逐步扩张，中级技能岗位保持稳定，低技能岗位需求则开始下降。在这一背景之下，高等教育需求日益扩大。90年代初，将近有35%的适龄青年就读高校，在高等教育系统中就学的学生达159万人，首次超过了职业教育系统中的学员（148万人）。[②] 1994年，巴登-符腾堡州双元制职业学院在校生首次达到10 355名。由于巴登-符腾堡州学院的成功，德国其他10个州相继举办了30多所类似的双元制特色的高等学院。这一时期的机械制造业成为德国最大的产业部门，[③] 工程师需求日益增加，以培养工程师为主的应用科学大学和职业学院成为双元制院校主要来源。[④] 到2010年，德国双元制教育合同数超过80万人，企业深入参与双元制产学合作对包括高职在内的高等教育产生深刻影响。德国高校毕业生中，19%为工程领域，这一比例远高于美国（7%）和英国（13%）；[⑤] 而工程类高校学生的毕业设计中将近有70%是与企业合作完成的真实课题。[⑥]

[①] 德国联邦职业教育与培训研究所是德国联邦政府直属的具有公法法人资格的机构，职责由德国联邦职业教育与培训法规定，所长由总统任命。

[②] Lehmann W, Karl Ulrich Mayer, Heike Solga, et al. Skill Formation: Interdisciplinary and Cross-National Perspectives [J]. Canadian Journal of Sociology, 2008.

[③] 1997年，德国制造业中所雇佣工人数占劳工总数的24.2%，而同期新加坡为22.6%，日本为22%，英国为18%。

[④] 在巴登-符腾堡州，统称为"双元大学"。

[⑤] Brown P, Green A, Lauder H. High Skills: Globalization, Competitiveness, and Skill Formation [J]. Oup Catalogue, 2001, 17 (100).

[⑥] 肖凤翔. 隐性经验的习得与高等职业教育课程改革 [J]. 教育研究, 2002 (5).

3.4.3 德国技能形成制度中的高职产学关系

和其他发达经济体相比,德国企业参与的高职产学合作程度无疑是最高的。[①] 通过对德国高等职业教育产学关系发展基本脉络的回顾(如图3-5所示),可以发现德国企业深度参与高职产学合作既源于其广泛的中间技能需求,也和其有利于技能投资的技能形成制度密切相关。

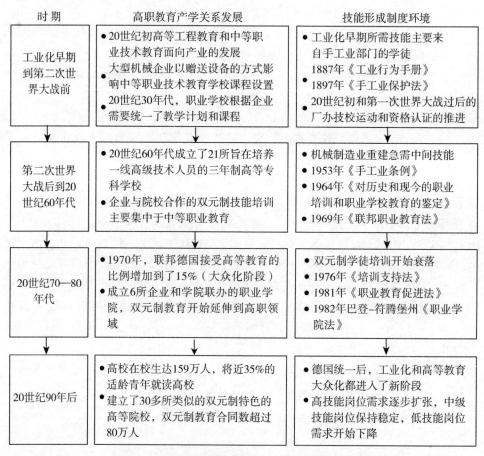

图3-5 德国高等职业教育产学关系发展基本脉络

(1) 有利于德国高职产学合作的技能形成制度。德国双元制技能制度从行会学徒制发展到中等职业教育最后延伸到了高职教育,这一产学关系的形成不是一蹴而就的。早在19世纪工业化初期,德国就建立了技能受训者和企业间可信承诺关系和行业内(企业)技能认证标准化的技能制度;第二次世界大战后的《联

---

① 匡瑛. 比较高等职业教育——发展与变革 [M]. 上海:上海教育出版社,2006:183.

邦职业教育法》则进一步界定了雇主与受训者之间的法律权责,并明确由行业协会(而非企业)组织职业资格考核,甚至引入了第三方力量(工会)来监督企业培训质量。这些技能形成制度的建立,使得雇主在愿意进行工作技能投资的同时避免了产学合作过程中的机会主义行为。同时,根据德国法律,企业首先代表的是利益相关者而不仅仅是股东的利益。德国的公司法不鼓励企业合并或收购,企业中很少发生合并、收购和解雇行为。[①] 这一法律环境既有助于企业对工作技能的长期投资,也有助于企业的产学合作。

(2)利益相关者(或社团成员)在产学关系中的责权利分配均衡。德国技能形成制度属于"社团合作模式",这一模式不同于英、美国家技能的自由市场模式,技能形成受各方力量的规制。例如,联邦政府建立了技能培训双元制,但主要通过联邦职业教育与培训研究所来进行规制。德国的各类社会合作伙伴组织也在双元制产学活动中扮演了重要的角色(如图3-6所示)。在国家层面,雇主与雇员间的最高组织在某些领域得到法律授权,允许联合并且代表其所有成员就特定领域进行谈判;在行业部门层面,雇主与雇员之间的组织负责制定和协商行业内的产品标准、技能标准与工资标准。尽管所有企业都可以开展职业培训,但只有全国性的行业协会可以认定实施职业教育的企业资质;在地方层面,德国10个州的商会(Chambers of Commerce)负责监管当地的双元制培训并在当地经济事务中发挥作用;在企业层面,员工依法享有与股东、经理共同管理的权利,并且通过劳资联席会(Works Councils)参与批准雇佣、解雇、转岗、工作分配、生产进度、企业内部培训等决策。这些制度性因素既有助于雇员建立与企业长期稳定的雇佣关系,[②]

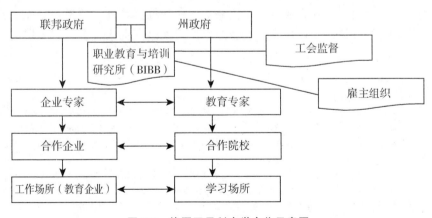

图3-6 德国双元制产学合作示意图

---

① 根据德国的公司法规定,企业收购至少需要得到四分之三的股东同意。
② 根据Streeck的调查,在所有经济合作与发展组织(OECD)国家中,德国员工在同一个企业的平均任职年限为7.5年,而同期日本为8.2年,美国为3年。

也有助于企业对技能长期投资而避免企业间的相互"挖人"。所以说,德国双元制为特征的高职产学合作在权责分配方面比英、美国家更为均衡。① 支撑德国高职产学合作的核心力量来源于包括企业在内的利益相关者和社团成员对技能人力资本的长期追求而非政府(或企业)为了应对技能不足的"权宜之策"。

(3) 双元制在德国长期持续发展,乃至在高职领域都带有双元制产学合作特色的烙印不仅仅在于其技能制度黏性(Stickiness),还在于德国工业化以来制造业对中级技能的需求。不同于英国以服务业为主的产业结构,德国技能体系的重要特征是适量的高端技能和大量的中间技能,这一特征满足了德国高品质、"中等科技含量"(Medium-tech)机械制造业对中间技能的需求。② 工业化早期,德国主要由学徒制为企业供给广泛的初级技能;在工业化成熟期,主要由企业参与的中等职业教育和学徒制共同供给中低级技能;到了高等教育大众化阶段,则由工程类大学和企业参与合作的非学术性专科学校来提供高级技能。

(4) 德国企业深度参与产学合作的动力主要源于经济逻辑而非教育逻辑。1952年《威尔报告》指出,"德国企业依赖廉价的学徒,学徒工本质上属于工人而非学生"。③ 即便到今天,企业雇主也是出于利益计算"自愿"(而非外在法律约束)招收双元制学徒与学员。④ 学徒、企业与院校间的三方合作是基于自有利益的技能投资。对企业来说,双元制学徒在为企业提供灵活、便宜的专用技能的同时减少了企业间"挖人"风险。⑤ 对学徒工而言,今天的低工资、高质量培训是未来高收入和稳定工作机会的入场券。⑥ 政府、行业等公共部门则致力于双元制度的稳定可持续发展——国家层面主要通过德国联邦职业教育与培训研究所负责政策执行与协调。行会监管保证了行业内的最低工资并且保证培训后的考核具有高度的应变能力,避免企业内过于狭隘的职业训练。地方(各州)层面主要通过州职业教育委员会、行业协会,在企业则主要通过劳资联席会进行多层面的监

---

① 关晶将德国双元制称为"利益均衡的合作机制",而将英、美国家学徒制称为"偏向企业权利的合作"。

② 根据英国经济学家所思凯斯(Soskice)观点,德国公司把自己置于提供高质量商品的市场中,要提供好的商品就必须要有高质量的熟练劳动力;而劳资谈判协议削弱了雇主通过高工资"挖人"的动力。

③ 据1991年的统计,20人以下的小企业学徒制基本上保本;而大型企业每年要为每个学徒花费10 000美元。

④ 2003年德国联邦职业教育与培训研究所的调查表明,企业提供技能培训的动因名列前5位的是:受训者能满足企业要求(94%)、劳动力市场上招聘不到合适的技能(90%)、防止人员变动(80%)、可以挑选到最好的受训者(74%)和避免错误的雇佣决定(73%);2009年联邦职业教育与培训研究所的调查表明,企业对职业教育投入的同时也降低了企业人力资源成本,并且增加了企业知名度和吸引力等效益。

⑤ Beicht等的调查显示,1个双元制学徒一年至少可为企业创造7 730欧元的收益,而企业支付给双元制学徒约7 031欧元,学徒制工资低于同期无技能劳动者的工资(11 973欧元)。

⑥ 凯瑟琳·西伦. 制度是如何演化的——德国、英国、美国和日本的技能政治经济学[M]. 上海:上海人民出版社,2010:220.

管与协调。

综上所述，德国作为"社团合作"技能形成制度模式的代表，其高技能社会形成过程当中企业、行业、受训者、政府、教育机构、工会等利益相关者建立了相互合作、相互制约、相互信任、权责利均衡的技能形成制度，这一制度环境有利于德国企业/行业对于"高度可转移技能"的投资，也有利于与高职院校基于中间（专用）技能的产学合作。

3.5 我国台湾地区技能形成制度与高职院校产学关系

前一节分析发现，德国作为"第二波"工业化经济体，其企业与行会深度参与了高职产学合作，而这一紧密产学关系的形成与其工业化早期就建立起来的有利于企业工作技能投资的技能形成制度密切相关。

从本节开始，我们将目光转向以我国台湾地区、韩国为代表的第二次世界大战后新兴工业化经济体的技能形成制度与高职产学关系。本节分析将发现，由于我国台湾地区"发展型"技能形成制度的特征，其高职产学关系的发展进程具有明显的行政实体主导的特征：随着工业化进程中产业所需中、高级技能需求日益上升，台湾当局主导下促进了高等职业教育与其产学关系的发展。

3.5.1 劳动密集型进口替代/出口工业阶段

第二次世界大战后，以颁布第一个经济发展规划（1953—1956年）为标志，我国台湾地区开始步入早期工业化阶段。在20世纪50年代，我国台湾地区经济处于劳动密集型的进口替代工业阶段，台湾当局重点发展农产品加工、食品、纺织、家用电子产品等劳动力密集和技术层次较低的进口替代工业。到了20世纪60年代，台湾当局提出"出口导向"战略，重点发展了劳动密集型的出口加工工业，开始大量生产外销产品。

由于这一时期的台湾地区处在工业化初期，产业以劳动密集型为主，技能需求以操作型的低技能为主，所以这一时期的教育政策主要集中于小学义务制教育。① 在职业技术教育与培训领域一直没有总体发展规划，除了少量的企业培训，有组织的职业培训只有"生产力中心"和"政治大学"组织的企业管理培训。在这一背景下，台湾当局分别制定了与其经济社会发展、产业布局规划配套的《教育发展规划（1964—1982）》和《劳动力发展计划》。这两份政策文件都注重劳动力与产业部门的协同发展，根据未来产业发展来预测技能需求，并根据预

---

① 1952年，台湾地区6岁以上适龄儿童中接受六年制义务制小学教育就已经超过50%；到了20世纪60年代末，台湾地区已经开始实施九年义务教育。

测的技能需求来规划未来各级各类教育。这两份政策文件还提出，由于当时台湾地区高等教育存在的功能缺陷，① 未来台湾地区产业将会出现严重的技能短缺，所以职业技术教育对于未来产业发展至关重要。自此，台湾地区开始着力发展职业技术教育。1953年，台湾地区教育部门借鉴美国职业院校的行业训练方式，增加了职业院校中的实习环节，降低了理论比重。1956年起，台湾当局鼓励企业设置私立职业院校。1960年，台湾当局认为中等职业教育比率不足以满足当时的技能需要，开始扩大中等职业教育、控制普通教育的措施。从表3-8可以看出，在台湾当局的调控下，中等职业教育比率从1960年开始不断上升。② 从1951年开始，台湾地区中等教育机构与企业之间的"建教合作"开始有所发展。1955年，台湾地区教育部门成立建教合作委员会，并颁布"建教合作实施办法"，该实施办法明确规定"建教合作"须签订契约。1969年，台湾地区沙鹿高级工业职业学校与工业职业训练协会合作首创"建教合作实验班"，这标志着台湾地区产学合作正式发端于中等职业教育。③

表3-8　我国台湾地区中等教育中职业教育与普通教育比率（%）（1960—2000年）

教育类型	1960年	1970年	1990年	1995年	2000年
普通教育	60	43	28	30	40
职业教育	40	57	72	70	60

资料来源：David Ashton, Francis Green, Donna James, et al. Education and Training for Development in East Asia: the Political Economy of Skill Formation in East Asian Newly Industrialized Economics [M]. London: Routledge, 1999: 92.

为了提升低技能劳动力技术，在20世纪60年代"第二个劳动力计划"时期，台湾当局将新型学徒制引入到职业培训，建立公立培训机构，扶持"公营"企业内部培训等政策。与此同时，台湾当局积极规划高等教育配合工业化发展。1962年，台湾当局专门邀请"斯坦福研究机构"进行教育战略研究。该研究的研究报告指出，台湾地区未来中等技术水平的技能将日益短缺。在该报告的建议下，台湾当局开始鼓励设立专科学校，专科学校也从1960的8所一路发展到1970年的70所。1966年，台湾行政管理机构通过的《人力发展计划》中还要求

---

① 卢卡斯研究发现，20世纪50—70年代中国台湾地区的教育体系与其经济需求不同步，突出地表现进入劳动力市场的文科毕业生和无技能劳动者过多。

② 20世纪60年代后中等职业教育的扩张主要是当局调控的结果，随着20世纪90年代高等教育大众化的进程，普通中等教育又逐年上升。

③ 根据毛早明的研究，该班级采取半工半读的形式，校企共同教学（学校负责理论教学，工厂负责技能训练），共同招生（招生人数根据工厂需求确定，学校负责招考，工厂负责口试）。

"大专院校所设学科与课程,应当配合当前人力需求弹性调整,以适应经济发展"。① 但总体上,一直到 20 世纪 60 年代末期,产业所需技能大多来自中等职业教育机构②,台湾地区高职教育机构无论在规模上还是在产学关系发展上都较为缓慢。

3.5.2 重工业/技术密集型产业阶段

早在 20 世纪 60 年代的"出口导向"时期,台湾地区经济决策计划部门就曾规划将产业发展重心转向重工业。③ 到了 20 世纪 70—80 年代,台湾地区经济经历 10 年的高速增长后,遭遇了两次世界"石油危机",这一严重冲击迫使地区当局加快经济结构调整。1973 年,台湾当局提出"十大建设计划",由此开始了整个 20 世纪 70 年代以金属机械、交通运输、钢铁、造船、电力和石化为主的重化工业时期。到了 20 世纪 80 年代,面对重化工业比重的不断上升,以及世界高新技术发展的影响,经济规划部门将电子、信息、新材料等高技术含量、高附加值产业作为台湾经济新的增长点。在这一时期,台湾地区产业结构实现了由劳动密集型到技术密集型的转变,中级技能需求日益增长。

在上述背景下,高职高专教育规模和产学合作都开始有所发展。根据 1960 年台湾地区第四次教育会议决议中"配合经济发展增设专科教育"的精神,20 世纪 70 年代的台湾地区高职高专教育迅猛发展。1974 年,台湾地区成立了旨在培养高级技术人才的台湾工业技术学院。随后其他技术院校也陆续建立,至此台湾地区的职业教育开始延伸到了高等教育阶段。根据 1966 年台湾地区教育部门颁布的"公私立高职专科学校试办两年制实用技艺部办法"中"实行建教合作,培养实用技术人才,以适应台湾经济发展需要"的规定。台湾地区"建教合作"也从开始的中等职业教育逐步上延到了高等职业教育。1980 年,荷兰飞利浦公司与彰化师范大学附属高级工业职业学校开办了精密机械高级技工培训班;1990 年,台湾沙鹿高级工业职业学校和 3 家合作企业开办精密技工培训班。除了中等职业院校业已开展的学生实习、职工进修等形式,轮调、阶梯合作也是台湾地区高职院校重点推广的产学合作模式。④ 1980 年,大同工专与大同集团,明志工专与台塑集团分别开展建教合作;彰化师范大学技术学院则成立

---

① 詹盛如. 台湾高等教育类型与功能之探讨 [J]. 教育研究咨询,2001 (6).
② 中等职业教育机构,即职业高中,我国台湾地区称之为"高职"。
③ David Ashton, Francis Green, Donna James, et al. Education and Training for Development in East Asia: the Political Economy of Skill Formation in East Asian Newly Industrialized Economics [M]. London: Routledge, 1999: 87.
④ 轮调合作将学生分为两组,一组在学校学习,一组在企业实习,定期轮换。学生每月可获取一定的工资;阶梯式合作借鉴德国双元制,在校前两年分别为基础教育和专业教育,第三年到合作企业工作,每周返校上课一天。

了企业在学院的工作室——创新育成中心;为了应对日益增加的技术密集型行业的技能需要,台湾当局委托"劳工委员会职业训练局"和部分技职学院开展了委托培养①。在这一时期开展的台湾地区高职产学合作模式如表 3-9 所示。

表 3-9 中国台湾地区高等技职院校与企业产学合作模式

产学合作类别	专案研究	教育训练	企业研习	指示转移	技术转移	研发联盟
模式	研究委托	实习	进修观摩	咨询服务	育成中心	研究中心

资料来源:马早明,肖金鑫. 台湾高等技职教育政策研究[M]. 桂林:广西师范大学出版社,2010:118.

除了正规教育,这一时期台湾当局还进一步引导私营企业开展职业技能培训。根据 1971 年制订的"第三个劳动力计划",台湾当局要求台湾"公营"企业开展企业职业培训。1972 年,台湾当局颁布"职业训练金条例",要求所有雇员超过 40 名的企业须按年提交 1.5% 的"职训税金",开展培训的企业可以从中得到最高 80% 的偿还。在随后 1983 年颁布的台湾地区"职业训练法"中,台湾当局继续强化私营企业参与职业培训。但整体上,由于台湾地区普遍缺乏企业技能培训的传统,这些"片段化"的政策效果不大,私营企业参与技能培训的积极性普遍不高。② 据统计,1986 年台湾地区只有 9% 的企业(主要是宏基、立山等大型企业)在企业内部培训中有所投入,对于大部分中小企业来说,仅仅将非正式的在岗学习、轮岗作为技能培训。③ 台湾地区企业对工作技能投入吝啬的传统也影响到了企业与院校的产学合作质量,媒体上甚至出现了极少数企业以建教合作的名义让学生当童工的新闻。

3.5.3 经济自由化与知识密集型产业阶段

1990 年,台湾当局颁布"六年建设计划"并提出发展十大新兴产业,与此同时,台湾当局提出"亚太营运中心计划""全球运筹中心计划"等规划。在经济自由化背景之下,台湾地区逐渐步入知识密集型企业为主导的产业阶段。

1995 年后,台湾当局在上述背景下修正了"专科学校法",台湾地区高职高专迎来了黄金发展期,高职教育出现较大扩张:1996 年技职学院增至 16 所,到

---

① 类似于我国大陆的"订单培养"方式,学校根据企业的特定需求开班,费用和毕业生由企业负责。
② David Ashton, Francis Green, Donna James, et al. Education and Training for Development in East Asia: the Political Economy of Skill Formation in East Asian Newly Industrialized Economics. [M]. London: Routledge, 1999: 94.
③ 同上书,第 102 页。

2000年已达51所;① 专科院校改制为技术学院,技术学院改制为科技大学,并且规划设立社区学院。这一时期的产业政策重在引导企业向高附加值和高科技产业发展,产学合作则被台湾当局视为与之相配套的技能供给政策。根据经济和产业形势,台湾当局分别于1995年、1997年制订了《产学合作值计划》和《人力资源跨世纪发展计划》。根据上述计划,台湾地区教育部门在2001年成立了跨部门的产学合作指导委员会和6个区域合作中心②,通过上述措施建立技职院校产学合作运作机制,扩展区域内的产学合作;2003年后,台湾地区改组了跨部门技职院校产学合作指导委员会,委员会成员由教育部门召集,委员除了教育、经济、科技、劳动、财政、农业等多个部门外,还包括了产业、学术界代表(如图3-7所示)。随后,在技职院校成立了15所技术研发中心,通过财政补贴补助等措施推动技职院校产学合作更为广泛的运作。③ 2006年,台湾当局颁布了《大专院校产学合作实施办法》和《技职教育推动产学携手合作实施计划》,并且选定8所高职院校、7所职业高中与50家合作企业共同设置了弹性学制的"产学训合作专班"和"三明治课程",将高职产学合作提到了更高层次。④

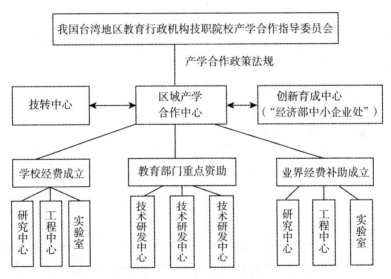

图3-7 我国台湾地区技职院校产学合作组织架构
资料来源:台湾地区教育行政机构产学合作协调中心网站

---

① 马早明,肖昌鑫. 台湾高等技职教育政策研究[M]. 桂林:广西师范大学出版社,2010:2.
② 6所高校包括台湾科技大学、台北科技大学、云林科技大学、屏东科技大学、高雄应用科技大学和高雄第一科技大学。
③ 根据马早明的研究,台湾地区产学合作计划经费中教育行政部门占65%,学校占10%,合作企业占25%;根据王翠华的研究,《产学合作促进奖励及辅助子计划》中明确了资金来源:教育部门出资9.1亿台币,"国科会"1.3亿台币,"经济部"1.38亿台币。
④ 根据李瑜芳的研究,目前台湾科技大学产学合作模式主要是专案研究、委托开发,而非顶岗实习。

3.5.4 我国台湾地区技能形成制度中的高职产学关系

通过对我国台湾地区技能形成制度与高职产学关系的发展脉络分析发现（如图 3-8 所示），作为"发展型"技能模式的台湾当局在推进技能形成的过程中也对高职产学关系发展起了关键作用。

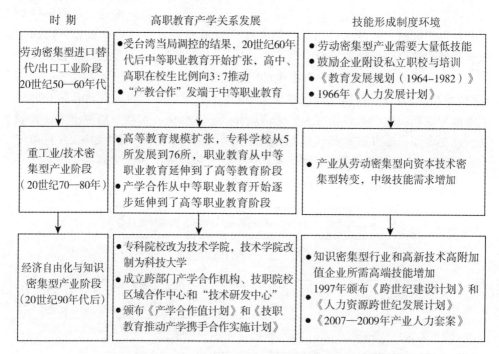

图 3-8 我国台湾地区高等职业教育产学关系发展基本脉络

（1）在第二次世界大战后工业化进程中，台湾当局对其技能形成制度发展起了关键作用。作为典型的技能形成"发展型"经济体，台湾地区经济决策计划部门对技能的供需匹配与技能形成制度演进产生重大影响。从技能需求角度，作为一个负责"经济建设规划、审议、协调及考核"的跨部门机构，经济部门负责提出台湾地区经济发展规划和产业政策，其下设的"人力规划处"则专职负责规划产业所需技能。① 在经济部门的协调和主导下，教育、劳动与人力资源等主管部门根据经济与产业不同发展阶段的技能需求适时调整各级各类教育和职业培训政策以满足经济和产业发展需要。由于在不同的工业化发展阶段，产业对技能的需求也有所不同。这种技能需求差异也往往体现在产学合作方面：在工业化早期，

---

① 人力规划处的职责包括：人口、工资、教育与培训、人力资源预测、劳工关系、青年问题、社会福利等的规划与政策。

产学合作主要集中在中等教育机构与企业基于中低技能的培养(如中职"建教合作"班);到工业化中后期,产学合作则主要体现在高职教育机构与企业基于中高级技能(特别是高端技能与高新技术)的培养。

(2)随着工业化进程,台湾当局在推进技能形成制度演变的同时直接对其教育机构发挥影响作用,从而使包括高职在内的各级各类教育机构与产学关系发展满足特定的经济目标与产业技能需求。作为一个技能形成"发展型"社会,台湾当局在财政资助等措施推动企业工作技能投资无效(或低效)的背景下,设立了公共培训机构来承担职业技能培训;①但由于威权政体时期的台湾当局对正规教育体系的控制程度很强,台湾当局通过所直接掌握的正规教育系统推动了高职教育机构与其产学关系发展。在整个工业化时期,台湾当局始终坚持教育服从经济,技能供给与产业所需技能相匹配的政策取向。作为一个受儒教文化影响较深的东亚经济体,台湾民众存有接受普通教育与人文教育的强烈需求。当产业的技能需求与民众的教育需求政策目标出现矛盾时,台湾当局往往优先保障产业的技能需求;在工业化初期,为了回应产业对初级技能的需求,台湾当局采取了扩大中等职业教育、压缩普通教育规模的政策;在工业化中期,为满足中间技能需求,台湾地区设立了大量技术学院和科技大学等公立高职教育机构;到了工业化后期,根据高新产业与新技术发展,台湾当局采取了有利于高技能形成的高职教育扩张和鼓励产学合作向高端技能、高新技术发展的政策。

3.6 韩国技能形成制度与高职院校产学关系

20世纪50年代以后,韩国开始步入早期工业化进程。到20世纪90年代,韩国从一个落后贫穷的农业国家转变成为亚洲"四小龙"之一。在将近30年的工业化进程中,韩国政府推动社会技能形成的同时也推进了高职院校产学合作。

3.6.1 从进口替代到出口工业化阶段

20世纪50年代末,韩国实行战略性政策转换,结束了战后替代进口生产,开始大力发展纺织、服装等劳动密集型产业,从此进入出口工业品生产阶段。1961—1971年间,韩国出口每年增加36%。与此同时,第一产业占GDP的比重

---

① 根据台湾地区劳动部门的统计,1995年总共有21 038人次在台湾地区的公共培训机构完成培训。

开始逐年下降,第二产业占 GDP 比重则逐年增加。[①]

为了和"五年经济发展规划"相配套,韩国教育行政部门与经济企划院合作制定了五年教育规划。在第一个五年教育规划(1962—1966年)期间,为了满足出口导向劳动密集型轻工业的技能需求,韩国重点增加了职业技术教育领域的投资,这一阶段的中等职业技术教育迅猛发展,职业教育入学率从1965年的40%上升到1970年的47%(如表3-10所示)。在高等教育领域,政府采取鼓励两年制学院发展,限制四年制大学规模的政策。在第二个五年教育规划(1967—1971年)期间,韩国政府在继续支持正规职业技术教育的基础上,开始出资加强公共培训体系和设施建设。根据1967年韩国《职业培训基本法》,政府还增加了企业内职业培训的补贴,鼓励企业为那些在正规教育体系内未能得到足够教育培训的职工提供职业技能培训。[②]

表 3-10　韩国中等职业教育与普通教育比率(%)(1965—1994 年)

教育类型	1965 年	1970 年	1975 年	1980 年	1990 年	1994 年
普通教育	60	53	58	55	65	59
职业教育	40	47	42	45	35	41

资料来源:David Ashton, Francis Green, Donna James, et al. Education and Training for Development in East Asia: the Political Economy of Skill Formation in East Asian Newly Industrialized Economics [M]. London: Routledge, 1999: 70.

3.6.2　重化工业阶段

韩国第三个五年经济计划(1972—1976年)和1973年制定的《重化工工业宣言》是韩国工业化的重要转折点。据此,政府确定了重化工、钢铁、化学、非铁金属、机械、造船、电子产业为重点发展的战略产业,由此韩国进入重化工业阶段。

重化工业产业增加了中间技能需求,这一阶段最重要的技能政策是通过加强正规职业技术教育与企业技能培训为新兴资本密集产业提供熟练的中间技能。韩国政府通过降低职校入学考试门槛、宣传职业教育"经济回报"等措施来提高中等职业教育入学率。在高等教育领域,为了满足当时产业所需培养工程师和技术

---

① David Ashton, Francis Green, Donna James, et al. Education and Training for Development in East Asia: the Political Economy of Skill Formation in East Asian Newly Industrialized Economics [M]. London: Routledge, 1999: 62-63.

② 同上书,第69-70页。

员需要，政府大力发展两年制初级学院，这一时期的初级学院和应用学科毕业生数量都不断上升。① 1973 年，韩国颁布《产业教育振兴法》，法案要求大企业与学校建立广泛的产学合作，企业要积极协助学生开展现场实习；学校要通过培养企业所需要的人才来"换取"企业捐助；韩国文教部设置了专门指导、管理产学活动的"产学合作科"。1974 年，韩国成立了 1 295 家企业参与的"产学合作财团"（基金会），筹集到 30 亿韩元。②

为了提高中间技能供给，这一阶段企业技能培训领域的法令得到了加强。由于公共培训机构无法满足培训要求，1974 年韩国颁布的《职业培训特别法案》要求 500 个雇员以上的私营企业每年参加职工技能培训的职工数量不少于职工总数的 15%，否则将面临罚款。该法案实施后的五年间，企业培训数量增加了约 90%。③

3.6.3 经济自由化阶段

20 世纪 80 年代后，随着工业化进程的深入，韩国产业日益转向高附加值的技术密集型产品。在韩国第六个五年经济计划（1987—1991 年）中，提出了"调整产业结构，实现技术立国"的口号，并制订了《尖端技术开发基本计划》，要求大力扶持发展十大领域的尖端科学技术。这一阶段新兴产业与技术领域的工程技术人员日益短缺。

在第四个五年教育规划（1977—1981 年）和随后的整个 80 年代，韩国政府实施了以扩大高职教育为重点的高校扩张政策。这一时期韩国技术学院、多科技术学院日益发展。1980—1985 年，高校入学率年均增长率达到 18.3%。④

20 世纪 90 年代，信息化、全球化时代和国际市场竞争背景下的韩国经济面临高新技术、高附加值产品研发需求，这些需求产生了对多技能劳动者和尖端技术研究人员的技能需求。在 1993 年的新经济五年规划的背景下，教育与培训体系根据"培养产业所需的劳动者"的要求进行了改革。政府继续加强高等职业教育，职业学校的毕业生得以进入高等教育，高等教育以每年 5% 的速度得到发展。在产学合作方面，韩国高职院校在 20 世纪 90 年代重点和企业合作开发适应产业需求的课程。1999 年，韩国教育部开始资助高职院校与企业合作的 CE 订单

---

① 到 1980 年，初级学院平均 3 个学生中就有 1 个学习工科或理科。
② 郑英蓓. 韩国高职教育中的"产学合作"模式 [J]. 高等工程教育研究，2006（2）.
③ 到 1976 年，该法案调整为雇员数超过 300 名的企业必须对员工进行培训。
④ David Ashton, Francis Green, Donna James, et al. Education and Training for Development in East Asia: the Political Economy of Skill Formation in East Asian Newly Industrialized Economics [M]. London: Routledge, 1999: 71.

教育项目。① 这种订单教育项目为产学双方获得了双赢的效果。到2001年,高职院校毕业生平均就业率达到81%。为了更好地推动高职产学合作,2003年韩国政府部门还出台《促进"产学合作"的若干项措施》,规范了新时期高职的产学合作。②

在职业技能培训领域,政府进一步增加了公共职业培训机构规模。③ 由于很多韩国私营企业采用的是福特式大规模生产,这些企业需要的是大量通用型低技能劳动者。企业对1974年的《职业培训特别法案》日益抵触,私营企业内部培训数量开始逐年下降,培训对象集中于低技能劳动者,企业所需合格技工越来越依赖公共培训机构(如表3-11所示)。

表3-11 韩国培训教育机构(培训毕业生百分比)(%)

	1979年		1991年	
	公共机构培训	私营企业培训	公共机构培训	私营企业培训
高级技师	—	—	24	—
中级技师	38	2	46	5
助理技师	62	98	30	95

资料来源:David Ashton, Francis Green, Donna James, et al. Education and Training for Development in East Asia: the Political Economy of Skill Formation in East Asian Newly Industrialized Economics [M]. London: Routledge, 1999: 73.

3.6.4 韩国技能形成制度中的高职产学关系

通过分析韩国高等职业教育产学关系发展基本脉络(如图3-9所示),可以发现,政府在推动技能形成制度演变和高职产学关系发展中起了主导作用。这主要表现为以下两个方面。

(1) 在20世纪50年代后的工业化进程中,韩国经济企划院在其技能形成与产业协调发展上起了重大作用。经济企划院在韩国的政府机构中处于"超级部"的地位,韩国经济发展中长期规划及产业政策都由它负责制定。在制定经济发展规划的同时,经济企划院根据产业的技能需求,在与教育、劳动部门协商后,协调技能供给政策(教育与培训政策),从而实现技能供需匹配。

---

① CE是这样一种教育模式:学院将企业作为顾客,按照企业需求的数量规格和专业培养人才。
② 郑英蓓. 韩国高职教育中的"产学合作"模式[J]. 高等工程教育研究, 2006(2).
③ 政府培训机构的培训数量从1972—1976年的81 294个增加到1982—1986年的121 044个。

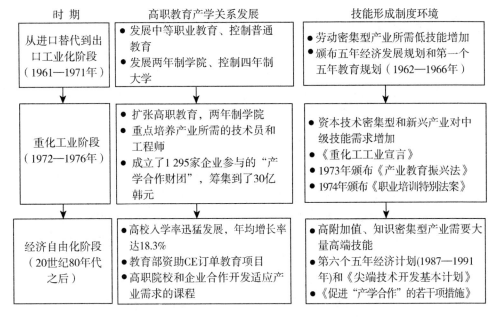

图 3-9　韩国高等职业教育产学关系发展基本脉络

（2）在技能形成过程中，政府在推动高等职业院校与企业产学合作的发展中起了关键的引导作用。韩国没有（类似英国的）能力本位的资格认证体系和（类似德国的）学徒体系，政府主要通过直接掌控的正规教育体系与培训体系来推进工作场所学习和工作技能的形成——教育行政部门专职负责正规的普通教育与职业技术教育；劳动行政部门则负责企业的职业技能培训。和中国台湾地区情况类似，韩国私人企业缺乏企业培训的传统，即便在政府的法律、财政手段的引导下，企业对技能投资依然较少；政府一方面建立公共培训机构，一方面通过对正规教育体系发挥影响，满足不同时期产业对技能的需求：在工业化初期，政府通过投资中等职业技术教育抑制普通教育、扩大两年制技术学院规模限制四年制本科的教育政策来满足产业对中、初等技能的需求；在工业化中后期，根据产业发展，提出有利于高新技能形成的产学合作政策。因此，包括韩国高职院校在内的教育机构与企业之间的产学合作关系是在政府的引导作用下，随着工业化进程中不断变化的技能需求而同步发展的。

3.7 不同技能形成制度下的高职产学关系[①]

通过对上述五个经济体的案例比较研究发现，不同经济体在工业化进程中形成了不同的技能形成制度，而高职产学关系差异与所在经济体技能形成制度密切相关。

3.7.1 技能需求与产学合作动力

（1）首先从五个经济体工业化进程来看，产业的中间专用技能（或中级专用技能）需求与企业参与高职产学合作动力密切相关。在工业化初期——要素驱动增长阶段（Factor-driven Growth），低附加值产业需要从市场获取大量守纪、受过基础教育的低技能劳动者。早期工业化国家在这一阶段一般通过招收学徒、厂办技校和公办技校这三种方法来获取所需技能，企业无论是技能投资还是和正规教育机构的产学合作需求都极少。[②]以英、美两国的市场模式经济体为例，工业化早期以纺织业为代表的劳动密集型企业所需大量低技能主要来自学徒制和劳动市场，而非正规教育体系。到了工业化中后期——投资驱动增长阶段（Investment-driven Growth），大型企业、大规模生产需要大量的中间技能和一定数量的管理技能。在这一阶段，在得到制度保障的前提下将引发企业的中间技能投资或企业与中高职教育机构基于中间技能的产学合作。英、美两国在这一阶段缺乏足够的、以机械制造业为代表的中间技能需求，企业与教育机构基于中间技能的产学合作需求不强。而这一时期德国机械制造业企业因中间技能的广泛需求引发了厂办技校运动——企业与教育机构合作培养技能的雏形。同样，中国台湾地区、韩国两个"发展型"经济体也是在重工业发展到一定阶段（20世纪70—80年代）、中间技能日益短缺的背景下，行政领导促进了高职与企业基于中间技能的合作。而到了工业化后期——创新驱动式增长阶段（Innovation-driven Growth），需要大量高端技能，对高端技能的需求往往引发创新型企业与精英高等教育机构的合作。这一时期，英国、美国、德国的高新技术、高附加值产业所需高端技能较多来自精英式大学，而韩国、中国台湾地区等新兴经济体的高等教育机构则加强了基于高新技术的产学合作。

（2）对当代英国、美国、德国三个发达经济体的横向比较可以进一步证明，这三个经济体的技能分布的主要差异在于以机械制造业为代表的中间技能行业数

---

① 本节研究内容已发表在：吴冰，刘志民.技能形成制度对高职产学关系的影响——基于新制度经济学的分析［J］.教育发展研究，2014（13）.

② 厉以宁.工业化和制度调整——西欧经济史研究［M］.北京：商务印书馆，2010.

量（如表 3-12 所示）①和就业人口中技术类岗位数量（如表 3-13 所示）：英、美两国技能社会具有"高低技能均衡"的特征——生产与出口产品中以知识密集型行业的高端技能产品居多，中间技能产品较少。而知识密集型产业所需技能往往量少质高，其吸纳的高端技能通常来自精英式高等教育机构。②和德国相比，英、美两国缺乏足够的中级技能需求和与此相关的企业技能投资需求。而德国技能体系中存有大量的中间技能需求和供给（技术岗位占就业人口的三分之一）。所以，和英、美两国相比，德国企业与包括高职在内的教育机构的产学合作动力首先来自以机械制造业为代表的第二产业对中间技能的广泛需求（如表 3-14 所示）。③

表 3-12　英国、美国、德国高、中、低技能行业产品占全球出口份额比较（%）

国家	高技能行业	中间技能行业	低技能行业
英国	0.886	0.646	0.238
美国	1.679	1.699	0.479
德国	1.067	2.608	0.524

资料来源：Brown P, Green A, Lauder H. High Skills: Globalization, Competitiveness, and Skill Formation [J]. Oup Catalogue, 2001, 17 (100): 445-449.

表 3-13　英国、美国、德国就业人口增长率：职业类别比较（%）

国家	管理类	技术类	服务类	生产类
英国	18.7	21.0	35.7	24.6
美国	14.2	18.1	39.9	27.8
德国	5.9	32.8	32.5	28.8

资料来源：Brown P, Green A, Lauder H. High Skills: Globalization, Competitiveness, and Skill Formation [J]. Oup Catalogue, 2001, 17 (100): 445-449.

表 3-14　英国、美国、德国就业人口增长率：三大产业比较（%）

国家	农业	机械制造业	服务业
英国	1.8	14.5	77.0
美国	2.3	14.1	75.6
德国	1.4	25.1	67.0

资料来源：Brown P, Green A, Lauder H. High Skills: Globalization, Competitiveness, and Skill Formation [J]. Oup Catalogue, 2001, 17 (100): 445-449.

---

① 一般来说，高技能人员在石油加工、化工、染料、涂料、制药、办公设备行业中分布较多；中级技能人员在机车发动机、机械设备、金属加工和非电子机械行业较多；而低技能人员则普遍分布在肉类加工、橡胶、皮革制品、纺织业等行业。
② 比如，美国整个 IT 行业只有 128 420 名员工；而美国通用汽车公司有将近 72.1 万名员工。
③ 1995—2007 年德国双元制学员中，也是以金属、电子为代表的中间技能行业双元制学徒最多。

3.7.2 技能形成制度与产学关系稳定性

除了技能需求，企业与教育机构的产学合作关系长期内受制于技能形成制度保障。根据新制度经济学理论，制度干扰频率的增加会使得组织形式背离混合制或契约精神，只有在合适的制度环境中（不确定性较小、合规性较大的情景下）才会出现产学合作行为。① 上述五个经济体技能形成制度的比较可以发现，一个合适的、能够保障企业产学合作的技能制度环境至少应该包括以下几个方面。

(1) 合作方（企业、学校、受训者，甚至包括政府）能达成某种可信承诺关系。可信承诺可以是有法律约束意义的，如包含有合作各方责权利均衡分担的书面协议；也可以是非法律意义的承诺，如基于技能形成的长期合作传统等。② 作为技能形成市场模式的美国，其合作教育之所以能在部分高校成功发展，关键在于形成了高校、学生、雇主和政府四方基于利益成本分担的契约。③ 而德国的双元制合作能流传至今并延伸到高职机构，很大原因是自1897年《手工业保护法》开始起，其技能形成制度中就建立了受训者和企业间的可信承诺关系和行业内技能认证标准化这两个有利于企业技能投资的制度要素。可信承诺关系的建立使受训者愿以低工资换回高质量的企业培训、未来的高收入和职业资格。④ 1969年德国《联邦职业教育法》则进一步巩固了雇主与实习生之间的法律权责，这些举措建立了有利于雇主与教育机构之间合作互信的制度环境。

(2) 建立行业职业技能资格认证和标准保障。根据德国1969年《联邦职业教育法》，由行会（而非企业）组织（两次）实习生职业技能考核。行会建立行业技能标准化的好处在于，通过提供行业内"高度可转移的技能"，避免行业内企业技能投资后的"挖人"行为，而这有利于企业与教育机构长期合作。

(3) 监督产学合作的第三方力量。英、美作为技能市场模式国家，无论是国家还是行会等第三方力量对正规教育体系和企业的控制力都较弱。而英、美两国工业化进程早于高等教育大众化，其早期工业化时期所建立起来的技能形成初始制度具有企业技能投资水平低、社会技能水平低的特征。在工业化过程中，英、美两国经常以立法和财政项目来矫正社会上出现的就业和技能不足等"市场失灵"。这些碎片化的法律和财政资助对职业院校产学关系产生了间接影响。所以，以英、美为代表的市场模式经济体在高等教育大众化进程中发展起来的高职教育机构产学合作带

---

① 威廉姆森，斯科特·马斯滕. 交易成本经济学——经典名篇选读 [M]. 北京：人民出版社，2008：122.
② 刘志民，吴冰. 企业参与产学合作培养人才的机理研究——基于新制度经济学的分析 [J]. 高教探索，2014 (5).
③ 陈解放. 合作教育的理论及其在中国的实践 [D]. 上海：华东师范大学，2002：16-17.
④ 德国企业的学徒培训费用一般低于同样技能岗位的外部雇员的均衡工资。

有企业参与少、产学关系松散的制度烙印。德国属技能形成社团合作主义模式，其工业化进程也早于高等教育大众化，但由于行会、工会等第三方力量对企业的影响力较强，而且其社会成员相互合作和产业界承担技能形成的传统制约了企业的机会主义行为（从而避免了英国那种将学徒作为廉价劳动力的情景）。早期工业化时期建立的技能初始制度具有企业技能投资水平高、社会技能程度高的特征，这一特征对德国高等教育大众化进程中发展起来的高职教育机构产学合作带有企业、行会高参与的制度烙印。中国台湾地区、韩国等技能"发展型"经济体，高等教育大众化几乎同步于工业化进程。其政治实体在规划产业发展的同时通过直接掌控的教育培训系统来满足产业的技能需求，由于"发展型"模式中，政府（或"行政"当局）对高职产学关系发挥了主要影响，高职教育机构产学关系发展与产业技能需求基本同步。

3.7.3 技能形成制度演变与产学关系变迁

如果说上述分析仅仅是静态地阐述了技能形成制度对产学关系的影响。那么通过引入治理机制变迁模型，可以从工业化进程历史演变的角度动态地分析技能形成制度对产学关系的影响。

（1）产学关系的形成与变迁与技能需求变化密切相关。由于不同经济体所处工业化阶段不同，其每个阶段技能需求改变形成了企业产学关系现有治理机制的（改变）压力。这种压力可能来自内力（出于技能需求改变），也可能来自第三方外力［技能制度保障，国家（或地区）政策法令或者行会、企业的刚性约束］。所以说，企业的技能需求和技能形成制度共同推动了企业与高职产学关系治理机制的演进与变迁（如图3-10所示）。

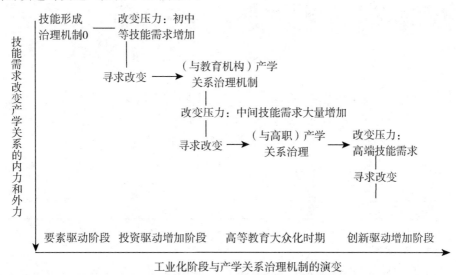

图 3-10 企业与高职产学关系演进与变迁的分析框架

（2）高职产学关系既与所在经济体的工业化进程有关，又和其所处高等教育大众化阶段密切相关。由于英、美两国的工业化进程都早于高等教育大众化，而国家对正规教育体系和企业的控制力相对较弱，因此，上述两国在工业化早期所建立起来的市场模式技能形成制度，对工业化成熟期所发展起来的高职产学关系的最大影响在于企业的直接参与产学合作程度较低。德国工业化进程也早于高等教育大众化，其工业化早期建立起来的社团合作模式技能形成制度对工业化成熟期所发展起来的高职产学关系的最大影响在于企业与行会的深度参与。中国台湾地区、韩国等技能"发展型"经济体，高等教育大众化同步于工业化进程，政治实体在制定产业发展规划的同时，通过直接调控教育培训系统来满足产业的技能需求，（国家或地区）政府（而非企业）对高职产学合作发挥了主要影响。所以，只有在工业化中期对中间技能需求上升和高等教育进入大众化两者同步发生的背景下，高职教育机构基于中间技能的产学合作才显得特别突出。

3.7.4 技能形成制度模式与高职产学关系类型

前述分析发现，技能形成制度与高职产学关系尽管不是完全一一对应的匹配关系，但两者密切相关。不同技能形成制度下的高职产学关系可以作如下归纳（如表3-15所示）。

表3-15 不同技能形成制度类型下的高职产学关系

产学关系	治理机制	技能形成制度	主要行动者	企业工作技能投资	校企契约关系	国家（或地区）作用	行业作用
产业导向型	市场	市场型	高职教育机构	弱	弱	弱	弱
政府引导型	市场	发展型	政府	弱	弱	强	弱
合作教育型	责任网络	不限	高职教育机构	弱	较强	中	弱
企业办学型	等级制	不限	企业	强	强	弱	弱
行会办学型	行会或推广网络	社团合作型	行业	强	强	弱	强

1. 产业导向型

产业导向型的高职院校产学关系以市场治理机制为基础，根据市场或产业传递的技能需求信号进行自我定位、功能调整与技能供给。这一关系模式下的高职院校与企业整合程度低，院校往往没有长期固定的合作企业。校企双方——技能的供需双方主要通过市场完成技能供需交易。由于缺乏长期固定、有影响力的合作企业，而且第三方［行会或者国家（或地区）］对企业、高职教育机构的控制影响力都比较弱，产学关系的主要行动者是教育机构。美国社区学院的产学关系比较接近于这一类型。美国学者史蒂文·布林特的研究也发现，20 世纪 80 年代美国社区学院产学关系较弱，社区学院根据市场和产业的技能需求完成了从普通高校到高等职业教育机构的转型。在三十多年里，产业对半专业化的技能需求是社区学院转型的主要动力，① 而基于市场、国家（或地区）适度干预（系列法案与财政资助）的技能形成制度进一步推进了社区学院建立面向产业、面向就业的产学关系。

2. 政府引导型

政府引导型的高职产学关系依然以市场治理机制为基础，但"发展型"政府（或执政当局）对高职产学关系发挥了重要的引导作用。例如，中国台湾地区和韩国经济决策和计划部门在制定经济发展规划的同时，还根据产业的技能需求适时调整包括各级各类教育培训和产学政策在内的技能供给政策，以满足经济和产业发展的需要。工业化初期，政府引导下的产学合作主要集中于初等、中等教育机构与企业基于低技能的培养。到了工业化中后期，政府引导下的产学合作则主要体现在高等教育机构与企业基于中级技能和高端技能（高新技术）的培养。

3. 合作教育型

合作教育型的产学关系可发生于任何技能形成制度当中，该模式以责任网络为治理机制。和自由市场的治理机制相比，责任网络治理机制的最大特征是通过合作教育契约来降低企业（技能投资的）不确定因素。合作教育模式下，高职院校与特定企业签订合作教育协议从而建立稳定的信任关系，签约实习生根据协议进入合作企业。合作教育型产学关系的文献非常丰富，国内最有代表性的学者陈解放的研究发现，美国合作教育本质上属于高校、学生、雇主和政府的四方合作，国家立法与财政补贴在其中起了很大作用。② 中国高职院校目前正推广的订单培养教育也比较接近于这一模式，但由于政府作为第三方发挥作用较小，目前面临诸多挑战。

4. 企业办学型

企业办学型的产学关系可发生于任何技能形成制度当中，一般以等级制为其治理机制。这一治理机制下，学校完全成了企业的一部分，企业完全根据其自身技能需求来办学。比较接近的例子包括工业化早期英、美、德等国的厂办技校，

---

① 鲍威尔，迪马吉奥. 组织分析的新制度主义 [M]. 上海：上海人民出版社，2008：364.
② 陈解放. 合作教育的理论及其在中国的实践——学习与工作相结合教育模式研究 [M]. 上海：上海交通大学出版社，2006：114.

工业化成熟期德国举办的双元制高校,美国举办的通用汽车大学和摩托罗拉大学,① 当下中国企业独立举办的民办高职教育机构。目前,我国公办院校的企业办学主要集中在二级教学单位层面,即企业与学校共建二级学院。如南京铁道职业技术学院和南京地铁运营有限责任公司建立的地铁学院。②

5. 行会办学型

行会办学型产学关系以行会或推广网络为治理机制。如果说,企业办学型是校企双边的深层次合作形式,行会办学治理机制则进一步引入第三方——行会、产业工会甚至企业联盟的力量作用于集体行为。集体行为的基础是合作各方的相互认同、相互协作。一般认为,德国社团合作技能形成制度影响下的高职产学关系是典型的行会办学型产学关系,行会、企业、学校乃至受训者各方形成了深层次契约关系。我国高职院校组建的行业型职教集团也较为接近于这一类型。

3.8 本章小结

本章选取英国、美国、德国三个发达市场经济体和中国台湾地区、韩国两个新兴工业化经济体,探讨了不同技能形成制度下的高职产学关系,并重点解释了这样几个问题:为何存有高职与企业的产学关系?为何在不同经济体存有不同程度的高职产学关系?高职产学关系因何变迁?具体得出以下几个结论。

第一,企业与高职教育机构产学合作的动力首先来自中间专用技能的需求,而中间专用技能需求与所在经济体的工业化阶段、产业结构密不可分。

第二,不同经济体高职产学关系的重大差异最早可追溯到 18 世纪、19 世纪工业化早期的技能形成制度。一个有利于企业技能投资的制度可以减少投资的不确定性(或干扰频率),从而建立紧密的产学关系。而构成这一技能制度的要素至少应该包括如下三方面:合作各方(受训者或潜在劳动者、学校、企业、政府)的可信承诺关系、行业内技能认证标准化、推进并且监督企业技能培训的第三方力量。

第三,企业与高职产学关系以技能获取的现实压力为出发点,企业、行业组织、高职院校、国家(或地区)或政府(当局)等行动者通过复杂的依赖和独立关系联系在一起,多个行动流在不同的技能形成制度背景下共同构成了产学关系演进的中心动力机制(如图 3-11 所示)。

第四,从企业投资的角度,参与产学合作的企业或行业(技能需求者)可在不同院校(通用或专用技能供给者)、不同专业(专用技能供给者)和不同学生

---

① 张竞. 企业大学研究[M]. 北京:经济科学出版社,2011:66.
② 钱吉奎,朱斌,周世青,等. 从"订单班"到"地铁学院"——企业一体化办学模式的探索与实践[J]. 中国职业技术教育,2014(29):42-46.

个体（潜在技能所有者或劳动者）进行投资与合作。

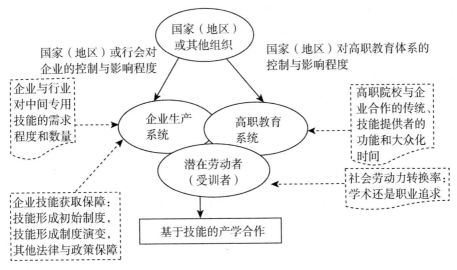

图 3-11 技能人力资本形成制度与高职产学关系

在上述总结的基础上，本书对我国高职教育机构产学合作得出如下政策启示。

第一，分析、比较其他国家或国内某地区的高职产学关系不能脱离其背后的技能形成制度，学习、借鉴其他国家或国内某地区的高职产学关系经验不能简单复制其产学合作的具体模式与措施，更需要深入探究其技能形成制度特征。一个经济体的高职教育机构产学合作方式、产学合作水平不仅仅和技能供需双方相关，更和所在地工业化程度、产业结构等技能需求特征相关。这一结论对我们的政策启示在于：作为一个地域广大、发展不均衡的技能"发展型"经济体，各级政府要根据所在区域的工业化进程和产业结构来推进高职教育机构与企业的产学合作，从而回应产业的技能需求，并以此推动高技能社会的形成。政府应将高职产学合作视为技能形成政策的一部分，而不仅仅是一项教育政策；教育行政部门不应将产学合作水平的高低作为衡量某个高职院校办学水平的标准，更应将其视为衡量高职教育资源与当地技能供需匹配程度的标准。

第二，在当前我国特定的技能制度环境下，产学合作参与各方缺乏可信承诺的情景下，很容易出现企业、学校乃至学生等产学合作参与方的机会主义行为。引入强有力的第三方外部监管，并权衡设计出高职教育机构和企业、行业、受训者乃至政府等各契约方的保障机制是产学合作成功实践的重要条件。从短期来看，高职院校与企业在订单培养、顶岗实习等涉及学生个体的产学合作活动中，校企双方可以与合作第三方（学生及家长）共签一份利益成本均衡分担、含有违约惩罚机制的契约，从而兼顾产学合作质量和企业雇佣稳定性。从长远看，政府、行业组织作为第三方的介入可以保证集体性的、优质的产学合作。一个高技能社会的形成有赖于整个社会高质量的产学合作,而高质量的产学合作不仅需要校企双方的努力,更需要政府和行业组织在行业刚性标准、职业资格认定、产学合作监督乃至高职教育机构外部治理结构改革等方面发挥主导作用。

第三,从院校角度,要加强对所在地产业结构与技能需求结构的市场调研。要更多地从企业的经济逻辑(而不单单从学校的教育逻辑)视角来理解、谋划学校未来的产学关系,要更多地从区域经济发展和产业结构调整所带来的技能需求(而非专业实力等技能供给)的角度来规划学校和专业的发展。

第四,高职院校产学关系的本质是高等职业教育在学校本位和工作本位之间寻找的一个新的平衡点。从本书研究的五个经济体高职产学关系比较分析来看,高职产学关系密切程度与其所处工业化阶段密切相关。在当下中国,国家对高职产学合作高度重视主要也和我国所处工业化阶段密切相关。当前我国劳动市场出现了通用技能供过于求与专用技能供不应求并存的矛盾,客观上需要高职院校按照产业和雇主需求办学。但从长期来说,高职教育机构除了技能供给的政策使命,还需担负文化传承、人文教育的使命,随着社会需求的不断变动,高职产学关系也将在这种动态平衡中得到新的发展。

综合本章所述,如不考虑所在经济体技能形成制度(包括政府)等背景因素的影响,高职院校产学关系主要受技能需求方(行业与企业)、技能供给方(合作院校)、技能所有者(受训者或潜在的技能劳动者)与合作培养的技能专用程度(通用或专用)等因素的影响。从下一章开始,将以我国高职院校为例,从产学合作企业主体(专用技能需求者)分别投资于合作院校(通用或专用技能供给者)、合作专业(专用技能供给者)和学生个体(潜在技能所有者和劳动者)三个方面来开展讨论。

第 4 章 企业主体对高职院校产学合作行为的影响

正如在第 2 章理论基础部分中所分析的,技能型专用性人力资本的形成与积累过程中,各参与主体——企业、职业院校和个人通过学校教育、在职培训和"干中学"等途径将通用技能人力资本转化为专用技能人力资本。[①] 在以技能型人力资本专用化为目标的产学合作活动过程中,企业与高等职业院校两个合作主体之间的关系可以看作是企业对高职院校基于技能投资的契约关系。如果这一假设(投资契约关系)得以成立,那么在现实的产学活动中,为何相同高职院校与不同企业合作时存有不同程度的合作关系?即如何解释:在同样一个院校,既有与之深层次合作的产学合作企业,又有与之浅层次合作的企业?换句话来说,从企业角度,什么样的企业更乐于与高职院校产学合作(对高职院校进行实质性投资)?

本章将从企业的角度,以基于新制度经济学的技能型专用人力资本视角分析影响企业与高职院校开展产学合作的主要因素,并通过企业微观数据样本对这一问题进行实证讨论。

本章主要框架如下:第 1 节首先提出一个理论框架,理论上论证不同企业有着不同的技能人力资本专用性与获取方式,从而决定了不同的产学合作行为与特征。在理论分析的基础上,第 2 节提出模型与研究设计;第 3 节进行实证检验分析;第 4 节讨论了企业主体(特别是技能专用性)对产学合作行为的影响;最后是本章小结。

4.1 理论分析框架[②]

4.1.1 企业人力资本专用性与技能需求

作为新制度经济学分析经济社会的最基本单位——交易,可以根据其具有的

[①] 耿洁. 职业教育校企合作体制机制研究 [D]. 天津:天津大学博士学位论文,2011:115.

[②] 本节部分内容已发表在:刘志民,吴冰. 企业参于产学合作培养人才的机理研究——基于新制度经济学的分析 [J]. 高教探索,2013 (5).

资产专用性程度、是否具有保障措施两个维度来区分为三类不同的交易,并对应不同的成本价格。根据新制度经济学家威廉姆森的定义,资产专用性是在"不牺牲生产价值的条件下,资产可用于不同途径和由不同使用者利用的程度",资产专用性可以分为专用性人力资本在内的六种类型。① 沿着威廉姆森的定义,可以来分析人力资本专用性(或专用性技能)对企业技能需求的影响。

由于企业(或工作组织)中每一项工作都涉及专用性技能或者专门知识,所以不同工作组织内存有不同的专用技能或专门知识。沙博的研究进一步发现:在人力资本专用性少的工厂中,工作范围很窄,技术性操作很少,需要的是工人重复、单调的操作技能;而在人力资本专用性大的工厂中则表现为工作和技术技能范围的扩大,强调的是处理非常规操作和知性技能。所以,专用性技能人力资本是企业专用性资产之一,由于企业所拥有的技能专用性程度不同,其技能需求也不尽相同。在技能人力资本专用性程度低的企业中通常存有通用技能的需求;而在技能人力资本专用性程度高的企业中往往存有专用技能的需求。

4.1.2 企业所需技能专用性与获取方式

根据古典经济学的观点,员工向企业提供技能,企业向其员工支付与其技能相匹配的劳动工资,劳资双方根据市场行情就技能(人力资本)自由达成或解除买卖关系。但古典经济学无法解释,技能买卖双方事实上存有的不同程度的相互依赖关系。比如,在有些企业、有些岗位有工作了几十年的技师;而在有些企业同样的岗位似乎每天都在换人。本小节分析将解释这一现象——企业所需技能专用性导致了不同的技能获取方式。

以第2章的"契约计划图"(图2-2)为基础,可以分析企业所需技能专用性与技能获取方式之间的关系(如图4-1所示):企业所需技能专用性往往和特定环境的专门知识相关——技能专用性越高,专用技能(专门知识)的转换成本也越高。若企业所需技能的人力资本专用性极弱($k=0$),通用知识的转换成本较低,企业一般倾向于直接从市场购买技能(A点);若本企业的技术、工艺差异性极大($k \gg 0$),此时的专门知识转换成本较高,即便对高度专用的技能投资也无法给其他企业带来任何收益,企业倾向于内部生产技能——投资于职业培训(D点);而在技能人力资本专用性程度相对较高而且技能投资后依然能为其他企业带来收益的情景中($k>0$),只有在技能需求量大(规模效应)并且有保障措施($s>0$)的情况下,企业才有投资技能的动力(C点)。所以说,在不考虑制度保障措施的情况下,企业技能投资的动力差异首先来自技能专用性(或技能人

---

① 另外五种为:场地专用性、物质资源专用性、专项资产专用性、品牌资产专用性和时间上的专用性,参阅 Oliver E Williamson. Comparative Economic Organization:The Analysis of Discrete Structural Alternatives [J]. Administrative Science Quarterly,1991:281.

力资本专用性）。也就是说，技能人力资本专用性越强，企业越倾向于投资专用技能；技能人力资本专用性越弱，企业越倾向于购买通用技能。

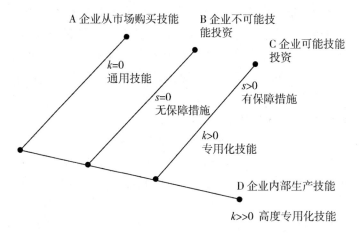

图 4-1 企业所需技能专用性与技能获取方式之间的关系

新制度经济学的重要分支——交易成本经济学的实证研究也为企业技能获取采取"购买"还是"自制"方式提供了证据。国外研究发现，企业选择从市场获取技能还是通过投资获取技能取决于岗位的人力资本专用性程度和劳动力契约特点（重复交易）。如果（所缺）岗位的任职要求与企业相关的技能专用性强，而且岗位重复交易高（需求大并多次交易），企业就倾向于采用稳定的固定员工；如果该岗位要求的技能人力资本专用性弱，岗位重复交易少（需求少并偶尔的交易），企业就倾向于从市场中招聘临时工或干脆外包。

国内企业人力资源管理领域的研究也发现，人力资本专用水平高的岗位，企业倾向于通过内部招聘和（或）长期雇佣；而对于人力资本通用性强的岗位，企业则倾向于从外部市场直接招聘和（或）短期雇佣。所以，当企业需要人力资本通用性强的技能时，往往通过市场直接招聘雇佣而不需要进行任何形式的人力资本投资；反之，当出现人力资本专用性强的技能需求时，企业则往往立足于对员工进行培养与投资。[①]

综上所述，企业所需（岗位）技能的人力资本专用性决定了企业不同的技能获取方式，而且不同的获取方式往往和不同的治理结构匹配。一般而言，人力资本专用性弱的技能需求对应简单的获取方式——市场型契约，人力资本专用性强的技能需求对应复杂的获取方式——关系型契约。

---

① 该领域的研究将技能获取方式区分为内部化战略和外部化战略。详见程德俊. 动态环境下人力资源柔性战略［M］. 南京：南京大学出版社，2009：114-156.

1. 通用技能购买与市场型契约

通用技能购买指的是，企业通过市场直接招聘（或租赁）有一定技能资本存量的过程。与其他技能获取方式相比，员工在进入企业之前，已由员工本人、教育机构，甚至包括其他企业以及国家等投资主体对其个体进行了人力资本投资，而这一人力资本投资的收益则由引进该技能的企业直接获得。在此过程中，企业投入仅仅为购买成本（招募、甄别、初始培训等）。一般来说，企业从市场直接购买的往往是通用技能。

2. 专用技能投资与关系型契约

由于通用技能培训具有很强的外部经济性而且知识转换成本低，其投资者和受益者一般为员工本人，所以企业通常只会对专用技能而不会对通用技能进行投资。专用技能培训往往涉及专门知识，而越是专门知识，知识转换成本越高，对其他企业生产率的影响可能越小，企业也越容易将某些专用性培训成本转嫁给员工，从而建立投资者（企业）与受益者（员工）之间较强的关系型契约。

那么，哪些因素决定企业所需技能专用性，进而影响企业对技能获取采取投资而非购买的方式？根据现有的研究，至少存在下列因素影响企业技能人力资本获取方式。

（1）企业所在产业和行业差异。

不同企业所属产业和行业的人力资本专用性程度不同，技能投资差异也显著不同。国内外学者的研究认为，相对于劳动密集型行业，技术资本密集型行业有更多专用技能人力资本投资需求。另外，学者刘湘丽的研究表明：和第一、第三产业相比，第二产业的企业有着更强技能专用性，也更重视技能人力资本投资；制造业企业在技能人力资本投资方面显著优于其他行业。

（2）企业规模差异。

既有研究还发现，企业规模的大小是决定企业对技能人力资本投资的重要因素之一。由于不同规模的企业人力资本专用性不一，所以对技能的投资大小也差异显著。一般来说，规模越大的企业越注重技能人力资本投资，大规模企业对技能人力资本的投入往往显著多于小规模企业。

（3）企业性质或类别差异。

很多研究表明，企业的性质或组织类别差异对于技能人力资本投资大小存在差异。国内实证研究发现，企业技能人力资本投资最大的是外商投资企业，然后依次是股份制企业、国有企业、集体企业、联营企业以及港澳台投资企业和私营个体企业；有的研究发现，国有企业对技能人力资本投资水平显著低于其他任何组织类型的企业；也有的研究发现了恰恰相反的证据，认为国有企业在技能人力资本投资上并不少于其他组织类型的企业。

(4) 企业技术采用差异。

国外主流的研究认为，企业技术采用差异导致了不同的技能需求。比如，同为汽车制造业企业，福特式生产往往需要大量的通用技能；而"丰田式"生产需要的是一定的专用技能。一般来说，技术进步会导致专用、高技能需求的扩大，从而带动高技能人力资本的投资。[①] 所以高新技术企业对高端专用性技能的需求较大，与此相关的专用技能人力资本投资也较大。

4.1.3 企业技能获取方式与产学合作

前面两小节论证了因人力资本专用性的不同，企业技能需求也存有差异，企业所需人力资本专用性大小决定其技能获取方式采取投资型的选择或是市场型。而企业技能人力资本专用性大小往往与企业所属行业、规模大小、组织类型、技术采用等因素密切相关。本小节将从理论上进一步证明：企业技能获取方式与产学合作密切相关，采取投资型技能获取方式的企业更倾向于开展实质性的产学合作。

由于产学合作人才培养可以看作不同组织之间基于技能的合作，从新制度经济学的角度来分析，组织之间的合作动力都来源于交易成本的节省。[②] 通过第 2 章的理论分析可以推断，交易费用随着技能的专用性、重复交易频率和交易不确定性（是否有安全保障措施）这三个因素的变化而变化，不同类型的技能交易对应不同的治理结构。由于在日常"交易"当中，交易不确定性可视为一个常量。[③] 所以当企业面临技能短缺需求的时候，可有如下三类选择：一是企业内训（技能专用性强，需求量小）或企业办学（技能专用性强，需求量大）；二是市场外购（技能通用性强，需求量大）或企业内聘（技能通用性强，需求量小）；三是与院校合作培养人才。通过对表 4-1 的分析可以看出：技能人力资本专用性和需求稳定性两个维度共同决定了企业的投资与产学合作行为。企业只有面对技能专用性程度高、需求稳定的技能短缺，才会进行实质性技能人力资本投资。在面对交易高度不稳定的专用技能时，企业一般只进行非实质性投资。而上述投资行为呈现了企业与高职院校合作培养人才的两大模式——非实质性合作和实质性合作。[④]

---

① 如明赛尔的研究就认为技能偏态型的技术进步会导致技能人力资本投资的增加。
② 阿兰·斯密德. 制度与行为经济学 [M]. 北京：中国人民大学出版社，2004：100.
③ 在新制度经济学中，交易不确定性这一常量既可以作为治理机制也可以作为治理环境参数。
④ 威廉姆森曾把合作分为两种：一种是尽心尽力的合作；一种是敷衍的合作。在高职教育领域，校企间的合作往往区分为浅层次合作与深层次合作。

表 4-1　技能人力资本专用性、企业技能投资与产学合作

		技能人力资本专用性程度		
		市场通用技能	（企业、市场混合）专用技能	企业完全专用技能
企业对技能人力资本需求交易频率	偶尔交易（需求少）	企业招聘	非实质性合作：如顶岗实习等（新古典合约）	企业培训
	重复交易（需求大）	市场招聘	实质性合作：实习生留用、订单培养等（双边治理）	企业办学（统一治理）

如果说，前述分析发现，影响技能人力资本专用性大小的因素可以影响企业投资行为，进而影响（企业）产学合作行为。那么，下列因素可能因为影响交易频率进而影响企业参与产学合作的稳定性。

1. 合作时间与产学合作稳定性

重复交易程度是企业确定人力资本投资大小的重要影响因素。国外实证研究发现，心理契约是联系组织之间合作的一个桥梁，长期合作往往优于短期或者一次性合作。所以，校企之间的合作时间越长、合作次数越多，就越有利于企业的深层次产学合作行为。

2. 企业技能获取策略与产学合作

从人力资源管理的角度看，企业技能获取可以区分为降低成本和投资承诺两种基本策略。国内研究发现，采取低成本策略的企业一般采用灵活的技能雇佣方式，为了降低成本，企业很少进行技能投资；而采取投资策略的企业由于希望与员工建立长期稳定的雇佣关系，一般偏好进行技能投资。[①]

在产学合作领域，国内外学者也提出了相同或相近的观点：Christian Dustman 的研究发现，由于不同企业存在着人力资本专用程度差异，其技能种类与需求程度也随之变化，所以企业实质性参与产学合作培养人才的主要动机是为了满足企业特定的（现实或潜在）技能需求。[②] Beichet 通过对德国双元制体系下实习生

---

① 翁杰. 基于雇佣关系稳定性的人力资本投资研究［D］. 浙江大学博士学位论文，2006：89.

② Burke Michael A. School-Business Partnerships: Trojan Horse or Manna form Heaven［J］. NASSP Bulletin，1986，70（493）：45.

第4章 企业主体对高职院校产学合作行为的影响

的成本-收益研究后发现,大多数的企业在实习生培训上都付出了成本,所以企业与学校实质性产学合作可以视为企业在人力资本上的投资,实习生在企业中的顶岗实习是企业的投资阶段,而在此之后的雇佣留用则是企业的收益阶段。也有学者对"投资论"持有异议,Lindley认为,企业接受实习生的主要动机在于企业可以获得便宜的"半熟练技工"(Semi-skilled Workers),从而"替代"现有工人以降低生产成本。更有学者提出,接受高校实习生对企业来说到底属于"投资"还是"替代"取决于企业规模、企业的行业性质(企业属于服务业还是制造业)、派遣给实习生的生产任务(实习质量)等综合因素,区分两种策略的重要指标是历届顶岗实习生的留用率,企业从历届顶岗实习生中留用雇佣比例高的为投资策略,反之则为替代策略。[①]

基于上述分析,本书将企业与高职院校的产学合作行为如下区分。

第一,市场策略下的非实质性合作。由于企业雇佣工人是为了生产,它要购买的是工作质量,而不仅是耗费在工作上的时间。出于技能人力资本专用性的考虑,熟练工人在设备特质、流程经济以及沟通特性的掌握等方面与不熟练工人相比存在显著区别。[②] 要使新手熟悉上述技能专用性并建立必备的生产和沟通技能,需要企业实质性投入。即便在人力资本专用性小的企业当中,用高校实习生替换掉原来有经验的熟练工人也是彻头彻尾的低效率行为。相关调查中也证实了这一点。与高校合作的企业中有86%只愿意开展技术合作,而愿意实质性合作培养人才的企业不到其中的36%。[③] 面对来自高校大量不定期(或短期)的顶岗实习需求,在没有利益补偿或赔偿机制的情况下,采取市场策略的企业往往从减少成本的角度,将顶岗实习作为与院校的非实质性合作。[④] 企业或者提供少量临时性工作岗位,实习生只是在企业中充当"旁观者";或者将高职院校实习生当作廉价技能提供者。而要纠正企业机会主义倾向,必须要引入第三方力量对合约加以制约。

第二,投资策略下的实质性合作。如果企业存有稳定的专用技能短缺,并且在有保障措施的前提下,企业可能出于投资策略和高校开展实质性合作来培养人才。既有研究认为,高职院校与企业签订协议订单、培养协议或从实习生中接受毕业生是实质性(或深层次)合作的典型模式。国内学者徐兆铭认为,企业与高职院校产学合作订单培养的实质是企业的专用性人力资本投资。[⑤] 而从新制度经济学的观点出发,企业与高职院校产学合作订单培养是基于"或有雇佣合约"的

---

① Jens Mohrenweiser, Uschi Backes-Gellner. Apprenticeship Training -What for? Investment in Human Capital or Substitution of Cheap Labour? [J]. International Journal of Manpower, 2008, 31 (17).

② 威廉姆森,斯科特·马斯滕. 交易成本经济学——经典名篇选读 [M]. 北京:人民出版社,2008:415.

③ 吉文林,等. 基于企业视角的校企合作调研分析与对策 [J]. 中国职业技术教育,2012 (21).

④ 另据相关调查,超过70%的企业不愿意接纳实习生,而75%的企业担心实习生技能低从而影响其生产。

⑤ 徐兆铭,杨晓波,乔云霞. 雇佣合约、嵌入性过程控制与企业专用性人力资本投资——以LG集团为例 [J]. 经济管理,2007 (15).

专用技能投资交易契约。① 校企双方签约前双方都知道，这一交易要在若干年之后才能最终实现——订单培养的学生从招生到毕业后在合作企业工作一般需要3年左右的时间。而在这3年当中，共同开发课程、共同开发教材、支持学校兼职教师、接受顶岗实习学生、向学校捐赠实训设备等产学合作形式都可以作为买主（行业或企业）的技能人力资本专用化投资形式。

所以说，采取市场策略的产学合作企业往往采取非实质性的产学合作（比如单纯的顶岗实习）；而采取投资策略的产学合作企业或者根据当前技能需求，直接从实习生中接收（购买）毕业生以获取急需技能，或者根据未来技能需求缺口与学校签订订单培养协议——同意未来某一天从某校接受（购买）已经"专用化"的技能人力资本。

综上所述，本书基于如下基本假设：有两个决策单位——企业与其合作院校，一个买者和一个卖者。双方实质性的产学合作假定为企业对院校以"即时雇佣"或（和）"或有雇佣"为契约条件的技能人力资本投资。而企业是否与高职院校开展实质性产学合作与其所需技能专用性大小和技能获取是否采用投资策略相关。

4.2 研究模型和设计

4.2.1 研究概念模型和假设

综上所述，企业与高职院校产学合作水平与企业的技能人力资本专用性、技能获取策略相关。三者之间关系的概念模型如图4-2所示。

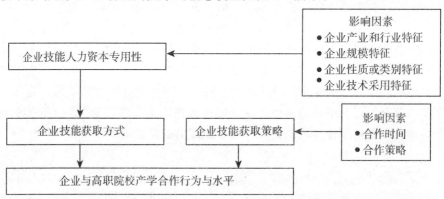

图4-2 企业技能人力资本专用性、技能获取策略与企业参与产学合作的概念模型

---

① 新制度经济学很大程度上考察的是延迟的交易或行为顺序有约定的交易，而企业与高职院校的产学合作符合这一交易特征。事实上，将企业的校企合作模式定义为企业人力资本投资的行为并非本书首创。国外学者就曾将德国职业教育体系中学生在企业顶岗实习、留用雇佣等产学合作活动定义为企业投资行为。

第4章 企业主体对高职院校产学合作行为的影响

在上述概念模型的基础上,本书把本章所有假设汇总如表 4-2 所示。

表 4-2　企业参与产学合作影响因素的假设汇总

假设	指标
假设 1: 企业技能人力资本专用性大小决定其产学合作行为与水平,而技能人力资本专用性大小和企业所属产业和行业、企业规模、企业性质或类别、企业技术采用特性密切相关	1A:第二产业的企业产学合作水平高 1B:制造业门类的企业产学合作水平高 1C:制造业中资本、技术密集型行业产学合作水平高 1D:企业规模越大产学合作水平越高 1E:外资(三资)企业产学合作水平高 1F:私营企业的产学合作水平较高 1G:国有企业产学合作水平较低 1H:高新技术企业产学合作水平更高
假设 2: 企业采取投资策略对产学合作行为具有显著影响	2A:采取投资策略的企业产学合作水平高 2B:采取市场策略的企业仅在接受顶岗实习学生数方面显著
假设 3: 人力资本专用性强并且采取投资策略的企业倾向于和高职院校开展实质性产学合作	3A:人力资本专用性强并采取投资策略的企业在订单培养等实质性产学合作行为方面显著 3B:人力资本专用性强并采取投资策略的企业在非实质性产学合作行为(如顶岗实习)方面不显著

4.2.2　研究设计与数据说明

研究数据来源始于 2010 年开展的教育部重点课题"校企合作共建实训基地研究"专项调查。调查的步骤是首先从高等职业院校人才培养工作状态数据采集与管理平台中收集总计 113 所高职院校产学合作数据资料,然后就其中的 3 793 家产学合作企业总共 12 272 次产学合作项目通过网络、电话开展了调查。调查内容包括企业的组织类型、企业成立时间①、是否高新技术企业②和企业所属行业(产业)③。

1. 模型与因变量说明

本章首先研究企业技能人力资本专用性对产学合作行为的影响,被解释变量 Y_n 为各种产学合作行为的水平。各种产学合作行为采用如下三个模型对影响合作

---

① 企业的组织类型和成立时间通过地方工商局官网调查。
② 通过江苏地税局官网中调查。
③ 通过企业官网介绍查询。

水平的企业主体各种特征的差异进行估计。

模型1：
$$Y_n = \alpha + \beta X_1 + \beta_1 X_2 + \beta_3 X_3 + \beta_4 X_4 + \varepsilon \qquad (4-1)$$

模型2：
$$Y_n = \alpha + \beta_5 X_5 + \beta_6 X_6 + \varepsilon \qquad (4-2)$$

模型3：
$$Y_n = \alpha + \beta X_1 + \beta_1 X_2 + \beta_3 X_3 + \beta_4 X_4 + \beta_5 X_5 + \beta_6 X_6 + \varepsilon \qquad (4-3)$$

式（4-1）是在不考虑控制变量的情况下，解释变量 X（技能专用性因素）对被解释变量 Y_n 的影响；式（4-2）是在分析不考虑控制变量的情况下，解释变量 X（合作稳定性因素）对被解释变量 Y_n 的影响。Y_n 代表了不同企业与不同合作院校、专业的产学合作行为与合作水平，具体包括下列三类合作行为指标。

（1）实质性合作培养人才行为指标：包括企业接受毕业生就业数（Y_1）和合作订单培养数（Y_2）。

（2）非实质性合作（浅层次合作）培养人才行为指标：包括企业接受顶岗实习学生数（Y_3）、共同开发课程数（Y_4）、共同开发教材数（Y_5）、企业支持学校兼职教师数（Y_6）、企业向学校捐赠设备值（Y_7）等。

（3）技术合作与社会服务指标：包括学校为企业提供技术服务年收入（Y_8）、学校为企业培训员工数（Y_9）。

2. 自变量说明

（1）企业所属产业和行业：除了对三大产业（第一产业、第二产业和第三产业）的划分，根据国家统计局国民经济行业分类标准和以往的相近研究，本章分别引入三大产业、行业门类和行业大类作为解释变量（虚拟变量 X_1）来分析行业因素对产学合作的影响。

（2）企业规模：既有研究发现，企业规模与企业人力资本专用性密切相关，一般企业越大，往往也越重视人力资本投资。本章将 X_2 作为不同行业企业规模的虚拟变量。根据国家统计局对企业规模划分标准（附录1），将企业规模划分为大型、中型、小型和微型四级。

（3）企业性质或类别：按照国家统计局、国家工商行政管理总局对企业类型的划分标准，我国内资企业划分为国有、集体、股份合作、联营、有限责任公司、股份有限公司和私营企业。企业改革过程中，很多集体企业已经转制为私营企业；外商独资企业和中外合资企业在人力资源管理方面具有相似性。同时，也为了研究的聚焦，本章将企业性质或类型自变量（虚拟变量 X_3）简化为国有（含国家控股）企业、私营企业和外资企业。

（4）企业技术采用：本部分研究根据国家科技部、财政部和国家税务总局《高新技术企业认定管理办法》，将产学合作企业区分为"是否为高新技术企业"

作为解释变量（虚拟变量 X_4）来分析企业技术采用特性对产学合作的影响。

（5）企业产学合作策略：根据国外研究，留用率指标可在一定程度上反映企业的雇佣与产学合作策略。① 根据该研究，本虚拟变量 X_5 将企业留用率区分三种合作策略：留用率低于 20% 的为市场策略（或替代策略），高于 80% 的为投资策略，居中的（20%～80%）的为混合策略。

（6）开展产学合作历史：一般来说，产学合作历史越长意味着院校与企业间的合作频率越高。本章以 2006 年作为基准年，分别以合作时间超过 5 年和合作时间低于 5 年作为解释变量（虚拟变量 X_6）来分析产学合作历史因素对产学合作的影响作用。

4.3 样本数据统计描述

表 4-3 呈现的是产学合作行为样本数据所涉及（合作）企业特征的变量名、样本统计描述和数据来源。

表 4-3 产学合作调查样本数据描述统计表

变量名称	样本数	变量说明	数据来源
产学合作项目实施企业所涉产业（单位：项）	5 819	双值虚拟变量	通过查询企业官网介绍后确定
第一产业	639		
第二产业	2 908		
第三产业	2 272		
产学合作项目实施企业所属行业门类（单位：项）	5 857	双值虚拟变量	通过查询企业官网介绍后确定
1. 农、林、牧、渔业	179		
2. 采矿业	305		
3. 制造业	1 859		
4. 电力、热力、燃气及水生产和供应业	73		
5. 建筑业	572		
6. 批发和零售业	286		
7. 交通运输、仓储和邮政业	172		
8. 住宿和餐饮业	102		
9. 信息传输、软件和信息技术服务业	395		

---

① Jens Mohrenweiser, Uschi Backes-Gellner. Apprenticeship Training-What for? Investment in Human Capital or Substitution of Cheap Labour? [J]. International Journal of Manpower, 2008, 31 (17).

续表

变量名称	样本数	变量说明	数据来源
10. 金融业	241		
11. 房地产业	68		
12. 租赁和商务服务业	332		
13. 科学研究和技术服务业	263		
14. 水利、环境和公共设施管理业	195		
15. 居民服务、修理和其他服务业	76		
16. 教育	35		
17. 卫生和社会工作	356		
18. 文化、体育和娱乐业	278		
19. 公共管理、社会保障和社会组织	67		
20. 国际组织	3		
产学合作项目实施企业规模（单位：项）	4 834	双值虚拟变量	通过地方工商局官网和企业官网介绍查询
大型企业	1 339		
中型企业	1 354		
小型企业	1 710		
微型企业	431		
产学合作项目实施企业类型（单位：项）	4 438	双值虚拟变量	通过企业所在地工商局官网调查
国有企业	97		
集体企业	137		
股份合作企业	244		
联营企业	63		
有限责任公司	2 750		
股份有限公司	774		
私营企业	373		
产学合作项目实施企业技术采用（单位：项）	6 157		通过地税局官网查询调查
国家高新技术企业	224		
省级高新技术企业	116		
其他	5 817		

续表

变量名称	样本数	变量说明	数据来源
产学合作历史（单位：项）	4 499	双值虚拟变量	通过产学合作记录调查
合作历史超过5年（含）	3 649		
合作历史低于5年	850		

4.4 实证检验与分析①

为了验证、分析企业与高职院校开展产学合作行为影响因素的理论假设（假设1—假设3），本章首先以导致企业技能人力资本专用性不同的因素为解释变量，以不同的产学合作行为与合作水平为被解释变量建立回归模型，各回归分析结果如下。

4.4.1 企业技能人力资本专用性对产学合作的影响

1. 企业所属行业差异对产学合作的影响

由于行业差异能在一定程度上衡量不同企业的技能专用性，本章首先根据国家统计局国民经济行业分类标准，以产学合作企业所在产业和行业门类为解释变量建立回归模型。

（1）企业所在产业差异对产学合作的影响。

表4-4的回归结果表明，第二产业的企业在接受毕业生就业数、接受顶岗实习学生数、合作订单培养数、共同开发教材数、向学校捐赠设备值、学校为企业提供技术服务年收入、学校为企业培训员工数等大多数产学合作行为指标上合作水平更高；第一产业仅仅在企业支持学校兼职教师数这一项产学合作行为指标上水平更高。因此，表4-2中的假设1A基本通过验证。

表4-4 企业所在产业对产学合作行为影响的回归结果

解释变量：产业	接受毕业生就业数	接受顶岗实习学生数	合作订单培养数	共同开发课程数	共同开发教材数	支持学校兼职教师数	向学校捐赠设备值	学校为企业提供技术服务年收入	学校为企业培训员工数
第一产业（常量项）	4.92	13.09	4.89	0.92	0.68	1.87*	17.55	3.03	8.22
第二产业	3.21*	1.00*	4.29*	−0.01	0.04*	−0.10*	34.32*	12.26*	6.43*
第三产业	−0.12	−1.75	1.52	−0.13	−0.22*	−0.44*	2.60	9.83	2.70

注：*代表显著性水平为$p<0.05$。

---

① 本节主要内容已发表在：刘志民，吴冰. 企业参与高职校企合作人才培养影响因素的研究[J]. 高等工程教育研究，2016（2）.

(2) 企业所属行业门类差异对产学合作的影响。

表 4-5 的回归结果可以发现，以农、林、牧、渔业为常数项，不同行业门类在不同的产学合作行为、合作水平方面都存在显著差异。

表 4-5 企业所属行业门类对产学合作行为影响的回归结果

解释变量：行业门类	接受毕业生就业数	接受顶岗实习学生数	合作订单培养数	共同开发课程数	共同开发教材数	支持学校兼职教师数	向学校捐赠设备值	学校为企业提供技术服务年收入	学校为企业培训员工数
农、林、牧、渔业（常数项）	5.00*	12.77*	7.52*	0.63*	0.50*	1.75*	2.72	1.96	15.89*
采矿业	1.15	0.17	13.27*	0.20	0.33	0.48	17.28	41.44*	35.07*
制造业	4.15*	2.13*	2.81*	0.24*	0.15*	0.03*	60.40*	12.62*	2.62*
电力、热力、燃气及水生产和供应业	11.85*	20.58*	7.37*	0.68*	0.74*	0.70*	41.06	5.95	5.06
建筑业	−1.29	−4.71*	−4.58	0.08	0.10	−0.59	28.06	4.79	−7.72
批发和零售业	0.62	−0.64	−1.72	0.20	−0.01	−0.44	16.28	6.18	−3.19
交通运输、仓储和邮政业	3.96	2.74	−0.42	0.94*	0.19	0.29	67.49	12.74	8.21
住宿和餐饮业	2.84	5.28*	−1.32	0.32	0.18	−0.51	9.79	−1.78	−2.70
信息传输、软件和信息技术服务业	1.65	2.31	6.41*	0.31	0.20	−0.05	33.50	14.15	−4.48
金融业	−0.70	−3.52	−2.32	−0.13	−0.21	0.47	−2.05	6.34	−1.96
房地产业	1.00	−0.01	−0.27	−0.08	−0.18	0.27	1.28	16.69	12.82
租赁和商务服务业	−1.37	−0.47	−2.56	0.16	−0.03	−0.44	5.20	7.67	−2.15

续表

解释变量：行业门类	接受毕业生就业数	接受顶岗实习学生数	合作订单培养数	共同开发课程数	共同开发教材数	支持学校兼职教师数	向学校捐赠设备值	学校为企业提供技术服务年收入	学校为企业培训员工数
科学研究和技术服务业	−0.41	−3.20	−3.42	0.08	0.03	−0.14	12.16	16.81	−7.60
水利、环境和公共设施管理业	0.98	−4.24	−1.92	0.12	−0.22	−0.48	−2.72	38.15*	−5.32
居民服务、修理和其他服务业	7.85*	−2.59	−1.80	0.03	−0.19	−0.56	−2.72	7.91	−7.49
教育	−1.19	2.76	2.02	0.75*	0.47*	−0.45	14.83	0.45	−8.64
卫生和社会工作	0.66	3.24	−5.89	0.12	0.16	3.77*	8.39	−1.49	−9.41
文化、体育和娱乐业	−1.56	−0.81	−3.62	0.06	−0.16	−0.47	12.22	−0.04	−11.39
公共管理、社会保障和社会组织	−1.40	0.72	−4.29	0.20	0.16	−0.63	17.90	17.22	6.45

注：* 代表显著性水平为 p<0.05。

在合作企业接受毕业生就业数方面，不同行业门类的企业存在差异。制造业，电力、热力、燃气及水生产和供应业，居民服务修理服务业门类显著较高；而建筑业、批发和零售业、住宿和餐饮业、金融业、房地产业、租赁和商务服务业相对较低。

在合作企业接受顶岗实习学生数方面，不同行业门类的企业存在差异。制造业，电力、热力、燃气及水生产和供应业，住宿和餐饮行业合作水平显著较高；而建筑业、批发和零售业、金融业门类合作水平显著较低。

在合作订单培养数方面，不同行业门类的企业存在差异。采矿业，制造业，电力、热力、燃气及水生产供应，信息传输、软件和信息技术服务业等资本技术密集型行业显著较高；而以建筑业、租赁和商务服务业为代表的劳动密集型行业显著较低。

在合作企业与院校共同开发课程数方面，不同行业门类企业存在差异。制造业，电力、热力、燃气及水生产和供应业，交通运输、仓储和邮政业合作水平显著高于农、林、牧、渔业（常数项）；而金融业、房地产行业合作水平显著较低。

在企业与院校合作共同开发教材数方面，不同行业门类企业存在差异。制造业，电力、热力、燃气及水生产和供应业，交通运输、仓储和邮政业合作水平显著高于农、林、牧、渔业（常数项）；而金融业、房地产行业合作水平低于农、林、牧、渔业（常数项）。

在合作企业支持学校兼职教师数方面，不同行业门类企业存在差异。制造业、卫生和社会工作行业显著高于农、林、牧、渔业（常数项）；而建筑业、住宿和餐饮业、租赁和商务服务业合作水平低于农、林、牧、渔业（常数项）。

在合作企业向学校捐赠设备值方面，不同行业门类企业存在差异。以农、林、牧、渔业为常数项，制造业的合作水平显著高。

在学校为企业提供技术服务年收入方面，不同行业门类企业存在差异。和农、林、牧、渔业（常数项）相比，制造业，采矿业，水利、环境和公共设施管理业呈现正数显著；住宿和餐饮业的合作水平显著较低。

在学校为企业培训员工数方面，不同行业门类企业存在差异。和农、林、牧、渔业（常数项）相比，制造业、采矿业优势明显；建筑业，住宿和餐饮业，卫生和社会工作，文化、体育娱乐业合作水平明显较低。

将上述19个行业门类对9种产学合作行为的影响结果加以汇总，可以清晰地看出其中最具有显著影响的8个行业门类（如表4-6所示）。

表4-6 对产学合作行为具有显著影响的企业行业门类（前8名）

行业门类	接受毕业生就业数	接受顶岗实习学生数	合作订单培养数	共同开发课程数	共同开发教材数	支持学校兼职教师数	向学校捐赠设备值	学校为企业提供技术服务年收入	学校为企业培训员工数
采矿业			+					+	+
制造业	+	+	+	+	+	+		+	+
电力、热力、燃气及水生产和供应业	+	+	+	+	+	+			
住宿和餐饮业			+						
信息传输、软件和信息技术服务业				+					

第4章 企业主体对高职院校产学合作行为的影响

续表

行业门类	接受毕业生就业数	接受顶岗实习学生数	合作订单培养数	共同开发课程数	共同开发教材数	支持学校兼职教师数	向学校捐赠设备值	学校为企业提供技术服务年收入	学校为企业培训员工数
居民服务、修理和其他服务业		+							
教育				+	+				
卫生和社会工作						+			

注：符号"+"代表有显著正数影响；符号"−"代表有显著负数影响；空白表示没有显著影响。

表4-6的总结可以清楚地发现不同行业门类与产学合作行为密切相关，具体表现为以下几点。

第一，资本技术密集型行业（以制造业，电力、热力、燃气及水生产和供应业为代表）在绝大多数的产学合作行为上优势明显；特别是制造业在所有产学合作行为中最为显著（表4-2中的假设1B在此可以验证通过）；采矿业则在合作订单培养数、学校为企业提供技术服务年收入、学校为企业培训员工数这三个产学活动方面优势明显。

第二，劳动密集型行业（以住宿和餐饮业、居民服务修理业为代表）的产学行为以"用人"为特征（主要以接受顶岗实习学生、接受毕业生为主）。

第三，具有较强专用人力资本的现代服务业（以信息传输、软件信息技术服务，教育，卫生等行业为代表）的产学合作行为的特征主要表现为"培养人"（合作订单培养、共同开发课程、共同开发教材、支持学校兼职教师等）；卫生行业所属医疗卫生企业对支持学校兼职教师方面优势明显。

(3) 制造业中行业大类差异对产学合作行为的影响。

由于我国是一个制造业大国，所以可能与院校开展产学合作的制造业企业数量较多。接下来将深究：同在制造业门类中的29种行业大类里，什么样的行业大类对产学合作影响更大？

同样以统计局的行业标准为依据，本部分将制造业中的29个行业大类（虚拟变量）对其产学合作行为作回归研究。表4-7汇总了制造业中不同行业大类的企业对产学合作行为影响的回归结果（以农副食品加工业为常数项）。

表 4-7 制造业中不同行业大类对产学合作行为影响的回归结果

解释变量：企业行业大类	接受毕业生就业数	接受顶岗实习学生数	合作订单培养数	共同开发课程数	共同开发教材数	支持学校兼职教师数	向学校捐赠设备值	学校为企业提供技术服务年收入	学校为企业培训员工数
农副食品加工业（常数项）	6.12	12.95*	7.64*	0.84	0.49	1.61	15.67	16.52*	13.00*
食品制造业	1.66	9.26*	4.57	−0.02	−0.12	−0.33	−7.67	−5.02	−7.79
酒、饮料和精制茶制造业	−0.22	−1.54	1.48	−0.31	−0.24	−0.61	39.84	14.53	−4.86
烟草制品业	−3.01	7.94	−1.07	−0.21	−0.35	−0.49	123.05	−16.22	4.43
纺织业	−1.54	−2.66	−1.76	0.19	0.15	−0.02	−11.17	−14.23	0.64
纺织服装、服饰业	4.44	7.44	−1.18	−0.28	−0.40	−0.80	−12.67	0.88	−10.50
皮革、毛皮、羽毛及其制品和制鞋业	2.78	4.50	0.11	−0.29	0.11	−1.06	−2.17	4.69	−3.55
木材加工和木、竹、藤、棕、草制品业	4.41	−7.77	1.53	−0.31	0.10	−0.72		−13.82	−10.76
家具制造业	−5.12	−11.95		0.16		−0.61			
造纸和纸制品业	−1.95	−1.66	−4.10	−0.34	0.23	−0.27			−12.00
印刷和记录媒介复制业	−4.12	−7.52	−7.64	−0.34	−0.49	−0.61		−6.52	−10.50
文教、工美、体育和娱乐用品制造业	−6.12	−12.95	−7.64	−0.34	0.01	−1.61			−13.00
石油加工、炼焦和核燃料加工业	5.02	2.40	16.80*	0.66	0.42	2.93*	−2.17	−16.52	42.58*

续表

解释变量：企业行业大类	接受毕业生就业数	接受顶岗实习学生数	合作订单培养数	共同开发课程数	共同开发教材数	支持学校兼职教师数	向学校捐赠设备值	学校为企业提供技术服务年收入	学校为企业培训员工数
化学原料和化学制品制造业	2.67	0.75	3.09	0.14	0.34	0.49	−11.10	−16.39	33.63*
医药制造业	0.53	−2.03	7.03	0.24	0.05	0.39	−15.67	−15.86	1.36
化学纤维制造业	−2.78	−10.20	−7.64	0.66	0.51	−0.61	−15.67	−16.52	−2.67
橡胶和塑料制品业	0.43	−3.12	1.00	0.23	−0.06	−0.06	−11.67	−15.42	−9.80
非金属矿物制品业	−1.37	−9.43*	−7.64	0.16	0.18	−0.89	−15.67	−3.06	−3.50
黑色金属冶炼和压延加工业	−0.32	0.70	−2.71	−0.21	−0.06	−0.79	−14.67		−12.87
有色金属冶炼和压延加工业	0.22	−7.82	−0.54	−0.50	−0.09	−0.14	−14.42	−14.39	−11.22
金属制品业	−3.18	−6.02*	−5.19	−0.12	−0.06	−0.71*	−15.57	−9.64	−4.43
通用设备制造业	3.58	0.17	−0.04	0.12	0.18	−0.36	1.08	−15.54	8.13
专用设备制造业	−1.25	−1.93	−0.49	0.11	0.28*	0.26	12.14	−1.68	−2.59
汽车制造业	4.79*	1.91	3.93	0.50*	0.81*	1.44*	38.66	−5.62	19.18*
电气机械和器材制造业	−1.16	1.87	−0.43	−0.16	0.09	−0.24	12.04	−14.16	−6.60
计算机、通信和其他电子设备制造业	0.40	0.58	−1.21	−0.19	−0.05	0.03	69.74*	−6.74	−5.13
仪器仪表制造业	0.36	2.14	−0.42	−0.38	−0.19	0.82	−7.34	−12.10	−9.32

续表

解释变量：企业行业大类	接受毕业生就业数	接受顶岗实习学生数	合作订单培养数	共同开发课程数	共同开发教材数	支持学校兼职教师数	向学校捐赠设备值	学校为企业提供技术服务年收入	学校为企业培训员工数
其他制造业	−3.72	−7.25	6.18	0.23	0.01	−0.46	102.33	8.48	−5.87
废弃资源综合利用业		−5.45	−11.95	−7.64	−0.84	−0.49	−0.94		−13.00

注：* 代表显著性水平为 $p<0.05$。

在上述回归结果基础上加以总结可以发现（如表4-8所示）：

第一，即便同在制造业行业门类当中，不同行业大类的产学合作行为与合作水平也存在明显差异。

第二，（以食品制造业为代表的）劳动密集型行业对"接受顶岗实习学生数"为代表的浅层次（或非实质性）产学合作行为方面影响显著；

第三，（以交通运输设备制造业，石油加工、炼焦及核燃料加工业为代表的）资本、技术密集型行业对合作订单培养数、接受毕业生就业数为代表的深层次（或实质性）产学合作方面影响显著。因此，表4-2中的假设1C得到验证通过。

表4-8 制造业门类中对不同产学合作行为有显著影响的行业大类（前3名）

企业行业大类	接受毕业生就业数	接受顶岗实习学生数	合作订单培养数	共同开发课程数	共同开发教材数	支持学校兼职教师数	向学校捐赠设备值	学校为企业提供技术服务年收入	学校为企业培训员工数
食品制造业		＋							
石油加工、炼焦和核燃料加工业			＋		＋				＋
汽车制造业	＋			＋	＋	＋			＋

注：符号"＋"代表有显著正数影响；符号"−"代表有显著负数影响；空白表示没有显著影响。

第4章 企业主体对高职院校产学合作行为的影响

至此,本小节验证了假设 1A 到 1C 中的所有指标,即企业所属产业、行业门类、行业大类存有不同的技能人力资本差异。一般来说,资本技术越密集的产业(或行业门类、行业大类)其技能人力资本专用性也越强,企业的产学合作行为越趋向于实质性合作,产学合作的水平也越高。

2. 企业规模差异对产学合作的影响

根据国家统计局对企业规模的划分标准,本章以产学合作企业规模为解释变量建立回归模型,从表 4-9 的回归结果可以非常清楚地发现如下几点结论。

第一,以中型企业为基准(常数项),与高职院校产学合作的大型企业在接受毕业生就业数、接受顶岗实习学生数、合作订单培养数、共同开发课程与教材数、学校为企业培训员工数等绝大多数产学合作行为指标比中小企业合作水平更高。因此,表 4-2 中的假设 1D 得到验证通过。

第二,研究同时发现,和大中型企业相比,学校为小型企业提供的技术服务年收入水平显著高于大型企业;而微型企业与学校开发课程方面的合作则较为显著。

表 4-9 企业规模对产学合作行为影响的回归结果

解释变量:企业规模	接受毕业生就业数	接受顶岗实习学生数	合作订单培养数	共同开发课程数	共同开发教材数	支持学校兼职教师数	向学校捐赠设备值	学校为企业提供技术服务年收入	学校为企业培训员工数
中型(常数项)	6.00*	12.75*	5.98*	0.78*	0.52*	1.36*	28.99*	8.26*	14.98*
大型	1.62*	1.76*	4.55*	0.10*	0.20*	0.92*	−2.59	2.98	4.14*
小型	0.19	−0.07	1.15	0.02	0.02	0.04	18.49	11.67*	−2.62
微型	0.03	1.37	2.77	0.26*	0.07	0.26	−14.96	−3.81	2.33

注:*代表显著性水平为 $p<0.05$。

3. 企业类型对产学合作的影响

根据国家统计局对企业的分类标准,本部分研究首先以参加产学合作的内资企业注册组织类型[①]为解释变量建立回归模型,以国有企业为常数项,回归分析结果如表 4-10 所示。然后以包括外资在内的企业所有制类型[②]为解释变量建立回归模型,以国有企业为常数项,回归分析结果如表 4-11 所示。

---

① 统计部门、工商行政管理部门将内资企业登记注册类型分为国有企业、集体企业、股份合作企业、联营企业、有限责任公司、股份有限公司、私营企业和其他企业。根据前述说明,本书将企业性质与类型简化为国有(含控股)企业、私营企业和外资企业。

② 根据所有制类型一般划分,本书将企业划分为国有企业、私营企业和外资企业。

表 4-10 企业组织类型对产学合作行为影响的回归结果

解释变量：企业类型	接受毕业生就业数	接受顶岗实习学生数	合作订单培养数	共同开发课程数	共同开发教材数	支持学校兼职教师数	向学校捐赠设备值	学校为企业提供技术服务年收入	学校为企业培训员工数
国有企业（常数项）	5.11*	12.86*	7.35*	0.53*	0.50*	1.87*	13.19	9.46	21.14*
集体企业	2.00	0.14	1.65	1.04	0.41	−0.07	−6.65	7.04	5.72
股份合作企业	2.36	2.34	4.14	0.27	0.12	0.20	21.19	−6.40	−3.84
联营企业	2.65	0.91	5.50	0.15	0.17	0.23	−11.33	−8.86	67.79*
有限责任公司	1.40	0.63	−0.48	0.30	0.05	−0.38	40.89	4.87	−8.97*
股份有限公司	2.28*	0.07	3.16*	0.38*	0.20	−0.39	7.83	3.35	−2.83
私营企业	1.66	−0.74	4.61*	0.27	−0.03	−0.27	7.91	5.55	−4.70

注：* 代表显著性水平为 $p<0.05$。

表 4-11 企业所有制类型对产学合作行为影响的回归结果

解释变量：企业类型	接受毕业生就业数	接受顶岗实习学生数	合作订单培养数	共同开发课程数	共同开发教材数	支持学校兼职教师数	向学校捐赠设备值	学校为企业提供技术服务年收入	学校为企业培训员工数
国有企业（常数项）	4.91*	10.32*	3.36*	0.81*	0.78*	1.97*	76.03	20.09*	8.83*
私营企业	2.22	3.93	4.61*	0.01	−0.24*	−0.58*	−43.89	4.73	3.45
外资企业	2.72*	9.93*	9.85*	0.26*	0.02*	1.88	38.25	−11.28	12.38*

注：* 代表显著性水平为 $p<0.05$。

表 4-10 和表 4-11 的回归结果显示如下内容。

若按照内资企业组织类型划分（如表 4-10 所示），内资企业中的国有企业在绝大多数产学合作行为中合作水平显著；而股份有限公司仅在接受毕业生就业数、合作订单培养数和共同开发课程数方面较为显著。

若按照所有制类型划分（如表 4-11 所示），外资企业在绝大多数的产学合作行为（学校为企业提供技术服务除外）中比私营企业的合作水平更高；私营企业在合作订单培养方面比国有企业显著。表 4-2 中的假设 1E 和假设 1F 得到验证，而假设 1G 未能通过。

4. 企业技术采用特性对产学合作的影响

采用不同技术的企业拥有不同的技能人力资本，本部分研究以参加产学合作的企业是否为"高新技术企业"为解释变量（虚拟变量）建立回归模型，以普通企业为常数项，回归分析结果如表4-12所示。

回归结果显示，和普通的非高新技术企业（常数项）相比，高新技术企业在接受毕业生就业数、合作订单培养数、共同开发课程数、共同开发教材数等实质性产学合作行为指标中水平显著（假设1H通过）；学校在为高新技术企业培训员工数方面水平显著，但在为企业提供技术服务方面则主要面向普通的非高新技术企业。

表4-12 高新技术企业对产学合作行为影响的回归结果

解释变量：是否高新技术企业	接受毕业生就业数	接受顶岗实习学生数	合作订单培养数	共同开发课程数	共同开发教材数	支持学校兼职教师数	向学校捐赠设备值	学校为企业提供技术服务年收入	学校为企业培训员工数
普通企业（常数项）	5.99*	12.85*	9.74	0.93	0.58*	1.57*	14.01	8.17	19.96*
高新技术企业	3.48*	0.51	5.22*	0.30*	0.36*	0.18	24.05	−3.85*	9.25*

注：* 代表显著性水平为 $p<0.05$。

4.4.2 企业合作策略、合作历史对产学合作的影响

前一节研究发现，企业与高职院校产学合作水平受企业技能人力资本专用性差异的影响，而技能人力资本专用性差异与企业所属行业（产业）、规模、类型和技术采用密切相关。由于产学合作水平大小还取决于交易稳定性，所以，除了技能人力资本专用性，产学合作水平还跟企业是否采取了投资策略相关，本小节将聚焦于合作企业的合作策略与合作历史。

1. 企业合作策略对产学合作的影响

国外学者的研究发现，企业对于顶岗实习生的留用率可在一定程度上反映企业的产学合作策略。① 因此，本章首先引入留用率指标，并根据上述研究区分了企业的三种产学合作策略：市场策略（留用率低于20%）、投资策略（留用率高于80%）、混合策略（留用率为20%～80%）。在此基础上，分析采用不同产学合作策略的企业对其产学合作行为的影响（以混合策略为常数项）。表4-13 回归

---

① Jens Mohrenweiser，Uschi Backes-Gellner. Apprenticeship Training-What for？Investment in Human Capital or Substitution of Cheap Labour？［J］. International Journal of Manpower，2008，31（17）.

结果显示，采取投资策略的企业在接受毕业生就业数、合作订单培养数、共同开发课程数、共同开发教材数、支持学校兼职教师数、向学校捐赠设备值等多种产学合作行为值标水平明显优于采取市场策略的企业；采取市场策略的企业仅仅在接受顶岗实习学生数这一单项合作上明显高于采取投资策略的企业，在其他产学合作行为方面与采取投资策略的企业相比差距显著。因此，表 4-2 中的假设 2A 和假设 2B 验证通过。

表 4-13　企业产学合作策略对产学合作行为影响的回归结果

解释变量：产学合作策略	接受毕业生就业数	接受顶岗实习学生数	合作订单培养数	共同开发课程数	共同开发教材数	支持学校兼职教师数	向学校捐赠设备值	学校为企业提供技术服务年收入	学校为企业培训员工数
混合策略（常数项）	5.92	12.79*	12.62*	0.90*	0.60*	1.50*	2.99	2.17*	24.99*
市场策略	-4.28	6.80*	-4.95	-0.16*	-0.19*	-0.05	2.49	-0.43	-4.49
投资策略	4.12*	-2.81*	50.8*	0.40*	0.15*	0.15	6.81*	1.10	5.22

注：* 代表显著性水平为 $p<0.05$。

2. 合作历史对产学合作的影响

本部分研究分别以企业与高职院校合作时间超过 5 年和合作时间低于 5 年为解释变量（虚拟变量）建立回归模型，回归分析结果如表 4-14 所示。

表 4-14　产学合作历史对企业产学合作行为影响的回归结果

解释变量：产学合作历史	接受毕业生就业数	接受顶岗实习学生数	合作订单培养数	共同开发课程数	共同开发教材数	支持学校兼职教师数	向学校捐赠设备值	学校为企业提供技术服务年收入	学校为企业培训员工数
低于 5 年（常数项）	5.71	12.43	8.93	0.90	0.55	1.45	10.86	7.46	18.68
超过 5 年	2.70*	3.92*	2.22*	0.21*	0.25*	0.80*	35.27*	7.38*	10.78*

注：* 代表显著性水平为 $p<0.05$。

回归结果显示，与高职院校建立合作关系历史较长（合作时间超过 5 年）的产学合作企业在所有的产学合作行为方面显著优于合作时间较短的企业（常数项）。

至此，假设 2 中所有指标得以通过。

4.4.3 投资型企业与实质性产学合作

通过前面两小节的研究结果可以发现：企业与高职院校产学合作水平与其专用技能人力资本投资需求大小和是否具有投资策略相关。具体来说，人力资本专用性越强的企业（如制造业企业、大规模企业、外资企业和高新技术企业）和高职院校产学合作的水平越高（表 4-2 中的假设 1）；越具有投资策略的企业和高职院校产学合作的水平也越高（表 4-2 中的假设 2）。本部分研究将证明假设 3：人力资本专用性强并采取投资策略的企业（本书暂定义为投资型企业）对参与高职院校实质性合作具有显著影响。

表 4-15 的回归结果可以发现，自变量为投资型企业的虚拟变量①对合作企业接受毕业生就业数、与院校合作订单培养数两个实质性合作指标影响显著，而对于合作企业接受顶岗实习学生数这一非实质性合作指标影响不显著，作为控制变量的院校等级因素（是否"国家示范院校"）影响不显著。表 4-2 中的假设 3 得以验证通过。

表 4-15 投资型企业对实质性产学合作行为影响的回归结果

自变量	接受毕业生就业数	合作订单培养数	接受顶岗实习学生数
（常数项）	5.06**	11.55**	14.68
投资型企业	10.45**	12.14**	0.82
国家示范院校	−0.76**	−2.03*	0.39

注：*、** 分别代表显著性水平为 $p<0.05$、$p<0.01$。

4.5 结果与讨论

4.5.1 假设验证结果小结

综合上一节实证分析，本章所有统计模型对假设的验证结果如表 4-16 所示。从该分析结果可以清楚地发现，实证研究结果支持本章开初提出的大部分研究假设。

---

① 投资型企业虚拟变量作如下处理：兼具制造业、大规模、外资、高新技术特征并采取投资策略的企业。

表 4-16　企业参与产学合作影响因素假设验证情况汇总

假设	指标	验证情况
假设 1： 企业技能人力资本专用性决定其技能投资行为进而影响其产学合作行为与水平，而技能人力资本专用性大小和企业所属产业和行业、企业规模大小、企业性质或类别、企业技术采用等特性密切相关	1A：第二产业的企业产学合作水平显著	通过
	1B：制造业门类的企业产学合作水平显著	通过
	1C：制造业中资本、技术密集型行业产学合作水平显著	通过
	1D：企业规模越大产学合作水平越高	通过
	1E：外资（三资）企业产学合作水平高	通过
	1F：私营企业的产学合作水平较高	通过
	1G：国有企业产学合作水平较低	未通过
	1H：高新技术企业产学合作水平更高	通过
假设 2： 企业合作策略、历史对产学合作行为具有显著影响	2A：采取投资策略的企业产学合作水平高	通过
	2B：采取市场策略的企业仅在接受顶岗实习学生数上高于其他企业	通过
	2C：合作历史长的企业产学合作水平高	通过
假设 3： 人力资本专用性强并采取合作策略的企业（投资型企业）倾向于和高职院校开展实质性产学合作	3A：投资型企业（人力资本专用性强并采取投资策略的企业）在实质性产学合作行为方面（订单培养、接受毕业生）水平高	通过
	3B：投资型企业（人力资本专用性强并采取投资策略的企业）在非实质性产学合作行为方面（顶岗实习）水平不显著	通过

4.5.2　结论与讨论

本章从企业技能人力资本的角度，讨论了企业与高职院校开展产学合作的影响因素。研究发现，企业开展产学合作的行为与水平受其技能人力资本专用性和技能获取策略的影响。

1. 资本密集行业的企业对产学合作影响显著

从三大产业来看，资本、技术密集的第二产业产学合作水平显著；从行业门类来看，（以制造业为代表的）资本、技术密集型行业在绝大多数的产学合作行为中优势明显；而（以住宿餐饮、居民服务业为代表的）劳动密集型行业的产学合作行为以接受顶岗实习学生、接受毕业生为特征，合作水平相对较低。对照国外人力资源领域的研究，以行业分类作为企业人力资本专用水平的衡量标志，被较为广泛的应用。因此可以认为，以行业变量来衡量的技能专用性差异与产学合作水平之间存在显著相关性。

2. 大规模企业对产学合作影响显著

大型企业拥有更多的技能专用人力资本和投资倾向，所以在接受毕业生就业、接受顶岗实习学生、合作订单培养、共同开发教材、学校为企业培训员工等大多数产学合作行为中，大企业比中小企业合作水平更高；而由于高职院校技术服务能力较低，目前院校主要面向为小型企业提供技术服务；而微型企业与学校在共同开发课程方面的合作较为显著。

3. 外资企业在产学合作行为上表现出显著差异

在绝大多数的产学合作行为中，外资企业比国有企业合作水平更高；私营企业仅在订单培养方面比国有企业更显著。国有企业产学合作水平低的假设未能全部通过的原因可能在于国有企业的行为合法性原则优于效率原则。根据新制度经济学的观点，私营企业基于经济理性，往往重视技术环境；而国有企业由于重视组织的制度环境，即合法性原则往往优于效率原则。国有企业的产权特征导致其技能获取方式和产学合作并非出自效率，而仅仅出于外部制度环境的认可。其结果必然导致其技能获取方式与产学合作方式和效率原则相悖。私营企业一般采取市场型战略，由于我国私营企业刚刚起步，出于规模和财力约束，小型私营企业往往依靠劳动力市场获取现成技能（而非生产或者开发技能）；而国有企业如果"基于工作的人力资源战略"，也较少主动对技能投资，其开展的产学合作活动目的可能为了提升企业社会地位和高管的社会声望，从而更有利于企业和企业高管未来更好地从社会环境中获取资源。

4. 高新技术企业对产学合作有显著影响

高新技术企业由于采用先进技术、技术进步较快，对于技能专用性人力资本的需求量也比较大，所以在接受毕业生就业、合作订单培养、共同开发课程、共同开发教材等多数产学合作行为方面水平显著；同时，因为高职院校本身技术服务能力的限制，在为企业提供技术服务方面主要面向的是普通（非高新技术）企业。

5. 采取投资策略的企业对产学合作行为有显著影响

采取投资策略的企业在接受毕业生就业、合作订单培养、共同开发课程、共同开发教材、支持学校兼职教师、向学校捐赠设备等产学合作行为的水平明显优于采取市场策略的企业；而采取市场策略的企业仅仅在接受顶岗实习学生数上明显高于采取投资策略的企业，在其他产学合作行为方面与采取投资策略的企业相比差距较大。

6. 产学合作历史对企业产学合作行为有显著影响

企业与学校合作时间越长，产学合作水平越显著。

7. 只有投资型企业才会与院校开展实质性产学合作

尽管技能人力资本专用性越强或采取投资策略的企业产学合作水平也越为显

著，但从本章研究结果来看：只有投资型企业（人力资本专用性强并采取投资策略的企业）才倾向于和高职院校开展实质性的产学合作。

4.6 本章小结

本章从专用技能需求者——企业的角度，以2011年度教育部高等职业院校人才培养工作状态数据和专项调查数据为基础，在理论和实证两个方面论证了企业专用人力资本对产学合作水平的影响，即企业技能专用性人力资本越强，产学合作水平越高；投资型企业倾向于和高职院校开展实质性产学合作。具体来说，可以总结为以下三点内容。

第一，企业专用技能人力资本需求因受所属行业、技术采用、规模、所有制影响进而影响其产学合作行为与水平。

第二，产学合作行为与水平还受企业合作策略、与院校合作历史等多种因素的影响。投资型企业（兼具专用技能投资需求和投资策略的企业）才有可能与高职院校开展实质性的产学合作；而小企业、劳动密集型企业、非高新技术企业的产学合作动力主要在于获取技术与技能从而降低企业生产成本。

第三，从政策启示上来说，政府、企业和高职院校都需反思各自在技能人力资本形成中的角色。政府支持重点院校建设并不能直接提高校企合作水平，政府的政策工具更应着力于如何引导并提高企业参与校企合作的积极性。高职院校在与投资型企业开展合作过程中，要注意提高教师的高新技术服务能力；在与非投资型企业开展以"用人"为基础的校企合作过程当中，高职院校要注意趋利避害，要努力提高学生顶岗实习质量、保障实习生权益。

第5章 办学主体对高职院校产学合作行为的影响

前面第三章论述了在以技能型人力资本专用化为目标的产学合作活动过程中，企业与高职院校两大主体建立了某种投资契约关系，而企业与高职院校产学合作的紧密程度主要取决于企业技能专用性和企业是否采取投资策略（所谓的投资型企业）。但上述讨论基于一个前提：将校企两大合作主体间的合作保障措施（或者不确定性）作为一个常数。在现实的产学合作活动中，经常可以看到同一个企业与有的院校产学合作关系非常紧密甚至呈现了一体化的趋势，而和另外一些院校仅仅是松散的、浅层次的合作关系。

办学主体是指为设置高职院校提供必要的经费和基本办学条件者，一般包括中央和地方教育部门、中央和地方非教育行政部门（主要为行业主管部门）、行业、企业（集团）和具有法人资格的公民及其他社会团体。[①] 高职院校通过产学合作培养高端技能人才，从而满足企业、行业与社会的技能资本需求。但不同办学主体的职业院校与企业的产学合作是否存在着合作行为与合作水平的差异？如果有，这些差异与办学主体之间是否存在某种关联？本章以这一现实问题为出发点，从基于新制度经济学的专用性人力资本的视角进行实证分析与解释。

本章结构做如下安排：第1节在理论分析的基础上，建立了一个人力资本专用性和组织保障措施的研究框架与假设，在第2节的研究设计和数据说明的基础上，第3节就影响产学合作行为的办学主体差异和其他影响因素进行实证研究，第4节提出了结论和讨论，第5节是本章小结。

---

① 根据教育部门《高等教育事业基层统计报表》和高职高专院校人才培养工作水平评估中高等职业院校人才培养工作状态数据采集与管理平台统计口径，下同。

5.1 理论分析与研究假设

相同企业与不同的高职院校开展的产学合作行为与合作水平存在差异,有些产学合作可能是浅层次的,有些合作可能是深层次的。这些客观存在的差异可能来自学校、企业、政府、专业甚至学生个体等多方面的因素,而本章主要从院校的角度特别是院校办学主体差异的角度对产学合作行为、水平的影响进行研究。

正如前面所分析的,与高职院校产学合作可以看作是企业对高职院校基于技能的投资交易:交易的一方——高职院校为技能的卖方;而另一方——企业为技能的买方。交易双方总是选择使交易费用最小的交易方式。而哪种交易费用最小,将根据交易过程中技能专用化程度、交易频率(合作传统和历史)和不确定性(组织保障程度)等变量来确定。(1)在不存在技能专用性投资或技能专用性程度低(无论不确定性程度或交易频率大小)的情况下,技能买卖双方将依赖(劳动力)市场达成交易。(2)技能专用性程度、交易频率较高和不确定性较高的交易主要依靠统一治理,通过企业或科层(Hierarchy)来完成交易。(3)处于两者之间的属于新古典契约和关系型契约,通过市场与科层之外的混合形式来完成。所以说,当上述三个变量都可变动时,作为核心属性的技能专用性决定了治理结构。

理论上说,当企业面临技能需求的时候,可有如下三个选择:一是厂内培训(企业承担全部成本);二是从劳动力市场中购买现成技术(企业不承担交易成本);三是与学校合作培养人才(企业承担部分成本)。下面将技能人力资本专用性与保障措施之间的关系描述为如图 5-1 所示:k 代表技能专用性,s 代表保障措施,企业所需通用技能可直接从市场购买(A 点,无须产学合作);企业所需的高度专用技能,可以选择企业内部培养(D 点);当然,企业也可以选择在有保障措施($s>0$)的前提下,参与产学合作共同培养技能(C 点)。

所以说,企业所需要的通用技能一般可以从市场购买从而规避交易成本;而对于市场上较难购得(或价格较高)的专用技能,企业可从"独自生产"或与学校"合作生产"两种方式中选择。而和"独自生产"相比,与学校"合作生产"似乎更有风险。企业和高职院校进行的任何实质性合作(比如订单培养)都需要前期学校诸如师资、设备、时间等专用性投资。而这些前期专用投入对企业来说都将产生所谓的"可占用的专用准租金"(Appropriable Specialized Quasi Rents)[①]。而且资产专用性越高,所带来的准租值就越多,出现机会主义行为的可能也更大——

---

① 威廉姆森,斯科特·马斯滕. 交易成本经济学——经典名篇选读[M]. 北京:人民出版社,2008:71.

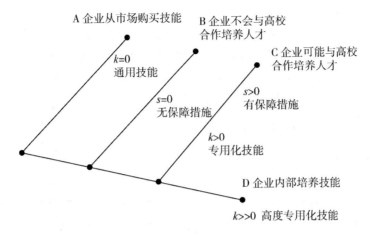

图 5-1 技能专用性、保障措施与企业参与产学合作的动力

比如合作订单培养的学生毕业后流向市场而不在产学合作单位工作,企业的前期专用性投入将颗粒无收。所以对于行业、企业所需的市场上较难购买的专用技能,行业、企业或者"独自生产",或者在有制度措施保障安全的前提下与学校合作生产。而对行业、企业来说,大量"独自生产"技能无疑是不经济的做法。基于新制度经济学的技能专用性和保障措施分析框架,可以解释、解决这一问题。从图 5-1 可以看出,企业办学可以看作某种纵向一体化(科层治理)的情形,而行业办学可以看作增加安全保障措施的情形。行业或企业办学过程中,学校举办方前期已经投入的教学场所、教学建筑设备和师资等办学条件都成为无法撤回的专用场地、专用实物资产和专用人力资本投资,产学合作双方一定程度上已经"内部组织化"。而正因为合作双方这种"内部组织化"的安全保障,行业、企业与院校的产学合作才有实现的可能——因为此时企业的合作风险已降到最低,企业对院校的技能投资最接近于"独自生产"专用性技能。

综上所述,本章研究的一个基本假设是:相对于其他办学主体,企业与行业办学因前期专用性投入并存有"安全保障措施"而更容易产生深层次(或实质性)产学合作。

5.2 研究设计与数据说明

鉴于实证研究所收集的数据质量将直接关系研究质量。因此,本节将从数据来源、模型与变量说明、数据的描述性统计等方面进行阐述。

5.2.1 数据来源

本章研究所使用的数据来源于教育部 2011 年度高等职业院校人才培养工作

状态数据和教育部课题专项调查。① 为深入分析影响产学合作教育行为的因素，相关调研从 2010 年 10 月开始实施，历时 3 年。调查方式包括：内部资料查询、网络调研、走访、电话访谈等方式。调查对象为与全国各地、各级、各类高职院校进行实际产学合作的企业，总共收集到数据资料涉及高职院校 112 所，产学合作企业 8 021 家，产学合作项目样本数 11 235 次。

5.2.2 模型与变量说明

1. 模型说明

本章主要研究办学主体对产学合作行为的影响，被解释变量 Y 为各种产学合作行为的水平。各种产学合作行为均采用如下基本模型就影响产学合作水平的办学主体差异进行评估。

模型 1：

$$Y_n = \alpha + \beta X_1 + \varepsilon \tag{5-1}$$

模型 2：

$$Y_n = \alpha + \beta X_1 + \delta X + \varepsilon \tag{5-2}$$

2. 因变量说明

被解释变量 Y 为产学合作水平。根据教育部高等职业院校人才培养工作水平评估内涵指标和与之对应的高等职业院校人才培养工作状态数据采集与管理平台统计口径，被解释变量 Y_n 具体包括如下产学合作行为指标：企业与合作院校共同开发课程数、企业与合作院校共同开发教材数、企业支持学校兼职教师数、企业接受顶岗实习学生数、企业向学校捐赠设备值、学校为企业提供技术服务年收入、学校为企业培训员工数、企业与学校合作订单培养数、企业接受毕业生就业数，等等。

3. 自变量说明

解释变量 X_1 为高职院校办学主体类型。为了研究的聚焦，本章引入教育部门、行业部门、行业、企业、公民和其他社会团体五个办学主体的虚拟变量。② 模型 1 重点讨论行业、企业举办与其他主体举办的高职院校产学合作行为与水平合作差异。

除了办学主体差异，可能影响产学合作水平的院校因素可能还包括了院校类型、院校级别、院校历史、办学实力和规模等因素。根据以往的研究成果，本研究将模型 2 式（5-2）中的 X 定义为反映院校特征的一组控制变量，该组控制变

---

① 教育部重点课题"校企合作共建实训基地研究"（GKA103004）。
② 根据教育部高等职业院校人才培养工作状态数据采集与管理平台统计口径，举办方（学校的上级主管部门或为设置教育机构提供必要的经费和基本办学条件者）包括：中央部门、地方教育部门、地方非教育部门和民办院校；上级主管包括：政府、行业、企业（集团）、具有法人资格的公民和其他社会团体。为了研究的聚焦，本书将高职院校办学主体区分为教育部门、行业部门、行业、企业和公民等办学主体。

量按照如下分类和顺序（如表5-1所示）与解释变量 X_1 一同进入 SPSS19.0 软件进行分层回归分析。

（1）反映院校类型的变量。根据高职院校评估指标体系分类，具体包括：综合院校、理工院校、农业院校、林业院校、医药院校、师范院校、语文院校、财经院校、政法院校、体育院校、艺术院校、民族院校。

（2）反映院校级别的变量。2006年，教育部和财政部开始启动了被称为"高职211"的百所示范性高等职业院校建设项目；2011年，江苏省教育厅和财政厅启动了11所省级示范性高等职业院校立项建设。和一般院校相比，一般来说，经历了层层评审的国家级示范（骨干）院校和省级示范院校代表了高职院校的实力等级。所以，本控制变量具体分为国家级示范院校、省级示范院校和一般院校。

（3）反映院校性质的变量，具体包括公办和民办两种。

（4）反映院校建校历史的变量，具体分为建校历史小于10年和大于10年两种情况。

（5）反映院校规模指标的变量，具体包括专任教师数、在校生数、生师比和生均占地面积。

（6）反映院校办学实力的变量，具体包括专任教师高级比例，专任教师双师比例、生均实践场地、生均图书数量等。

表5-1　产学合作项目（调查样本）院校特征与自变量说明

因素	变量名称	样本数①	平均值	标准差	变量说明
控制变量	产学合作项目实施院校类型（项）	11 221	2.23	2.27	
	综合院校	1 809			
	理工院校	7 158			
	农业院校	576			
	林业院校	1			
	医药院校	138			双值
	师范院校	144			(1、0)
	语文院校	1			变量
	财经院校	1 212			
	政法院校	1			
	体育院校				
	艺术院校	179			
	民族院校	1			

---

① 产学合作一般以专业为单位，故总计11 234次产学合作行为样本数以产学合作的专业次数为统计单位，下同。

续表

因素	变量名称	样本数	平均值	标准差	变量说明
控制变量	产学合作项目实施院校级别（项）	11 234	1.5	0.74	双值（1、0）变量
	国家级示范（骨干）院校	7 246			
	省级示范院校	2 347			
	一般院校	1 641			
	产学合作项目实施院校性质（项）	11 233			双值（1、0）变量
	公办	10 146			
	民办	1 087			
	产学合作项目实施院校建校历史（项）	5 077			双值（1、0）变量
	建校历史＞10 年	2 357			
	建校历史＜10 年	2 720			
	产学合作项目实施院校规模指标（项）	11 234			
	产学合作项目实施院校办学实力（项）	11 234			
解释变量	产学合作项目实施院校办学主体（项）	11 234			双值（1、0）变量
	政府教育部门	6 810			
	政府行业部门	2 688			
	行业	798			
	企业（集团）	755			
	公民和其他社会团体	183			

注：数据来自高等职业院校人才培养工作状态数据采集与管理平台 2011 年度数据。

5.2.3 数据（调查样本）的统计描述

产学合作项目办学主体分布在本书研究的 11 234 次产学合作行为（项目）调查样本中，涉及的办学主体包括教育部门、行业部门、行业、企业（集团）、公民和其他社会团体。其中，教育部门举办的高职院校占总数的 61%，其余各类办学主体所占百分比描述统计如图 5-2 所示。

第5章 办学主体对高职院校产学合作行为的影响

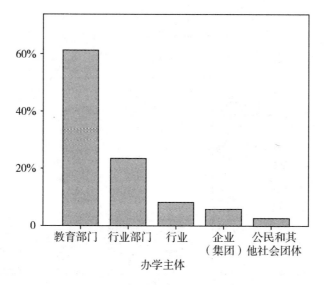

图 5-2 产学合作办学主体分布

产学合作项目院校类别分布在本书研究的 11 234 次产学合作调查样本数中，涉及的学校类型包括综合院校、理工院校、农业院校、林业院校、医药院校、师范院校、语文院校、财经院校、政法院校、体育院校、艺术院校和民族院校。其中，理工院校占样本总数的 64%，其余各类别所占百分比描述统计如图 5-3 所示。

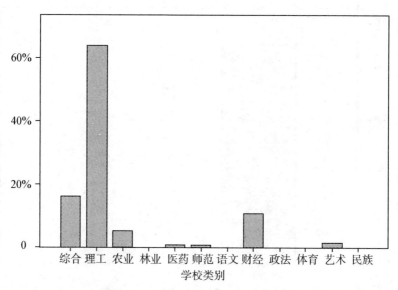

图 5-3 产学合作院校类别分布

产学合作项目院校级别分布在本书研究的 11 234 次产学合作调查样本数中，涉及国家级示范（骨干）院校、省级示范院校与一般院校。其中国家级示范（骨干）院校占样本总数的 65%，其余各类别所占百分比描述统计如图 5-4 所示。

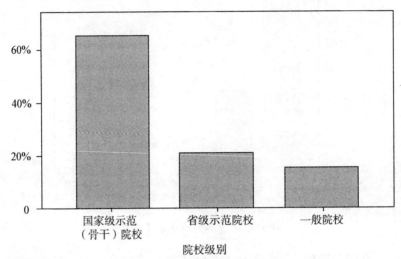

图 5-4　产学合作院校等级分布

产学合作项目院校性质分布在本书研究的 11 234 次产学合作调查样本数中，涉及公办院校与民办院校两类，其中公办院校占 90%，民办院校占 10%，描述统计如图 5-5 所示。

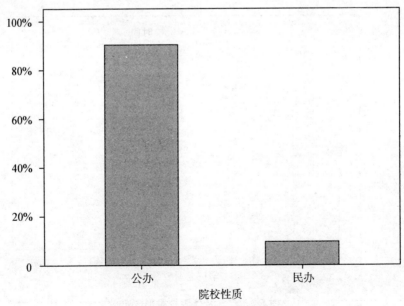

图 5-5　产学合作院校性质分布

从图 5-6 可以发现，在调查的产学合作院校中，以 1999 年后成立（或合并升格）的高职院校居多。如以 2000 年为基准年，分别将调查的高职院校定义为"建校时间大于 10 年"和"建校时间小于 10 年"两种情况。可以发现，调查院校中将近 60% 的院校为新建高职院校，而这与我国 20 世纪 90 年代末高职教育兴起的时间高度吻合。

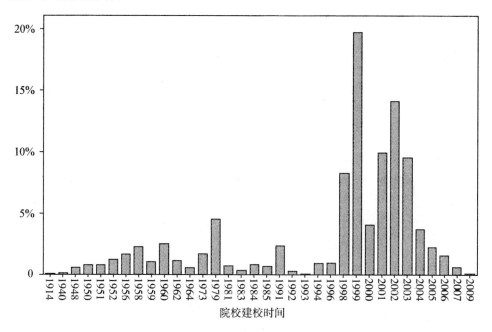

图 5-6 产学合作院校建校时间分布

5.3 实证分析

5.3.1 办学主体差异对产学合作行为的影响

如前所述，高职院校与企业的产学合作包括企业接受毕业生就业、接受顶岗实习学生、合作订单培养、共同开发课程、共同开发教材、支持学校兼职教师、企业向学校捐赠实训设备、学校为企业提供技术服务和学校为企业培训员工等合作行为。本小节将首先对解释变量——办学主体类型与上述产学合作行为、合作水平之间的关系逐一作实证分析。

1. 办学主体差异与（合作企业）接受毕业生就业水平

表 5-2 呈现了不同办学主体的高职院校在合作企业接受毕业生就业人数指标上的描述统计。

表5-2 不同办学主体的高职院校与合作企业接受其毕业生就业人数（个）的描述统计

办学主体	样本数	均值	标准差	合计
教育部门	5 322	5.62	9.88	29 893
行业部门	2 141	5.65	8.98	12 095
行业	514	5.59	8.33	2 873
企业（集团）	574	7.74	12.73	4 442
公民和其他社会团体	174	6.13	10.97	1 067
总计	8 725	5.77	9.83	50 370

注：资料由作者根据高等职业院校人才培养工作状态数据采集与管理平台的2011年度数据整理而来。

从表5-2中可以直观地发现，企业（集团）作为办学主体的高职院校，其合作企业"接受其毕业生就业人数"的均值指标明显高于由其他办学主体举办的高职院校。

表5-3的回归结果进一步显示，在不考虑其他影响因素的情况下（模型1），由企业（集团）举办的高等职业院校在其合作企业的接受毕业生就业数指标上估计系数显著为正数。模型1的估计结果显示，企业举办的高职院校，其产学合作企业年接受毕业生就业数高出教育部门举办高职院校约1.66个人。

而在引入其他控制变量之后（模型2），发现行业和企业为主体办学都呈正数显著（接受毕业生就业数分别比教育部门办学高出8个和4.35个）。

表5-3 不同办学主体对企业接受其毕业生人数影响的回归结果

解释变量	模型1		模型2	
	B	标准误差	B	标准误差
教育部门（常量）	5.70	0.21	4.93	0.28
行业部门	0.00	0.61		
行业	−0.13	0.54	7.99*	1.67
企业（集团）	1.65*	0.69	4.35*	1.22
办学公民办学	0.54	0.99		

注：模型1和模型2分别表示"不引入其他控制变量"和"引入其他控制变量"两次回归；*代表显著性水平为$p<0.05$。

2. 办学主体差异与（合作企业）接受顶岗实习学生水平

表5-4和表5-5分别反映了企业与不同办学主体的高职院校在接受顶岗实习

学生数量和实习时间指标上的描述统计。

表 5-4　不同办学主体的高职院校与合作企业接受其顶岗实习学生数（个）的描述统计

办学主体	样本数	均值	标准差	合计
教育部门	6 053	11.94	19.75	72 303
行业部门	2 454	12.91	20.11	31 679
行业	594	10.04	12.99	5 966
企业（集团）	660	13.45	20.42	8 876
公民和其他社会团体	178	17.75	24.03	3 160
总计	9 939	12.27	19.66	121 984

注：资料由作者根据高等职业院校人才培养工作状态数据采集与管理平台2011年度数据整理而来。

表 5-5　不同办学主体的高职院校与合作企业接受其顶岗实习学生时间（月）的描述统计

办学主体	样本数	均值	标准差	合计
教育部门	5 118	5.75	6.06	29 439
行业部门	2 719	6.53	8.57	17 746
行业	53	4.29	1.97	227
企业（集团）	310	7.05	2.65	2 187
公民和其他社会团体	175	4.80	1.71	840
总计	8 375	6.02	6.84	50 439

注：资料由作者根据高等职业院校人才培养工作状态数据采集与管理平台2011年度数据整理而来。

从表5-4和表5-5中可以看出，由企业（集团）举办的高职院校，其合作企业无论是在接受顶岗实习生数目还是提供的实习时间两项指标的均值上都高于教育部门等其他办学主体举办的高职院校。

表5-6的回归结果显示，在不考虑其他影响因素的情况下（模型1），由行业部门、行业、企业（集团）或公民和其他社会团体举办的高等职业院校在其合作企业"接受顶岗实习学生数"的指标上都高于教育部门举办的高等职业院校。而在引入其他控制变量的情况下（模型2），只有行业和企业作为办学主体的高等职业院校呈现正数显著（接受顶岗实习人数分别比教育部门办的高等职业院校高出7.77个和3.95个）。

表 5-6　不同办学主体的高职院校对企业接受其顶岗实习学生人数影响的回归结果

解释变量	模型 1		模型 2	
	B	标准误差	B	标准误差
教育部门（常量）	11.52	0.37	−21.22	6.82
行业部门	4.29*	1.05		
行业	−2.16*	0.93	7.77*	2.56
企业（集团）	3.03*	1.14	3.95*	1.58
公民和其他社会团体	6.63*	1.79		

注：模型 1 和模型 2 分别表示"不引入其他控制变量"和"引入其他控制变量"两次回归；* 代表显著性水平为 $p<0.05$。

根据国外学者 Jens Mohrenweiser 和 Uschi Backes-Gellner 的研究，用顶岗实习来衡量产学合作水平不仅要看企业提供的实习生岗位数量，还应衡量（产学合作）企业所提供实习岗位的实习时间、实习岗位差异和留用率差异。[①] 本部分研究首先就企业所提供实习岗位的实习时间、实习岗位差异进行研究。在实习岗位差异指标，国外的类似研究曾把高技能（实习）岗位定义为非生产性工人（Non-production Labor），把低技能（实习）岗位定义为生产性工人（Production Labor）。[②] 本章根据上述判定标准将所有调查样本中的实习岗位逐一判别归类为高技能（或低技能）实习岗位[③]。通过表 5-7 回归分析发现：企业办学主体的高职院校能提供时间更长的顶岗实习；而行业部门办的高职院校产学合作企业在实习岗位质量方面都显著优于其他办学类型的高职院校。

表 5-7　不同办学主体的高职院校对企业接受其学生顶岗实习时间和实习质量影响的回归结果

解释变量	顶岗实习时间		岗位性质（是否高技能岗位）	
	B	标准误差	B	标准误差
教育部门（常量）	5.75*	0.09	0.15*	0.005
行业部门	0.77*	0.16	0.05*	0.009
行业	−1.46	0.94	−0.07	0.052
企业（集团）	1.30*	0.40	0.02	0.022
公民和其他社会团体	−0.95	0.52	0.04	0.029

注：* 代表显著性水平为 $p<0.05$。

---

① Mohrenweiser J, Backesgellner U. Apprenticeship Training — What for?：Investment in Human Capital or Substitution of Cheap Labour? [J]. International Journal of Manpower, 2008, 31 (17).

② 周礼. 技术进步与人力资本形成 [D]. 浙江大学博士学位论文, 2006：64.

③ 由 HR 总监根据"实习岗位"判断，高技能岗位包括管理人员、技术人员等；除此之外为低技能岗位。

根据 Jens Mohrenweiser 和 Uschi Backes-Gellner 对企业实习培训的研究，本章将用实习生留用率（计算公式为：企业当年招聘的该专业实习生除以该年度所使用的该专业顶岗实习生数量）来衡量企业与高职院校的实质性产学合作水平。表 5-8 反映了不同办学主体的高职院校在该指标上的描述统计。

表 5-8 不同办学主体的高职院校与企业对其实习生留用率（%）的描述统计

办学主体	样本数	均值	标准差	合计
教育部门	2 467	0.63	0.50	1 577.28
行业部门	339	0.51	0.42	173.91
行业	404	0.89	0.78	329.21
企业（集团）	259	0.56	0.54	147.32
公民和其他社会团体	109	0.49	0.46	45.66
总计	3 578	0.63	0.54	2 273.38

注：资料由作者根据高等职业院校人才培养工作状态数据采集与管理平台 2011 年度数据计算而得。

从表 5-8 可以看出，行业举办的高职院校，产学合作企业在实习生留用率均值指标上远高于其他办学主体举办的高职院校。

表 5-9 的回归结果显示，在不考虑其他影响因素的情况下，由行业举办的高职院校在其合作企业实习生留用率的指标上估计系数正数显著。估计结果显示，行业办学的高职院校，其产学合作企业年度留用率显著高于教育部门举办高职院校教育部门除外。在进一步引入其他控制变量的情况下，行业和企业办学仍呈现正数显著。

表 5-9 不同办学主体的高职院校与企业对其实习生留用率影响的回归结果

解释变量	模型 1		模型 2	
	B	标准误差	B	标准误差
教育部门（常量）	0.63	0.01	0.71	0.01
行业部门	−0.12*	0.03		
行业	0.17*	0.02	0.33*	0.03
企业（集团）	−0.07*	0.03	0.07*	0.06
公民和其他社会团体	−0.22*	0.05		

注：模型 1 和模型 2 分别表示"不引入其他控制变量"和"引入其他控制变量"两次回归；* 代表显著性水平为 $p<0.05$。

3. 办学主体差异与（合作企业）合作订单培养水平

订单培养是指企业根据岗位需求与学校签订用人协议后，高职院校以企业订单确定教育目标，是企业实质性参与教学活动的产学合作模式。其一般实施方式为：学校根据企业的技能需求和订单来设计专业教学计划、课程设置、课程标准，企业根据需要为实践性课程提供合适的师资、教学设施，并通过工学交替等方式安排学生在企业实习，学生毕业后直接到订单培养企业就业。

表 5-10 呈现了不同办学主体的高职院校在与企业合作订单培养数上的描述统计。从表 5-10 中可以发现，教育部门举办的高职院校，其合作订单培养数均值指标上高于其他办学主体类型的高职院校。

表 5-10　不同办学主体的高职院校与合作订单培养数（个）的描述统计

办学主体	样本数	均值	标准差	合计
教育部门	3 470	10.27	27.14	35 622
行业部门	1 619	8.46	20.57	13 702
行业	266	5.78	15.88	1 538
企业（集团）	500	8.18	18.63	4 089
公民和其他社会团体	140	8.64	35.47	1 209
总计	5 995	9.37	24.72	56 160

注：资料由作者根据高等职业院校人才培养工作状态数据采集与管理平台 2011 年度数据整理而来。

表 5-11 的回归结果进一步显示，在不考虑其他影响因素的情况下（模型 1），企业、行业举办的高职院校在合作订单培养数指标上估计系数低于教育部门举办的高职院校。

表 5-11　不同办学主体的高职院校对合作订单培养数影响的回归结果

解释变量	模型 1		模型 2	
	B	标准误差	B	标准误差
教育部门（常量）	10.38	0.41	21.27	4.12
行业部门	−2.06*	0.74		
行业	−4.60*	1.57	−11.16*	2.60
企业（集团）	−3.51*	1.24	−12.56	2.67
公民和其他社会团体	−0.211*	1.96		

注：模型 1 和模型 2 分别表示"不引入其他控制变量"和"引入其他控制变量"两次回归；*代表显著性水平为 $p<0.05$。

在引入其他控制变量之后（模型2），在合作订单培养数指标方面，以教育部门为办学主体的高职院校仍然高于行业、企业办的高职院校。

4. 办学主体差异与（合作企业）共同开发课程水平

表5-12呈现了不同办学主体的高职院校在产学合作共同开发课程指标上的描述统计。从表5-12中可以发现，行业举办高职院校与其合作企业共同开发课程的均值指标上高于其他办学主体举办的高职院校。

表5-12　不同办学主体的高职院校与合作企业共同开发课程数（门）的描述统计

办学主体	样本数	均值	标准差	合计
教育部门	3 490	0.97	1.52	3 371
行业部门	1 547	0.85	1.51	1 310
行业	287	1.18	2.00	338
企业（集团）	390	0.94	1.69	368
公民个人和其他	147	0.95	2.01	140
总计	5 861	0.94	1.57	5 527

注：资料由作者根据高等职业院校人才培养工作状态数据采集与管理平台2011年度数据整理而来。

表5-13的回归结果进一步显示，在不考虑其他影响因素的情况下（模型1），我们发现在共同开发课程数这一指标上，行业办学略高于其他办学主体举办的高职院校。在引入其他控制变量后（模型2），回归结果也与此一致。

表5-13　不同办学主体对产学合作共同开发课程数的影响

解释变量	模型1		模型2	
	B	标准误差	B	标准误差
教育部门（常量）	0.86*	0.03	1.29	0.07
行业部门	−0.21*	0.09		
行业	0.29*	0.10	0.20*	0.23
企业（集团）	−0.29*	0.10	−0.95*	0.20
公民和其他社会团体	0.03	0.14		

注：模型1和模型2分别表示"不引入其他控制变量"和"引入其他控制变量"两次回归；*代表显著性水平为$p<0.05$。

5. 办学主体差异与（合作企业）共同开发教材水平

表5-14呈现了不同办学主体的高职院校在共同开发教材数指标上的描述统计。从中可以发现由行业举办的高职院校与合作企业的共同开发教材数均值指标

都高于其他办学主体举办的高职院校。

表 5-14　不同办学主体的高职院校与合作企业共同开发教材数（本）的描述统计

办学主体	样本数	均值	标准差	合计
教育部门	3 106	0.66	1.20	2 060
行业部门	1 466	0.45	0.96	667
行业	266	0.85	1.71	226
企业（集团）	327	0.48	1.01	158
公民和其他社会团体	144	0.53	0.95	77
总计	5 309	0.60	1.16	3 188

注：资料由作者根据高等职业院校人才培养工作状态数据采集与管理平台 2011 年度数据整理而来。

表 5-15 的回归结果进一步显示，在不考虑其他影响因素的情况下（模型1），行业办学的高等职业院校在与合作企业共同开发教材数指标上高于其他类型的办学主体。在引入其他控制变量的情况下（模型2），共同开发教材数这一指标行业办学依然显著。

表 5-15　不同办学主体对产学合作共同开发教材数的影响

解释变量	模型 1		模型 2	
	B	标准误差	B	标准误差
教育部门（常量）	0.64*	0.03	9.42	0.07
行业部门	−0.25*	0.07		
行业	0.21*	0.08	1.96*	
企业（集团）	−0.21*	0.09	−1.71*	0.23
公民和其他社会团体	−0.13	0.11		

注：模型 1 和模型 2 分别表示"不引入其他控制变量"和"引入其他控制变量"两次回归；*代表显著性水平为 $p<0.05$。

6. 办学主体差异与（合作企业）支持学校兼职教师水平

表 5-16 呈现了不同办学主体的高职院校在产学合作企业支持学校兼职教师数水平指标上的描述统计。从中可以发现，由行业作为办学主体的高职院校，其合作企业支持学校兼职教师数的均值指标高于其他办学主体举办的高职院校。

表 5-16　不同办学主体的高职院校与（合作企业）支持学校兼职教师数（个）的描述统计

办学主体	样本数	均值	标准差	合计
教育部门	4 384	1.63	3.30	7 129
行业部门	1 914	1.40	2.48	2 684
行业	333	2.09	3.91	697
企业（集团）	457	1.38	1.88	630
公民和其他社会团体	157	1.43	1.77	224
总计	7 245	1.57	3.04	11 364

注：资料由作者根据高等职业院校人才培养工作状态数据采集与管理平台 2011 年度数据整理而来。

表 5-17 的回归结果显示，在不考虑其他影响因素的情况下（模型 1），行业办学的高职院校在其合作企业支持学校兼职教师数指标上明显优于其他类型的办学主体。在引入其他控制变量的情况下（模型 2），进一步发现这一指标上无论行业办学还是企业办学都高于教育部门办学。

表 5-17　不同办学主体对合作企业支持学校兼职教师数的影响

解释变量	模型 1		模型 2	
	B	标准误差	B	标准误差
教育部门（常量）	1.61*	0.04	1.53*	0.11
行业部门	−0.20*	0.08		
行业	0.47*	0.17	1.18*	0.33
企业（集团）	−0.29	0.16	1.07*	0.38
公民和其他社会团体	−0.06	0.23		

注：模型 1 和模型 2 分别表示"不引入其他控制变量"和"引入其他控制变量"两次回归；* 代表显著性水平为 $p<0.05$。

7. 办学主体差异与学校为企业提供技术服务能力水平

表 5-18 呈现了不同办学主体的高职院校在学校为企业提供技术服务年收入指标上的描述统计。从表 5-18 中可以发现由教育部门举办的高职院校，为其合作企业提供技术服务年收入的均值高于其他办学主体举办的高职院校，但是标准差指标较高，说明两极分化情况严重。

表 5-19 的回归结果显示，在不考虑其他影响因素的情况下（模型 1），以行业为办学主体的高职院校为企业提供技术服务年收入的影响显著。在引入其他控制变量之后（模型 2），行业办学影响依然显著。

表 5-18　不同办学主体的学校为企业提供技术服务年收入（万元）的描述统计

办学主体	样本数	均值	标准差	合计
教育部门	2 872	28.31	1 306.79	81 314.8
行业部门	1 137	2.00	17.41	2 280.3
行业	311	6.48	24.44	2 015.2
企业（集团）	277	1.58	8.34	439.5
公民和其他社会团体	135	10.06	20.33	1 358.2
总计	4 732	18.47	1 018.13	87 407.9

注：资料由作者根据高等职业院校人才培养工作状态数据采集与管理平台 2011 年度数据整理而来。

表 5-19　不同办学主体对学校为企业提供技术服务年收入的影响

解释变量	模型 1		模型 2	
	B	标准误差	B	标准误差
（常量）教育部门	2.08*	0.30	2.40	0.81
行业部门	−1.20	0.76		
行业	4.39*	0.77	13.63*	1.91
企业	−0.48	0.89	−2.40	2.38
公民	8.05*	1.12		

注：模型 1 和模型 2 分别表示"不引入其他控制变量"和"引入其他控制变量"两次回归；* 代表显著性水平为 $p<0.05$。

8. 办学主体差异与学校为企业培训员工水平

表 5-20 呈现了不同办学主体类型的高职院校在"学校为企业培训"指标上的描述统计。从表 5-20 中可以发现由行业部门举办的高职院校"为企业培训"的均值指标上高于其他举办类型的高职院校。

表 5-20　不同办学主体的学校为企业培训员工数的描述统计

办学主体	样本数	均值	标准差	合计
教育部门	3 401	20.41	65.72	69 424
行业部门	1 599	22.75	70.42	36 374
行业	278	19.50	49.27	5 420
企业（集团）	335	7.19	21.55	2 409
公民个人和其他	150	22.31	87.76	3 346
总计	5 763	20.30	65.41	116 973

注：资料由作者根据高等职业院校人才培养工作状态数据采集与管理平台 2011 年度数据整理而来。

表 5-21 的回归结果则显示,行业办学主体对高职院校为企业培训的影响显著,引入其他控制变量后的估计结果与之一致。

表 5-21 不同办学主体对学校为企业培训员工数的影响

解释变量	模型 1		模型 2	
	B	标准误差	B	标准误差
教育部门（常量）	11.93*	0.30	5.57*	
行业部门	3.13	0.76		
行业	7.63*	0.77	35.62*	
企业（集团）	－6.47	0.89	－2.68	
公民和其他社会团体	12.79*	1.12		

注：模型 1 和模型 2 分别表示"不引入其他控制变量"和"引入其他控制变量"两次回归；* 代表显著性水平为 $p<0.05$。

9. 办学主体差异与（合作企业）向院校捐赠设备水平

表 5-22 呈现了不同办学主体的高职院校在合作企业向学校捐赠设备值指标上的描述统计。从表 5-22 中可以发现由教育部门举办的高职院校,其合作企业在这一指标上高于其他办学主体举办的高职院校,但是标准差很大。

表 5-22 不同办学主体的高职院校与合作企业向其捐赠设备值（万元）的描述统计

办学主体	样本数	均值	标准差	合计
教育部门	2 722	56.77	886.98	154 529.67
行业部门	1 113	4.34	48.32	4 841.19
行业	241	37.89	317.08	9 133.00
企业（集团）	272	11.11	68.81	3 022.22
公民和其他社会团体	111	1.84	15.26	205.00

注：资料由作者根据高等职业院校人才培养工作状态数据采集与管理平台 2011 年度数据整理而来。

通过表 5-23 的回归结果则发现,在引入其他控制变量之后（模型 2）,行业办学的高职院校对该指标影响显著。

表 5-23 不同办学主体与合作企业对其捐赠设备值影响的回归结果

解释变量	模型 1		模型 2	
	B	标准误差	B	标准误差
教育部门（常量）	90.31*	23.40	2.85	1.36
行业部门	−88.15	55.29		
行业	−52.45	64.34	34.95*	4.66
企业（集团）	−82.80	67.22	−2.80	4.03
公民和其他社会团体	−88.44	91.74		

注：模型 1 和模型 2 分别表示"不引入其他控制变量"和"引入其他控制变量"两次回归；* 代表显著性水平为 $p<0.05$。

本小节实证结果小结。

将上述不同办学主体的高职院校与 9 种产学合作行为影响的回归结果汇总后（如表 5-24 所示），可以清楚发现以下几点。

第一，由行业或企业举办的高职院校无论是在合作使用技能（企业接受毕业生、顶岗实习）或是合作培养技能（共同开发课程、共同开发教材、支持学校兼职教师）还是在合作技术与社会服务（学校为企业提供技术服务、学校为企业培训员工）等产学合作行为上优势均显著。

第二，行业部门举办的高职院校在与合作企业开展顶岗实习合作中实习时间和实习质量保障两项指标上优势明显。

第三，教育部门举办的高职院校在订单培养方面比行业或企业举办的高职院校优势明显。

表 5-24 职业院校办学主体对各种产学合作行为的影响

办学主体	接受毕业生就业数	接受顶岗实习学生数与时间	顶岗实习质量	学生留用率	合作订单培养数	共同开发课程数	共同开发教材数	支持学校兼职教师数	向学校捐赠设备值	学校为企业提供技术服务年收入	学校为企业培训员工数
教育部门					+						
行业部门		+	+								
行业或企业	+	+	+		−	+	+	+	+	+	+
公民和其他社会团体办学			+								

注：符号"＋"代表有显著正数影响；符号"－"代表有显著负数影响；空白代表没有显著影响。

5.3.2 院校其他特征对产学合作行为的影响

上述分析反映了高职院校办学主体差异对产学合作行为的影响。而作为控制变量的院校其他特征对产学合作行为的影响，在此也作进一步讨论。

1. 院校级别对产学合作行为的影响不显著

从本章研究的调查数据来看，国家级示范（骨干）院校和省级示范院校在反映院校规模和办学实力指标方面（比如学生数、专任教师数、专任教师高级比例、专任教师双师比例乃至生均实践场所占地面积、学校收入总额等）显著优于普通院校。但在前述研究中，作为连续控制变量的院校级别〔将国家级示范（骨干）院校、省级示范院校和普通院校分别赋值〕对多数产学合作行为的影响不显著[①]。这一研究结果与国内学者金鑫、王蓉在《示范高职与校企合作办学模式改革的效果分析》一文中的研究结论基本相同，但和教育部《2009年高职院校人才培养工作状态数据分析报告》的产学合作专题分析结论不尽相同。为作进一步研究，本章将国家级示范（骨干）院校和省级示范院校分别作为虚拟变量与产学合作行为进行估计。回归结果发现（如表5-25所示）：和普通高职院校（常数项）相比，省级示范院校在合作订单培养、学校为企业提供技术服务、学校为企业培训员工、共同开发课程、共同开发教材、企业向学校捐赠教学设备等多个产学合作行为方面优势明显。而国家级示范（骨干）校仅在接受顶岗实习学生数和接收毕业生就业数这两项指标上优于普通院校。对于这一回归结果（省级示范院校对产学合作行为影响比国家示范院校更显著），可能的原因是与本章研究的样本选择相关。由于数据获得手段的限制，本章研究的国家级示范院校采用的数据样本主要来自"国家示范性高等职业院校建设计划"中央财政支持项目网上公示；而本章研究采用的省级示范院校和普通院校主要采自江苏省内的数据（内部资料）。这可以至少说明两点：第一，国家级示范院校的评审可能更多地受院校隶属区域、隶属部门、院校类型、专业布局等综合因素的影响，甚至是各方面博弈的"平衡"结果。国家级示范院校的遴选过程无疑是规范的，但从所遴选出的院校来看，更多地反映的是"代表性"而非"竞争性"，所以在众多产学合作指标方面有些"国字号"院校甚至不如发达省市的普通院校。第二，企业是否与院校开展实质性合作与合作水平的高低不仅仅基于教育逻辑，更取决于经济逻辑。

[①] 回归结果显示，国家级示范（骨干）院校和省级示范院校对合作订单培养、企业接收毕业生就业等实质性产学合作指标的作用都不显著；而省级示范院校仅产学合作共同开发课程与教材的影响作用略显著。

表 5-25 示范院校对产学合作行为影响的回归结果

院校级别	接受毕业生就业数	接受顶岗实习学生数	合作订单培养数	共同开发课程数	共同开发教材数	支持学校兼职教师数	向学校捐赠设备值	学校为企业提供技术服务年收入	学校为企业培训员工数
普通院校（常量）	4.00	12.08	8.83*	0.77	0.42	1.58	4.52	2.00	18.12
国家级示范院校	3.23*	2.86*	−1.06	−0.09	−0.03	−0.13	9.74	1.67	8.21
省级示范院校	2.52*	0.42	2.56*	0.36*	0.34*	0.03	16.52*	6.86*	15.59*

注：*代表显著性水平为 p<0.05。

2. 院校类型对产学合作的影响不显著

在调查的高职院校样本中，尽管理工类院校占了很大比例，但从回归结果显示，院校所属类型对产学合作的影响总体上不显著。尽管在 12 种不同类型的高职院校当中，医药类院校对部分产学合作行为指标（接受毕业生就业数、接受顶岗实习生数和支持学校兼职教师数）的作用影响较为显著。但作者认为，其中的原因在于调查的所有医药类院校都属于行业部门办学。所以，从本质上来说，对产学合作产生影响作用的是办学主体——行业部门办学而非学校类型。

3. 院校规模指标对产学合作的影响不显著

在本章涉及的学校办学条件控制变量中，学校面积、教师数量、经费收入等规模指标对产学合作行为的影响都不显著[①]；但与专业师资直接相关的指标——（不同专业的）生师比和双师比对企业接受毕业生就业、接受顶岗实习学生和合作订单培养三项深层次的产学合作行为影响显著（如表 5-26 所示）。

表 5-26 控制变量（其他办学因素）对产学合作行为的影响

办学主体	接受毕业生就业数	接受顶岗实习学生数	合作订单培养数	共同开发课程数	共同开发教材数	支持学校兼职教师数	向学校捐赠设备值	学校为企业提供技术服务年收入	学校为企业培训员工数
院校级别									
院校类型	医药类 +	医药类 +				医药类 +			
院校规模	生师比 +	双师比 +	双师比 +						

注：符号"+"代表有显著正数影响；符号"−"代表有显著负数影响；空白代表没有显著影响。

---

① 这一结果与金鑫、王蓉的研究结果一致。

5.4 结论与讨论

5.4.1 研究结论

第一,上述实证总结证实了本章的研究假设:行业或者企业举办的高职院校,由于和行业、企业存在着天然一体化的"统一治理"关系,①所以无论是在产学合作深度还是产学合作广度上存在普遍的优势。行业、企业不仅仅"使用技能",更可能深度参与"培养技能",以多种产学合作形式对学校给予人财物的支持,并从实习生中挑选出优秀的毕业生吸纳其就业;学校则借助行业、企业办学,也为企业提供技能培养、技能储存与社会培训。

第二,值得注意的是,实习质量方面(稳定的实习时间和实习岗位性质),行业部门举办的高职院校优于行业或企业举办的高职院校。国外研究也表明,企业接受顶岗实习生的长期目的是为了物色未来理想的雇员,②短期目的是为了获取低成本的技能人力资本。③从这一角度出发,和以营利为组织目标的企业相比,行业部门较能够摆脱对廉价劳动力的利益诉求。

第三,研究同时发现,行业或企业作为办学主体与学校签订的"订单培养"数量反而不如教育部门办学主体。这一现象也在一定程度上印证了威廉姆森对纵向一体化的定义和本章的假设。由于行业或企业与其举办的学校已成为接近一体化的实体。作为内化为行业或企业的一部分的学校根据行业或企业的需要适时调整培养计划,双方无须专门就"订单培养"设计协议。而教育部门举办的高职院校,由于和行业或企业既不存在纵向一体化的统一治理关系,也不存在"你中有我,我中有你"的双边治理情形,反而更需要通过"古典式签约方法"与行业或企业建立一种以"或有雇佣"为契约条件的产学合作关系。

5.4.2 政策启示

基于上述研究结论,本章就促进高职院校的产学合作,提出如下政策启示。

(1)通过法律、政策引导企业与高等职业教育机构的产学合作。无论是历史传统还是政策限制,我国高等职业教育机构兼具高等教育与职业教育双

---

① 金鑫、王蓉将这种合作模式称之为"内部组织化的校企合作"。
② 陈解放.合作教育的理论及其在中国的实践——学习与工作相结合教育模式研究[M].上海:上海交通大学出版社,2006:137.
③ Burke Michael A. School-Business Partnership: Trojan Horse or Manna from Heaven [J]. Nassp Bulletin, 1986, 70 (493): 45-49.

重属性。① 从高等教育属性出发，高职院校负有高等教育大众化的历史使命，而高等教育大众化的政策价值取向是为了回应公众对于高等教育的迫切需要；从职业教育的属性出发，作为中学后的职业教育模式，高职又负有培养高端技能人才的使命。而高端技能人才的政策价值取向重在回应经济转型时期产业对于高端技能的需求。不同于英国、奥地利、意大利、瑞士、日本、德国等国采取基于工作的职业技术教育，我国的职业教育采取基于学校的模式。② 基于学校的职业技术教育可以是经常性的——如美国社区学院或英国继续教育学院提供的职业教育，也可以是专项提供——如英国与美国的"青年培训项目"等旨在应对失业而设立的短期专项职业教育培训项目。③ 由于经常性的、基于学校的职业教育与企业和市场"距离太远"的先天不足，世界银行职业技术教育和培训政策文件早就主张，学校本位的职业教育应该让位于企业本位的职业培训或校企结合的职业教育。但在当前我国高等教育还未普及、企业技能需求迫切的时空背景下，政府一方面通过教育政策引导高职教育机构与企业合作，另一方面通过法律、财税政策引导行业、企业积极参与技能人力资本形成，高职教育机构与企业"相互靠拢"并兼顾上述两个政策目标，似乎是目前唯一的政策选择。

（2）加快高等职业教育机构治理结构改革，实现其与企业的深度融合，改变教育部门举办的职业院校"行政为体，企业为用"的产学合作现状。在外部治理结构方面，应在法律上进一步理顺高职院校与政府、企业三者之间的关系。在新的治理结构中，政府和企业对学校而言都是重要的举办方。教育行政部门应转变将公办高职院校视为普通高校的惯性思维，行业部门应鼓励行业、企业在院校治理中发挥实质性作用，形成政府、行业、企业与院校多元主体，各利益相关者在高职院校和谐相处的治理结构。内部治理结构改革方面，公办高职院校在现有法律框架下，建立企业、行业代表实质性参与的董事会、理事会，由董事会审定院校章程、发展规划并任命校长。院校主要领导（校长、书记）中应该至少保证一名领导干部来自企业。④

（3）尽管企业或者行业举办的高职院校整体产学合作水平高，但行业部门举办的高职院校在实习时间和实习质量保障上优势更加明显。这说明相对于以利润最大化为组织目标的企业，行业部门或许较能摆脱对廉价劳动力的利益诉求，从

---

① 《教育部关于推进高等职业教育改革创新引领职业教育科学发展的若干意见》（教职成〔2011〕12号）一文中明确规定，高职院校兼有高等教育与职业教育双重属性。

② 学术界将职业教育模式分为4种：学校本位模式、企业本位模式、社会本位模式、学校-企业综合模式。

③ Kenneth King. Technical and Vocational Education and Training in an International Context [J]. Journal of Vocational Education & Training, 1993, 45 (3): 201-216.

④ 作者通过对100所国家级示范高职院校的官网介绍调查发现，其主要领导（校长、书记）和领导班子成员90%以上来自普通高校，其他则大多来自于政府官员，来自企业的寥寥无几。

而避免市场失灵。

（4）无论是国家级示范院校还是省级示范院校，其实质是中央或省级专项财政投入。由于我国高职院校本地生源比例高，区域性强，各省市高职教育发展极不平衡。从这个角度出发，国家对示范院校的遴选评定和财政投入很难兼顾"代表性"和"竞争性"。国家在对部分重点院校增加巨额财政投入后，受益院校能以此提高办学实力，但能否在产学合作方面真正起到示范效应还受制于其他非教育因素。所以，未来政府对于高职院校的激励与支持可能需要更多地结合市场化和非市场化的手段。非市场化的财政支持应兼顾所在地区的技能需求和院校功能定位与特色。今后对高职院校的财政支持重点可以从过去对特定院校专项财政扶持转向对产学合作订单培养项目的财政补贴，受益对象从过去的特定院校转向基于专业和项目的产学合作订单培养学生。在这一政策性财政补贴竞争过程中，院校会以专业师资为投入重点改善技能培养质量，企业会因此得到（产学合作实质性投入后）补贴，而所在地区的技能结构也会因此得到改善。

5.5 本章小结

本章以新制度经济学中的交易为逻辑起点，将高职院校与企业的产学合作行为定义为某种交易，从专用技能人力资本供给者"措施保障"的角度，以2011年度全国高等职业院校人才培养工作状态数据为基础，在理论和实证两方面论证了办学主体差异对校企双方的产学合作水平的影响，发现越有利于企业治理的院校产学合作水平越高。具体来说，可以总结为如下几点。

第一，由于行业或企业举办的高职院校和行业、企业存在着天然一体化的统一治理和组织保障，所以无论在产学合作深度还是产学合作广度上都存在普遍的优势。在具体产学合作行为方面，行业或企业举办的高职院校在技能使用（接受毕业生就业数、接受顶岗实习学生数）、技能培养（共同开发课程数、共同开发教材数、支持学校兼职教师数）和学校社会服务方面（学校为企业提供技术服务年收入、学校为企业培训员工数）产学合作水平优势明显。

第二，研究同时发现，尽管"离企业越近的学校"产学合作水平越高，但行业、企业举办的高职院校，其合作企业提供的实习岗位无论是稳定的实习时间还是实习岗位质量都不如行业部门举办的学校。行业部门举办的高职院校在实习时间和质量保障上优势更加明显。从这一角度出发，相对于以利润最大化为组织目标的企业，行业部门或许较能摆脱对廉价劳动力的利益诉求从而避免市场失灵。

第三，行业或企业举办的高职院校在订单培养指标方面，反而不如教育部门举办的高职院校。其原因在于，行业或企业与其举办的学校已成为接近一体化的实体，作为内化为行业或企业的一部分的学校只需被动地根据行业或企业的需要适时调整培养计划，双方无须专门就"订单培养"设计协议。而教育部门举办的高职院校离行业、企业"比较远"，双方既不存在纵向一体化的统一治理关系，也不存在"你中有我，我中有你"的双边治理情形，反而更需要通过"古典式签约方法"建立一种以"或有雇佣"为契约条件的订单培养产学合作关系。

第四，院校办学条件方面，院校级别［国家级示范（骨干）院校、省级示范院校和一般院校］和院校规模指标对产学合作行为影响不显著；而涉及专业师资的生师比和双师比指标对于深层次的产学合作行为影响显著。

第五，从政策启示来看，政府未来对于高职院校的激励与支持需要更多地结合市场化和非市场化的手段。今后对高职院校非市场化的财政支持重点可从过去对特定院校专项财政扶持转向对产学合作订单培养项目的财政补贴，受益对象从过去的特定院校转向基于专业和项目的产学合作订单培养学生。

最后，需要强调的是，从技能形成角度，鼓励企业办学（厂中校）的确可以提高产学合作水平，也更容易形成符合行业、企业需要的高技能[①]；但在高等教育大众化、普及化背景下，提高产学合作水平，支持学校与企业合作建立生产性企业（校中厂）也许更符合当下中国的实际情况。至于厂中校和校中厂哪个更有效率，还需进一步的学术研究和实践检验。

---

① 在金鑫、王蓉的研究中提出了支持企业办学的政策建议。

第6章 专业人力资本专用性对高职院校产学合作行为的影响

前面两章以技能型专用人力资本为主要理论，分别从企业和学校两个合作主体的角度研究了影响高职院校与企业产学合作行为的主要因素，解释了不同企业与不同学校的产学合作行为水平差异的原因。研究发现：行业、企业举办的高职院校产学合作水平更高；专用技能人力资本投资需求越强的企业产学合作动力也越强。研究同时发现，专用技能需求差异造成企业专用技能投资与获取方式的差异，并进一步影响与高职院校的产学合作行为。在我国，企业与高职院校产学合作往往以专业为合作对象[①]，上述研究依然无法解释在相同学校与企业合作中，为何在有些专业实现了深层次的产学合作，而在有些专业仅仅是浅层次的产学合作。

从技能人力资本专用性的视角来看，学生在进入高职院校之前，在中学阶段接受的是普通教育，形成的是通用技能人力资本。一个直观的感受是：若将学生家庭、学生所在区域等社会资本作为背景变量，中学毕业生在搜寻工作时往往没有特定的职业约束；同样，企业在挑选中学生作为普通技能劳动者时，也较多把通用技能作为首选条件。根据国内学者耿洁、黄尧的研究，职业院校产学合作人才培养是一个技能型人力资本专用化的过程。[②] 学生根据所学专业选择不同职业，企业根据技能需求寻找不同专业的学生，所以高职院校学生毕业后形成的是专用技能人力资本而非通用技能人力资本。按照上述逻辑引发了一些问题是：企业在产学合作对象选择的过程中，除了选择合适的学校，还要根据不同专业（拥有的）专用性人力资本大小来确定是否合作及合作方式，另外，还要考虑学校对专业的投入增加能否促进或者改变企业的产学合作行为与合作水平。

---

① 教育部高等职业院校人才培养工作状态数据采集与管理平台中的9种产学合作行为都以专业为统计单位。

② 耿洁，黄尧. 技能型人力资本专用化：工学结合中一个新的概念 [J]. 中国高教研究，2010 (7).

在控制住学校和企业两个背景因素的情况下，本章运用专用人力资本理论讨论校企双方在不同专业的产学合作行为。本章要回答的问题是，在同一对产学关系（相同学校和企业）中，为何在不同专业中有着不同的产学合作水平？不同专业的专用人力资本在其中起了何种作用？

本章结构做如下安排：第1节为理论分析框架，其中提出专业专用性人力资本概念；在此框架的基础上，第2节提出研究设计；第3节数据说明；第4节为实证分析；第5节为结论与政策建议；最后是本章小结。

6.1 理论分析框架

通过前面章节的分析可知：企业专用人力资本投资的交易费用根据交易不确定性、重复交易频率和专用性资产投入这三个因素的变化而变化，不同类型的人力资本交易对应不同的治理结构。当企业面临技能需求的时候，可能有三个选择：一是厂内培训技能（企业承担培训成本）；二是从劳动力市场中获得成熟的技术工人（企业几乎不承担培训成本）；三是与院校合作培养技能（企业承担部分培训成本）。而在学校、企业合作主体因素固定（控制住不确定性因素）的情况下，不同（专业）技能的专用性程度和需求（交易频率）两个维度可以共同解释企业与高职院校在不同专业的产学合作水平差异。从表6-1的可以看出：企业只有面对市场需求稳定并且专用性程度较高的技能短缺时，才会进行实质性人力资本投资；但在面对偶尔短缺的专用技能时，企业一般只进行非实质性投资。而上述投资行为呈现了企业与不同专业合作培养人才的两大模式——非实质性合作和实质性合作。所以，本章的逻辑建立于如下因果关系：不同的专业类别—（具有）技能人力资本专用性差异和市场需求差异—（导致）不同的企业投资行为—（导致）不同的产学合作行为与合作水平。即不同专业的人力资本专用性差异和市场需求差异构成了（同一对合作主体）不同专业合作水平的两大维度。

表6-1 技能专用性与产学合作关系

		技能人力资本专用性程度	
		通用技能人力资本（专业专用性小）	专用技能人力资本（专业专用性大）
企业对技能人力资本的需求	市场需求小	企业内部招聘（无须与院校合作）	企业内部培训、（或）企业与高职院校非实质性合作
	市场需求大	市场公开招聘（无须与院校合作）	企业与高职院校开展实质性合作

第6章 专业人力资本专用性对高职院校产学合作行为的影响

1. 基于专业的专用性人力资本是企业和院校开展产学合作的必要条件

学生一旦踏入高职院校并选定某个专业领域学习，那么这种选择就会形成路径依赖的锁定效应，最终会使其拥有不同技能类型、不同专用性程度的专业人力资本。由于专业专用性人力资本与未来的职业（岗位）专用性人力资本密切相关，所以从企业技能获取角度出发，专业专用性人力资本是其开展产学合作的必要条件——专业专用性人力资本越强，企业基于技能需求的产学合作动力也就越强。国内外学者的研究进一步支持了这一假设。例如，帕特丽夏等的研究发现，不同专业的技能人力资本具有不同的可雇佣性——职业能力。继北京师范大学的孟大虎提出了专业专用人力资本的概念之后，马丽萍和丁小浩的研究证明了不同的专业类别能衡量大学生人力资本状况。北京师范大学"毕业生就业行为与意向研究"课题组的调查和丁晓炯的实证研究进一步发现，专业技能人力资本背景是用人单位招聘交换学生的首选。[①]

2. 具有市场需求的职业（专业）专用性人力资本是企业实质性产学合作的充要条件

根据前面的理论分析，企业对于需求较少（偶尔交易）、专用性又非常强的技能人力资本，可以通过企业内部（职业技能）培训或者和院校偶尔进行的非实质性合作来获取所需技能人力资本。为进一步解释合作水平，还需引入市场需求这一维度。根据国外学者Grogger的研究，一些专业（比如计算机科学、工科）在劳动力市场中总有旺盛的需求；另外一些看起来需要花工夫学的专业（比如美术、文学、历史、经济学）所对应的职业需求一直比较低，甚至有些专业就没有明确的职业类别（比如人类学）。因此，企业在与院校内不同专业开展实质性产学合作的充要条件是：专业具有市场需求并且具有高度的人力资本专用性。

基于上述分析，本章提出如下概念框架：在控制住合作院校、合作企业主体因素的情况下，不同专业的专用性程度和市场需求程度（交易频率）这两个维度共同解释了企业与高职院校在不同专业产学合作水平的差异。

6.2 研究设计

6.2.1 研究假设与指标选择

上述理论分析得出的结论是，不同专业会形成与专用性、市场需求程度不同

---

① 丁笑炯.基于用人单位的高校毕业生就业能力调查——以上海市为例[J].高等教育研究，2013（1）：42-50.

高职院校产学合作行为影响因素研究

的人力资本。那么,哪些专业形成的人力资本具有更强的专用性并兼有足够的市场需求,以至于企业不选择从市场直接购买而倾向于从与院校长期合作中获取?或者说,哪些指标可以衡量专业的专用性人力资本和市场需求?根据上述理论分析和国内外在专用人力资本领域的研究,本节提出如下研究假设与指标(如表6-2所示)。

表 6-2 本章假设与指标汇总

假设	指标
假设1: 人力资本专用性越强,产学合作水平越显著	专业对口率与产学合作水平正相关
假设2: 市场对专用性人力资本需求越大,实质性的产学合作行为与合作水平越显著	2A:毕业生月薪与实质性的产学合作水平正相关
	2B:专业离职率与实质性的产学合作水平负相关

假设一:专业/职业匹配率与产学合作水平关系假设。在专用性人力资本领域,Fiorito 的专业-职业关系模型显示,应届毕业生找到专业对口工作的概率受专业-职业匹配率的影响。而专业与职业之间的匹配率受所学专业的影响——专业对口程度越高说明所学专业人力资本专用性越强。Fiorito 对 1965—1969 年美国男性学士学位的专业和初始职业的研究发现,工科类毕业生专业与初始职业匹配性比社科类毕业生强,这说明工科类专业的人力资本专用性较强。Grogger and Elide, Hearn and Bunton 等的长期研究也发现,工科、商科、计算机、医学等专用性人力资本强的专业总是比美术、历史、人类学专业毕业生的专业与初始职业的匹配性强。Hearn and Bunton 则使用较为宽泛的"就业于专业相关领域"指标对专业-职业对口匹配程度进行了衡量,他的研究验证了:与人文、社会学等专业相比,医学、计算机等理工类专业更容易产生专业专用性人力资本。国内学者孟大虎的研究也发现,专业-职业匹配率高的(例如数学、医学、化学、地理学和计算机等)专业比一些人文社科类专业更容易形成专业专用性人力资本。[①] 范凯凯在对高校毕业生的学历与岗位匹配的研究中也将专业对口变量作为"毕业生人力资本专用性"的重要指标。[②]

综合上述文献,本章引入专业与职业的匹配指标——(毕业生)专业对口率

---

① 孟大虎. 专用性人力资本研究:理论及中国的经验 [M]. 北京:北京师范大学出版社,2009:143.

② 范皑皑. 高校毕业生的学历与岗位匹配——基于全国高校抽样调查数据的实证分析 [J]. 教育与经济,2013(2):18-24.

来衡量不同专业的人力资本专用性，讨论在不考虑市场需求的情况下，技能型人力资本专用性和产学合作关系。

假设二：所学专业市场起薪与产学合作水平关系假设。不同行业、不同职业之间的工资差异是一个成熟的劳动力市场特征。随着专用性人力资本的增长，不同职业工资差别会扩大。而工资差异由专用人力资本和市场需求状况共同决定，所以高工资往往代表了具有稳定市场需求和专用人力资本密集的职业。国内学者孟大虎也发现，相对于批发、零售、餐饮等（看似）以简单劳动为主的行业，电力、燃气、水生产供应、现代制造业等拥有较高专用人力资本水平的行业工资更高。[①] 所以可以推测，由于不同专业往往对应于不同的职业乃至行业，在不考虑行业垄断的背景下，不同专业的（毕业生）市场需求与专用性程度可以用起薪差异来衡量。

因此，本章引入应届毕业生所学专业的市场月薪指标，探讨具有市场需求的专用人力资本对产学合作行为与水平的影响。

除了月薪，本章还引入了专业离职率、专业就业率、专业高考录取分数和学校对不同专业的投入程度作为控制变量。之所以选择专业离职率，是因为市场所需的人力资本专用性高的行业与职业往往兼有流动率低、工资高的特点；而经常变换行业或者职业的，往往是低工资、低专用性的人力资本技能。由于学生所学的专业和未来从事的行业、职业密切相关，不同的专业往往对应着不同的行业、职业。所以，所学专业离职率指标可以在一定程度上反映该专业的人力资本专用性与市场需求情况。另外，专业就业率[②]、专业高考录取分数和学校对不同专业的投入程度（例如，重点专业和非重点专业）指标也可以在一定程度上反映该专业的社会声誉和培养质量。

6.2.2 研究模型

在上述理论框架和假设的基础上，本章提出如下3个实证模型，试图发现决定产学合作行为与合作水平中的专业影响因素。

模型1：

$$Y_n = \alpha + \beta X_1 + \beta_1 X_2 + \beta_3 X_3 + \varepsilon \tag{6-1}$$

式（6-1）是在不考虑控制变量的情况下，解释变量 X 对被解释变量 Y_n 的影响。Y_n 代表了合作专业不同的产学合作行为与合作水平，具体包括如下三类产学合作行为指标：

---

① 孟大虎. 专用性人力资本研究：理论及中国的经验［M］. 北京：北京师范大学出版社，2009：68.

② 专业就业率也可以在一定程度上代表人力资本专用性程度，但本章所获取的该指标数据来自各高职院校统计报表而非市场调查，故将这一数据作为控制变量。

(1) 企业参与培养并拥有专用技能人力资本（实质性合作）：包括企业接受毕业生就业数（Y_1）和合作订单培养数（Y_2）；

(2) 企业参与培养且使用专用技能人力资本（非实质性合作）：包括企业接受顶岗实习学生数与实习时间（Y_3、Y_4）、共同开发课程数（Y_5）、共同开发教材数（Y_6）、企业支持学校兼职教师数（Y_7）、企业向学校捐赠设备值（Y_8）；

(3) 校企技术合作、院校社会服务：包括学校为企业提供技术服务年收入（Y_9）、学校为企业培训员工数（Y_{10}）。

解释变量 X 是衡量专业专用性和专业市场需求程度指标，具体包括：X_1 代表该专业在劳动力市场中的平均对口率，X_2 代表该专业在劳动力市场中的离职率（半年内），X_3 代表该专业在劳动力市场中的平均月薪（取自然对数）。

模型 2：

$$Y_n = \alpha + \beta X_1 + \beta_1 X_2 + \beta_3 X_3 + \beta_4 X_4 + \beta_5 X_5 + \varepsilon \qquad (6-2)$$

式（6-2）在模型 1 的基础上增加了衡量产学合作专业社会声誉的两个控制变量，其中 X_4 代表合作专业的（初次）就业率，X_5 代表合作专业的高考录取分数。

模型 3：

$$Y_n = \alpha + \beta X_1 + \beta_1 X_2 + \beta_3 X_3 + \beta_4 X_4 + \beta_5 X_5 + \beta_6 X_6 + \varepsilon \qquad (6-3)$$

式（6-3）则在模型 2 的基础上再增加 1 个控制变量（衡量合作专业的院校对该专业的投入程度），X_6 代表是否（国家或省级）重点专业的虚拟变量。

6.3 数据说明

6.3.1 数据来源与变量说明

本章研究数据来源于 2010 年 10 月到 2013 年 8 月之间实施的教育部课题专项调查[①]。为深入分析影响产学合作行为的因素，相关调研历时 3 年。调查的步骤是首先从教育部门收集到 2011 年高等职业院校人才培养工作状态数据采集与管理平台中 115 所高职院校与 8 435 家企业在不同专业产学合作项目的截面数据；然后就其中的 722 个合作专业进行了专项调查。调查方式包括：内部资料查询和文献资料调查等。调查内容包括：合作专业离职率（半年内）、合作专业对

[①] 教育部重点课题"校企合作共建实训基地研究"（GKA103004）子项目"校企合作加强实训基地办学模式创新研究"（编号 GKA10178）。

口率、毕业生月薪①、专业高考分②、专业就业率③和是否国家或省级重点专业④等。

根据前述指标，本章变量说明如表 6-3 所示。

表 6-3 变量说明表

因素	变量名称	有效样本数	平均值	标准差	变量说明
自变量：专业的专用性人力资本与市场需求差异	毕业生月薪	10 265	1 877.09	197.67	连续变量
	专业对口率	6 074	0.59	0.10	连续变量
	半年离职率	3 922	0.45	0.28	连续变量
	专业高考分	7 327	294.27	51.88	连续变量
控制变量：专业的社会声誉、专业的投入差异	专业就业率	11 124	0.97	1.52	连续变量
	是否重点专业	6 157			虚拟变量
	国家重点	307			
	省级重点	792			
	普通专业	5 058			

6.3.2 数据统计描述

1. 产学合作专业样本数据情况

在调查的 8 435 家企业与 115 所高职院校的 11 691 个产学合作有效样本中，合作专业涉及 19 个专业大类⑤，数据统计描述如图 6-1 所示。

在这 11 691 个合作项目中包括了合作订单培养、接受顶岗实习学生、接受毕业生就业、共同开发课程、共同开发教材、支持学校兼职教师、向学校捐赠设备、学校为企业提供技术服务、学校为企业培训员工 9 种产学合作行为。表 6-4 是按照 19 个专业大类统计的 9 种产学合作行为与合作水平。

---

① 专业半年离职率、专业对口率、毕业生月薪数据来源：麦可思研究院撰写，社会科学文献出版社出版的《2012 年中国大学生就业报告》（就业蓝皮书）。

② 专业高考分数据来源：通过教育部门内部资料查询 2012 年高考录取分数。

③ 专业就业率数据来源：通过教育部门内部资料查询 2012 年相关专业毕业生初次就业率。

④ 是否国家或省级重点专业从教育部门网站行政公文栏目查询。

⑤ 专业大类的划分以教育部高职高专专业目录为依据，因涉密因素本统计缺公安专业大类产学合作数据。

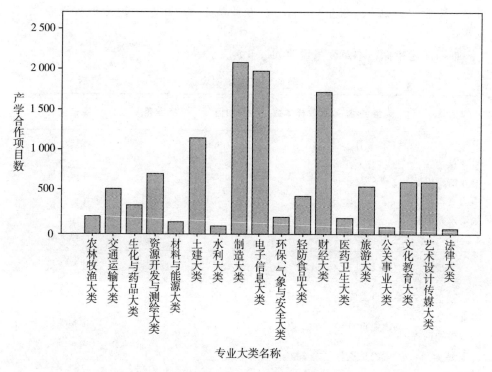

图 6-1 不同专业大类产学合作项目数统计

表 6-4 调查样本中各专业（大类）产学合作情况统计

专业大类名称		合作订单培养数	接受顶岗实习学生数	接受毕业生就业数	共同开发课程数	共同开发教材数	支持学校兼职教师数	向学校捐赠设备值	学校为企业提供技术服务年收入	学校为企业培训员工数
农林牧渔大类	样本数	131	207	178	131	125	176	58	60	146
	均值	5.16	10.27	3.58	0.78	0.71	1.54	19.07	3.73	10.74
	标准差	12.11	12.57	5.27	0.88	1.05	1.36	129.54	8.01	24.61
	合计	676	2 126	637	102	89	271	1 106.50	224.0	1 568
交通运输大类	样本数	219	508	465	239	217	410	51	47	212
	均值	13.80	11.21	7.71	1.69	1.11	1.97	26.25	12.76	42.51
	标准差	30.06	13.89	11.75	2.52	1.85	3.59	158.31	24.73	104.21
	合计	3 023	5 697	3 586	405	240	806	1 338.90	600.0	9 013

续表

专业大类名称		合作订单培养数	接受顶岗实习学生数	接受毕业生就业数	共同开发课程数	共同开发教材数	支持学校兼职教师数	向学校捐赠设备值	学校为企业提供技术服务年收入	学校为企业培训员工数
生化与药品大类	样本数	200	281	270	212	183	221	104	124	181
	均值	9.60	10.53	6.58	1.23	0.66	1.79	8.12	16.10	49.51
	标准差	16.46	14.98	9.75	1.78	0.924	1.92	20.91	46.12	96.53
	合计	1 920	2 958	1 777	261	120	395	844.84	1 996.5	8 961
资源开发与测绘大类	样本数	432	550	578	37	30	438	1	28	415
	均值	1.44	4.93	3.34	1.54	1.57	1.16	51.00	14.33	0.75
	标准差	8.26	9.29	7.15	1.14	1.22	1.26	.	16.59	6.60
	合计	623	2 714	1 929	57	47	508	51.00	401.5	310
材料与能源大类	样本数	77	138	122	79	76	99	52	38	71
	均值	8.10	16.69	9.53	1.47	1.30	1.72	8.36	65.70	21.03
	标准差	13.29	28.80	17.11	1.43	1.45	1.49	22.27	341.74	48.82
	合计	624	2 303	1 163	116	99	170	435.06	2 497.0	1 493
土建大类	样本数	538	1 053	962	568	524	652	189	198	565
	均值	4.63	8.30	4.06	0.68	0.44	1.28	7.58	6.29	17.02
	标准差	9.12	12.81	5.57	1.06	0.80	1.53	23.63	14.29	57.22
	合计	2 489	8 739	3 903	385	228	832	1 433.38	1 247.1	9 617
水利大类	样本数	10	89	83	29	26	41	1		11
	均值	8.00	10.62	4.98	0.83	0.81	1.00	0.50		7.91
	标准差	17.51	12.44	10.82	0.38	0.40	0.50			8.42
	合计	80	945	413	24	21	41	0.50		87
制造大类	样本数	1 116	1 826	1 575	1 059	988	1 260	377	476	895
	均值	17.37	17.46	11.18	0.95	0.72	1.84	51.94	13.48	20.00
	标准差	42.77	33.71	30.49	1.47	1.33	3.81	324.03	64.654	53.89
	合计	19 389	31 878	17 613	1 007	713	2 324	19 580.23	6 417.8	17 899

续表

专业大类名称		合作订单培养数	接受顶岗实习学生数	接受毕业生就业数	共同开发课程数	共同开发教材数	支持学校兼职教师数	向学校捐赠设备值	学校为企业提供技术服务年收入	学校为企业培训员工数
电子信息大类	样本数	993	1 626	1 424	1 094	899	1 206	393	436	896
	均值	14.35	14.67	7.43	1.13	0.63	1.53	15.10	3.29	16.11
	标准差	30.57	22.24	15.06	1.92	1.45	2.48	56.98	7.457	69.25
	合计	14 253	23 861	10 586	1 232	568	1 848	5 934.5	1 436.3	14 434
环保、气象与安全大类	样本数	82	153	141	88	62	106	37	49	88
	均值	1.61	5.13	2.86	0.83	0.31	1.11	2.51	26.09	17.06
	标准差	6.13	7.240	4.51	0.86	0.49	1.31	9.88	51.13	55.29
	合计	132	785	404	73	19	118	93.00	1 278.5	1 501
轻纺食品大类	样本数	230	392	358	239	214	259	133	153	268
	均值	10.32	13.22	5.72	0.97	0.57	1.52	17.84	3.19	37.69
	标准差	29.25	20.37	7.89	1.18	0.68	1.63	102.72	8.71	85.60
	合计	2 373	5 181	2 047	232	121	394	2 373.60	488.1	10 100
财经大类	样本数	997	1 565	1 330	1 069	990	1 291	396	323	1 090
	均值	6.88	12.96	4.44	0.76	0.51	1.42	4.06	1.78	19.95
	标准差	15.10	17.15	6.63	1.54	0.98	1.78	9.59	5.85	69.76
	合计	6 858	20 277	5 911	814	501	1 833	1 610.02	577.8	21 744
医药卫生大类	样本数	119	189	159	139	132	150	69	79	119
	均值	3.86	16.25	5.84	1.71	0.69	5.94	2.63	0.00	15.42
	标准差	9.80	23.65	10.80	2.19	1.05	9.46	12.86	0.00	60.90
	合计	459	3 071	929	237	91	891	182.00	0.00	1 835
旅游大类	样本数	338	523	466	368	359	422	78	92	350
	均值	7.93	13.21	5.48	0.94	0.77	1.28	4.00	10.62	23.61
	标准差	16.33	18.97	14.71	1.27	1.18	1.46	11.92	57.05	70.44
	合计	2 682	6 911	2 554	347	276	541	316.60	971.7	8 265

续表

专业大类名称		合作订单培养数	接受顶岗实习学生数	接受毕业生就业数	共同开发课程数	共同开发教材数	支持学校兼职教师数	向学校捐赠设备值	学校为企业提供技术服务年收入	学校为企业培训员工数
公共事业大类	样本数	68	86	80	54	54	61	30	14	58
	均值	4.94	16.90	3.22	0.78	0.85	1.46	35.32	0.94	21.79
	标准差	8.72	22.32	2.82	0.92	1.29	1.63	83.50	1.46	66.62
	合计	336	1 453	258	42	46	89	1 059.60	12.8	1 264
文化教育大类	样本数	346	568	456	357	337	435	97	135	380
	均值	4.64	12.09	3.36	0.65	0.31	0.97	0.70	1.73	14.00
	标准差	12.04	23.90	5.11	1.43	0.59	1.14	5.09	7.57	49.84
	合计	1 604	6 866	1 534	232	105	424	68.60	236.6	5 320
艺术设计传媒大类	样本数	485	596	532	464	439	498	238	240	435
	均值	5.64	8.17	3.65	0.69	0.31	0.93	2.5423	3.96	14.92
	标准差	13.12	14.52	5.07	1.00	0.58	1.30	8.28	13.32	55.92
	合计	2 734	4 871	1 940	319	135	465	605.06	951.8	6 492
法律大类	样本数	20	42	46	19	18	25	6	6	26
	均值	5.80	20.45	1.11	1.05	0.00	0.68	4.16	1.16	2.73
	标准差	16.92	27.28	1.74	3.15	0.00	1.10	8.81	2.85	5.74
	合计	116	859	51	20	0	17	25.00	7.0	71
总计	样本数	6 401	10 392	9 225	6 245	5 673	7 750	2 310	2 498	6 206
	均值	9.43	12.65	6.20	0.95	0.60	1.54	16.04	7.74	19.33
	标准差	25.53	21.93	15.73	1.57	1.15	2.76	140.36	54.35	64.48
	合计	60 371	131 495	57 235	5 905	3 419	11 967	37 058.42	19 344.3	119 974

通过图 6-1 和表 6-4 可发现：和其他专业大类相比，制造大类、电子信息大类和财经大类专业产学合作项目数量名列前三名。以合作订单培养为代表的深层次产学合作行为则主要集中在制造、电子信息和交通运输大类。而根据合作专业小类统计来看（如表 6-5 所示），产学合作订单培养也较为集中于机电一体化、模具设计与制造等紧缺技能专业人才的现代制造业中。当然，该描述统计数据的进一步解释还有待于下一节的实证检验。

表6-5 各专业（小类）订单培养数（个）统计（前5名）

专业名称	合作项目数	均值	标准差	极小值	极大值
机电设备管理与维修	12	66.00	51.76	22	150
模具设计与制造	78	55.60	88.64	2	350
铁道交通运营管理	11	50.91	50.61	15	190
机电一体化	14	50.50	68.13	5	200
机电一体化技术	109	40.77	72.94	2	500

2. 产学合作专业人力资本专用性与市场需求指标统计描述

从专业大类统计的专业对口率描述统计表（如表6-6所示）可以看出，资源开发与测绘、水利、医药卫生等专业毕业生对口率较高；而公共事业等看似专用程度较低的专业对口率则普遍较低。

表6-6 专业对口率（%）描述统计表（按照专业大类统计）

专业大类	样本数	均值	标准差	极小值	极大值
农林牧渔大类	93	59.52	4.78	55.00	74.00
交通运输大类	243	74.97	7.28	62.00	90.00
生化与药品大类	262	66.36	6.60	58.00	94.00
资源开发与测绘大类	19	86.05	1.43	84.00	87.00
材料与能源大类	87	73.86	5.55	65.00	80.00
土建大类	506	74.87	8.46	57.00	86.00
水利大类	13	77.54	0.88	76.00	78.00
制造大类	1 072	58.37	3.31	57.00	77.00
电子信息大类	1 062	47.05	0.80	47.00	64.00
环保、气象与安全大类	116	42.32	1.56	42.00	51.00
轻纺食品大类	318	61.11	2.94	59.00	69.00
财经大类	861	59.85	6.61	51.00	72.00
医药卫生大类	134	83.35	7.84	57.00	96.00
旅游大类	261	60.12	6.77	55.00	74.00
公共事业大类	29	43.93	0.37	42.00	44.00
文化教育大类	354	53.87	8.74	33.00	87.00
艺术设计传媒大类	400	58.19	3.80	47.00	75.00

续表

专业大类	样本数	均值	标准差	极小值	极大值
法律大类	29	33.00	0.00	33.00	33.00
总计	5859	59.38	11.03	33.00	96.00

通过学不同专业毕业生的离职率（半年内）描述统计表（如表6-7所示）可以发现：制造，电子信息，环保、气象与安全等专业离职率较低；公共事业等看似专用程度与市场需求都比较低的专业离职率则相对较高。

表6-7 半年内离职率（%）描述统计表（按照专业大类统计）

专业大类	样本数	均值	标准差	极小值	极大值
农林牧渔大类	47	45.94	3.87	42.00	50.00
交通运输大类	39	46.13	3.25	40.00	48.00
生化与药品大类	52	44.23	1.59	41.00	45.00
资源开发与测绘大类					
材料与能源大类	40	46.80	3.97	42.00	50.00
土建大类	235	46.76	3.60	42.00	53.00
水利大类					
制造大类	912	44.89	2.64	42.00	56.00
电子信息大类	817	44.63	2.82	41.00	56.00
环保、气象与安全大类	11	44.82	1.08	43.00	47.00
轻纺食品大类	153	46.23	3.09	43.00	52.00
财经大类	669	45.73	2.18	41.00	51.00
医药卫生大类	16	53.56	1.75	47.00	54.00
旅游大类	172	44.67	0.74	43.00	45.00
公共事业大类	6	51.50	3.67	44.00	53.00
文化教育大类	285	46.78	2.03	41.00	51.00
艺术设计传媒大类	316	47.43	3.11	41.00	54.00
法律大类	21	48.00	0.00	48.00	48.00
总计	3 791	45.60	2.88	40.00	56.00

从学不同专业的毕业生的市场月薪描述统计（如表6-8所示）可以发现，交通运输、资源开发与测绘、材料与能源等这些看似人力资本专用程度高、市场需求大的专业平均工资水平较高；而像农林牧渔，法律等看似人力资本专用程度低或（且）市场需求较少的专业平均工资则较低。

表 6-8　毕业生市场月薪（元）描述统计表（按照专业大类统计）

专业大类	合作项目数	均值	标准差	极小值	极大值
农林牧渔大类	93	1 771.65	43.82	1 743.00	2 114.00
交通运输大类	243	2 346.29	518.24	1 874.00	4 065.00
生化与药品大类	262	1 989.52	147.93	1 806.00	2 722.00
资源开发与测绘大类	19	2 383.32	17.67	2 358.00	2 395.00
材料与能源大类	87	2 122.52	183.59	1 929.00	2 411.00
土建大类	506	1 996.71	111.86	1 871.00	2 243.00
水利大类	13	1 968.00	0.00	1 968.00	1 968.00
制造大类	1 066	1 945.73	104.95	1 588.00	2 474.00
电子信息大类	1 063	1 944.69	113.32	1 829.00	2 450.00
环保、气象与安全大类	116	1 844.27	7.88	1 842.00	1 890.00
轻纺食品大类	318	1 736.90	87.21	1 587.00	1 975.00
财经大类	859	1 945.74	141.29	1 715.00	2 638.00
医药卫生大类	134	1 647.34	196.81	1 386.00	2 579.00
旅游大类	261	1 930.10	71.69	1 759.00	2 300.00
公共事业大类	30	1 778.13	9.46	1 773.00	1 795.00
文化教育大类	354	1 861.81	125.25	1 548.00	2 326.00
艺术设计传媒大类	399	1 997.10	81.54	1 736.00	2 215.00
法律大类	29	1 661.00	0	1 661.00	1 661.00
合计	2 852	1 945.14	195.424	1 386	4 065

3. 重点专业建设情况

根据目前高职院校的相关政策，重点专业一般可以分为国家重点建设专业、省级重点建设专业和普通专业。其中，国家重点建设专业是指"国家示范性高等职业院校建设计划"中中央财政支持的重点建设专业，数据来源于国家教育部网站；省级重点建设专业是指"省级示范性高等职业院校建设计划"中省财政支持的重点建设专业以及教学改革试点专业、品牌专业，数据来源于省教育厅网站。在 6 157 项产学合作调查数据中重点专业分布情况如图 6-2 所示，国家重点建设专业有 307 项（占 5%）；省级重点建设专业有 792 项（占 13%）；普通专业有 5 058项（占 82%）。

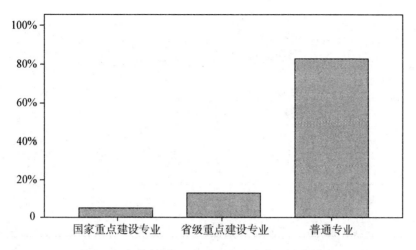

图 6-2　产学合作项目调查数据重点专业分布情况

6.4 实证分析[①]

6.4.1 专业人力资本专用性和市场需求对产学合作的影响

根据式（6-1）（模型 1），本研究首先以专业对口率、半年离职率、毕业生月薪三个指标作为解释变量，分析专业专用性人力资本与市场需求对产学合作的影响。估计结果（如表 6-9 所示）发现，上述三个指标对企业与高职院校产学合作培养人才的关系影响显著。

（1）（毕业生）专业对口率指标对因变量中的多数产学合作人才培养行为显著正相关，但该指标与接受顶岗实习学生数无关，与合作订单培养数显著负相关；[②] 另外，该指标与产学技术合作（学校为企业提供技术服务年收入、学校为企业培训员工数）无关。

（2）（毕业生）专业离职率（半年内）指标与本研究几乎所有产学合作行为显著负相关；但该指标与院校和企业之间的技术合作无关。

（3）（毕业生）月薪指标与本研究多数产学合作行为（支持学校兼职教师数、接受顶岗实习学生时间除外）显著正相关；[③] 但该指标与技术合作（学校为企业提供技术服务年收入）无关。

[①] 本节部分内容已发表于：吴冰，刘志民. 人力资本专用性对高职校企合作的影响［J］. 高教发展与评估，2015（6）：27-34.

[②] 这一结果可以进一步说明，对企业来说顶岗实习属非实质性产学合作，而合作订单培养属于实质性产学合作。

[③] 这一结果可以说明，毕业生月薪指标反映了专业专用性和市场需求。

表 6-9 专业人力资本专用性、市场需求对产学合作行为的影响（一）

变量	接受毕业生就业数	合作订单培养数	接受顶岗实习学生数	接受顶岗实习学生时间	共同开发课程数	共同开发教材数	支持学校兼职教师数	向学校捐赠设备值	学校为企业提供技术服务年收入	学校为企业培训员工数
常数	20.63	−6.14	94.94*		9.82*	0.59	9.21*	409.19	−121.92	157.79
专业对口率	1.99*	−8.55*	0.83	0.63	0.68*	0.64*	1.48*	15.33	19.28	19.28
专业离职率	−23.59*	−2.99*	−64.86*	−0.74*	−5.16*	−4.57*	−3.47*	−255.29*	71.28	−131.51*
毕业生月薪	9.07*	19.15*	10.43*	0.85	1.19*	0.90*	−1.91	2.75*	25.68	29.17*

注：* 代表显著性水平为 p＜0.05。

然后，根据式(6-2)（模型 2），本研究引入专业就业率、专业高考分数作为控制变量之后再次进行回归分析，分析结果发现如表 6-10 所示。

（1）（毕业生）专业对口率只对少数产学合作行为指标（接受顶岗实习学生数、共同开发教材数、共同开发课程数）影响显著，对其他多数产学合作行为指标的影响不显著。

（2）（毕业生）专业离职率（半年内）指标对本研究多数产学合作行为指标影响显著，但该指标对于合作订单培养数、接受毕业生就业数这两项衡量深层次产学合作的指标影响不显著。

（3）（毕业生）月薪指标对企业实质性参与产学合作行为指标（接受毕业生就业数、接受顶岗实习学生时间、合作订单培养数等）影响显著，但对于非实质性产学合作行为指标影响不显著。

（4）（毕业生）专业就业率和招生入学时高考录取分数对企业产学合作行为水平的影响均不显著。

表 6-10 专业人力资本专用性、市场需求对产学合作行为的影响（二）

变量	接受毕业生就业数	合作订单培养数	接受顶岗实习学生数	接受顶岗实习学生时间	共同开发课程数	共同开发教材数	支持学校兼职教师数	向学校捐赠设备值	学校为企业提供技术服务年收入	学校为企业培训员工数
常数	−10.23*	−5.01	−95.53		9.78*	1.67	21.61*	295.35	−270.09	−158.52
专业对口率	0.01	−0.14	57.67*	0.63	0.21*	0.55*	−3.87	47.72	61.69	126.41
专业离职率	−0.01	−0.01	−58.75*	−0.74*	−4.53*	−4.27*	−3.44*	−247.64*	77.27	−127.22*
毕业生月薪	0.01*	33.96*	−4.93	0.85*	−0.68	0.00	−0.95	−43.44	4.90	−21.66
专业就业率	3.90	0.534	−0.97		0.54	0.48	0.07	−0.48	−0.79	−1.88
专业高考分	0.00	0.00	−0.01	1.54	−0.52	−0.01	−0.026		−0.08	0.05

注：* 代表显著性水平为 p＜0.05。

对于模型1和模型2的回归结果，可作如下分析。

第一，专业人力资本专用性高的专业（用专业对口率和离职率指标来衡量）会带来更多的产学合作行为。这一分析结果验证了本章的假设1。也就是说，专业的对口率越高，企业越倾向于和高职院校开展产学合作。但由于专业人力资本专用性高的专业未必是市场需求旺盛的专业，专业对口率指标只能表征专业的专用性程度，并不能代表专业的市场需求状况。

第二，兼具专业人力资本专用性和市场需求的专业（以毕业生月薪为指标）会带来更多实质性的产学合作行为。从上述回归结果来分析，毕业生月薪越高的专业，代表深层次产学合作的两个指标（合作订单培养数、接受毕业生就业数）也越高。这一分析结果验证了假设2。

第三，从理论上来说，专业离职率可以表征专业的人力资本专用性和市场需求程度。但从表6-10的回归结果来看，专业离职率对多数浅层次的产学合作行为始终负相关，即该专业的离职率越低，企业与院校的合作水平也越高。但随着自变量的增加，相对于毕业生月薪指标的解释力，专业离职率指标对于深层次的产学合作行为指标（合作订单培养数、接受毕业生就业数）的解释力不显著。除了共线性的因素，一个可能的解释是专业离职率更多反映了专用性程度。

第四，对本部分研究的两个控制变量分析发现，（合作）专业的高考录取分数反映了该专业在招生市场的情况，一定意义上可以衡量专业的社会声誉，但该指标因无法衡量专业的专用性程度，所以对产学合作的影响不显著。而另外一个控制变量——（合作）专业就业率对于产学合作行为与合作水平的影响也不显著。由于就业率数据主要来自教育系统内院校学生就业情况的年报统计而非市场调查，该年报统计口径对于"是否就业"的定义较宽，① 并且各院校在实际填报中也倾向于放大数据，所以无论从数据质量角度来看，还是从该数据所能衡量的就业情况角度来看，该数据代表性都不强。

6.4.2 学校专门化投资对产学合作的影响

上一小节研究发现，企业选择与某个专业开展产学合作的动力，特别是开展深层次产学合作（这对企业来说属于实质性投入）的动力主要受该专业人力资本专用性与市场需求的共同影响。

由于产学合作是企业与学校两大合作主体在不同专业（或学生个体）共同投入的过程，如果说上节的研究发现了企业与不同专业的产学合作兴趣大小受制于其经济逻辑；那么，学校对不同专业的重视程度和投入差异能否影响产学合作？为了更加全面了解专业因素对产学合作行为的影响，本小节再增加一个控制变量——从学

---

① 根据教育部门对"就业率"内部统计口径，高职高专学生升学、参军也作为"就业人数"。

校投入角度分析，分析院校在不同专业的投入差异对产学合作行为的影响。一般来说，受资金、政策、专业历史等因素的影响，高职院校在重点专业（如国家重点专业、省级重点专业）上往往投入较大。为了避免自变量过多引起的多重共线性，本研究尝试引入国家重点专业、省级重点专业这两个虚拟变量来分析学校专门化投资后对产学合作行为的影响。

模型4：

$$Y_n = \alpha + \beta X_1 + \beta_1 X_2 + \varepsilon \tag{6-4}$$

式（6-4）中，Y_n依然代表了合作专业不同的产学合作行为指标（包括：企业接受毕业生就业数、企业接受顶岗实习生数、合作订单培养数、共同开发课程数、共同开发教材数、企业支持学校兼职教师数、企业向学校捐赠设备值、学校为企业提供技术服务年收入、学校为企业培训员工数等）与合作水平，X_1、X_2分别代表是否国家重点专业和是否省级重点专业这两个虚拟变量。

SPSS19软件的回归结果（如表6-11所示）发现，以普通专业为基准（常数），省级重点专业的产学合作企业在多数产学合作行为方面回归系数较大，显著性也较强；而国家重点专业对产学合作行为影响不显著。对于这一回归结果（省级重点专业对产学合作行为影响反而比国家重点专业更显著），可能的原因是与本研究的数据选择有关。国家重点专业所采用的样本来自2007年的"国家示范性高等职业院校建设计划"中中央财政支持的重点建设专业。当时这些专业的评审可能更多地受学校所属区域、隶属部门、学校类型、专业布局等综合因素的影响，是各个方面博弈的"平衡的"结果；而省级重点专业由于均采自同一个省内的截面数据，样本代表性相对较好。

表6-11 高职院校专门化投资后对重点专业产学合作行为的影响

因素	产学合作行为									企业需求	市场需求	社会声誉
指标	接受毕业生就业数	接受顶岗实习学生数	合作订单培养数	共同开发课程数	共同开发教材数	支持学校兼职教师数	向学校捐赠设备值	学校为企业提供技术服务年收入	学校为企业培训员工数	留用率	合作专业就业率	高考录取分
普通专业（常量）	5.50*	11.7*	12.5*	0.98*	0.53*	1.32*	7.28*	4.03*	23.9*	0.61*	0.94*	285.2*
国家重点专业	0.57	−0.055	−4.2*	0.07	0.09	−0.09	3.07	0.99	12.3*	0.13	0.008	54.68*
省级重点专业	1.58*	5.17*	0.13	0.37*	0.45*	1.05*	9.31*	5.50	15.0*	−0.08*	−0.001	7.69*

注：*代表显著性水平为p＜0.05。

上述研究结果发现，学校对不同专业的投入差异对于多数产学合作行为与合作水平的确存在一定影响。那么，这一结果对本章的最初假设是否会存在某种"干扰"？在现实的产学合作过程当中，对不同专业产学合作行为与水平的影响既可能来自企业因素（本章所假设的专业人力资本专用性和市场需求），也可能来自院校因素（专业的社会声誉与学校的投入程度），那么，院校因素是否会对企业因素存在某种影响？也就是说，是否存在这么一种因果可能：企业对于不同专业的产学合作水平差异并非来自（本章假设的）专业人力资本专用性和市场需求，而是来自学校对不同专业的投入差异所带来的社会声誉差异。如果这一可能（学校在不同专业的投入差异导致专业的社会声誉差异，从而导致产学合作水平差异）得以存在，那么将从根本上推翻本研究的立论基础。所以，为了全面了解学校投入因素对产学合作行为的影响，有必要在进行模型 3 的回归分析之前，探讨学校在不同专业的投入差异对于企业需求、市场需求和社会声誉的影响大小。

本部分的研究在模型 4 的基础上增加了合作专业高考录取分数（代表社会声誉）、顶岗实习生留用率（代表企业需求）和就业率（代表市场需求）3 个因变量，试图发现学校重点专业建设后的产学合作水平。

$$Y_{(高考分)} = \alpha + \beta X_1 + \beta_1 X_2 + \varepsilon \quad (6-5)$$

$$Y_{(留用率)} = \alpha + \beta X_1 + \beta_1 X_2 + \varepsilon \quad (6-6)$$

$$Y_{(就业率)} = \alpha + \beta X_1 + \beta_1 X_2 + \varepsilon \quad (6-7)$$

回归结果发现：国家重点专业和省级重点专业对合作专业社会声誉指标（专业高考录取分数）作用非常明显，而且国家级重点专业比省级重点专业的影响更显著。但从实质性产学合作指标——合作订单培养数和反映企业、市场需求程度指标（留用率、就业率）来看，国家重点专业和省级重点专业与非重点专业差距不明显。这一回归结果可以充分说明，院校在不同专业的投入差异可以解释专业的社会声誉差异，但（社会声誉）并未直接带来企业与市场需求。如何解释重点专业这一"叫好不叫座"的现象将在下一节讨论。

由于上述"干扰"得以排除，同时鉴于国家重点专业对产学合作行为影响不显著，本部分研究只在模型 3 式（6-3）中引入了是否省级重点专业这个控制变量来比较专业的技能因素（人力资本专用性和市场需求）和院校因素（重点专业投入）共同影响下对产学合作行为的影响，回归结果（如表6-12所示）分析如下。

（1）（合作）专业离职率对绝大多数产学合作行为（学校为企业提供技术服务年收入除外）呈显著负相关，即某专业的劳动力市场离职率越低，该专业产学合作水平越高。

（2）毕业生月薪对于企业与学校合作订单培养的作用显著，若该专业的毕业生月薪越高，则该专业订单培养合作水平越高。

(3) 院校投入（重点专业建设）对于大多数产学合作行为指标作用显著，但对于合作订单培养数的作用不显著。

(4)（合作）专业就业率与录取高考分数对产学合作水平作用不显著。

表6-12 专业人力资本专用性、市场需求对产学合作行为的影响（三）

变量	接受毕业生就业数	接受顶岗实习学生数	合作订单培养数	共同开发课程数	共同开发教材数	支持学校兼职教师数	向学校捐赠设备值	学校为企业提供技术服务年收入	学校为企业培训员工数
常数	12.95*	40.54*	14.49	3.21*	1.96*	3.27*	151.06*	−91.09	116.73*
专业对口率	0.02	0.00	−0.07	0.01	0.01	0.01	0.29	0.35	0.21
专业离职率	−0.20*	−0.56*	−0.09	−0.04*	−0.04*	−0.03*	−2.42*	0.83	−1.37*
毕业生月薪	0.00	0.00	33.96*	0.00	0.00	0.00	0.00	−0.02	0.00
专业就业率	3.12	6.74	1.44	0.53	0.44	−0.04	2.24	40.35	−32.03
专业高考分	−0.01*	−0.02*	−0.09*	0.00*	0.00*	0.00*	−0.03	0.00	−0.01
省重点专业	0.03*	4.81*	0.27	0.37*	0.49*	0.51*	13.57	−0.41	6.57

注：* 代表显著性水平为 $p<0.05$。

上述结果进一步印证了本章假设——技能人力资本专用性可提高企业产学合作水平；而对企业而言，唯有兼具专用性和市场需求的技能才有可能开展实质性产学合作。研究同时发现：重点专业投入与建设对于多数产学合作行为作用显著，但对于企业参与实质性产学合作行为帮助不大；专业就业率与专业高考录取分数指标对合作专业产学合作水平影响不显著。对此，作者认为，专业就业率本来可以在一定程度上代表专业的市场需求程度，但由于该指标数据主要来自各高职院校上报的统计报表而非市场调查，故对于这一数据的可靠性保持合理的怀疑。专业高考录取分数对产学合作行为影响不显著则进一步说明了企业选择不同专业开展产学合作（或投资选择）的时候，首先受制于专业人力资本专用性和市场需求而非（合作专业的）社会声誉。

6.5 结论与政策启示

通过前面研究分析,我们可以得出以下结论与政策启示。

(1)企业决定与高职院校就某个专业进行产学合作,特别是深层次产学合作是由该专业人力资本专用性与市场需求共同作用的结果。

(2)高职院校对重点专业的投入与建设可以在一定程度上促进产学合作,也可以提升重点专业的社会声誉,从而使重点专业在招生市场具有一定美誉度与竞争力;但是院校对重点专业的投入无法从根本上改变企业与目标专业进行深层次产学合作的动因——专业人力资本专用性程度,更无法改变特定专业的市场需求。

(3)学校对重点专业的投入可以提高重点专业的社会声誉,从而改善招生,却无法从根本上改变就业,这一"叫好不叫座"的现象印证了国外学者"就业前景假设"领域的系列研究:尽管专业预期收益和专业失业率作为劳动力市场信号对高中毕业生具有一定影响,[1] 但高中生在升学过程中对报考专业就业信息掌握程度不完全、不对称,[2] 劳动力市场上的供求变化并没有完全带来升学需求的实质波动。[3] 所以,一些在劳动力市场有着旺盛需求的专业可以带来较高的产学合作水平和就业机会,但在招生市场却受到冷遇;而有些学校(包括政府财政项目)长期投入的重点专业因其历史悠久、社会认可度高,从而能够在招生市场上得到学生和家长的青睐,但由于所形成的专业技能没有旺盛的市场需求,其产学合作水平自然比较低。

(4)本研究的政策启示在于:政府要加强专业设置和招生的宏观调控与规划,在各类重点专业评审中除了衡量专业实力,还应关注专业的市场需求与校企合作水平;高职院校在对不同专业投入建设前要进行充分的市场调研,要结合市场需求来规划本校重点发展专业,而非仅仅从专业实力强弱和专业发展历史等"供给"因素来确定本校优先发展的专业;高职院校在招生宣传过程中,要重点根据就业市场引导考生提早树立正确的择业观,而非仅仅从招生市场"冷热"程度来引导报考专业。

---

[1] C Albert. Higher Education Demand in Spain: the Influence of Labour Market Signals and Family Background [J]. Higher Education 40,2000:147-162.

[2] Claude Montmarquettea, Kathy Canningsb, Sophie Mahseredjianc. How do Young People Choose College Majors? [J]. Economics of Education Review,2002.

[3] 矢野真和. 高等教育的经济分析与政策 [M]. 北京:北京大学出版社,2006.

6.6 本章小结

本章继续利用技能型专用人力资本这一分析工具,从企业在不同专业投资的角度,以专项调查数据为基础,在理论和实证两方面讨论了技能人力资本专用性差异对产学合作水平的影响。研究发现,技能人力资本专用性与市场需求两者共同作用之后对产学合作水平产生影响。具体可以总结为如下几点。

第一,企业与高职院校在不同专业的产学合作行为和合作水平是由合作专业的人力资本专用性与市场需求共同作用的结果。换句话来说,从企业的角度,与高职院校不同专业的产学合作水平或"投资兴趣大小"主要取决于经济逻辑。

第二,高职院校对于重点专业的投入与建设能够提升该专业的社会声誉,从而使重点专业在招生市场具有一定美誉度与竞争力;也可以在一定程度上促进产学合作,但却无法改变企业和市场对特定专业专用人力资本的需求,也无法改变企业对该专业深层次的产学合作需求。

第三,政策启示方面,学校在对不同专业进行投入之前首先要对市场需求进行调研,要从市场需求的角度来确定本校重点发展的专业和专业方向,而不能从"供给"的角度或仅仅基于"教育逻辑"来确定本校优先发展的重点专业;高职院校在招生宣传过程中,重点要根据就业市场引导考生提早树立正确的择业观,而非仅仅从招生市场"冷热"程度来引导报考专业;政府要从弥补"市场失灵"、服务院校的角度,加强所在区域院校专业设置的宏观调控、规划与预警机制。高职院校的专业评审、评估应将企业和行业纳入并作为独立的评估主体,衡量指标除了专业本身实力外,更应关注专业和专业方向的市场需求与专业性程度。

第7章 学生个体技能人力资本对高职院校产学合作行为的影响

前面三章以专用技能人力资本形成为视角，分别探讨了产学合作的两大主体——高职院校（技能人力资本的供给方）、企业（技能人力资本的需求方）和产学合作的客体——专业对产学合作行为的影响。研究发现，合作企业特征、合作院校办学主体特征、合作专业人力资本专用性特征影响了产学合作。从企业投资的角度，它既可以与特定院校、特定专业形成契约，又可以与学生个体形成某种契约关系（比如国内的订单培养与美国的合作教育）。在现实的企业与高职院校的产学活动中，也经常看到这种现象：一些高职院校的顶岗实习生并未在产学合作企业中稳定实习；企业与高职院校签约的订单合作培养毕业生也并未都到合作企业就业，或即便被合作单位聘用也因离职率高而导致产学合作失败。国内在产学合作领域的实证研究大多将学校与企业作为合作主体进行分析与描述。那么，如何解释在控制住院校、企业和专业因素的前提下，学生个体在产学合作活动中的作用和影响？本章将聚焦学生个体，进一步以专用技能人力资本形成的视角讨论学生个体微观因素对产学合作行为的影响。

从前面章节的讨论中可以看到，高职院校与企业基于技能的产学合作涉及人才培养的多个环节和多种行为，但目前对我国高职院校的学生而言，其个体能够作为主体直接参与的产学合作主要体现在（合作企业）顶岗实习、（合作企业）订单培养、（合作企业）就业三方面。因此，本章研究将聚焦于校企合作双方在前期专用性资本投入过后，学生个体作为第三方在合作实习、合作培养与合作就业环节中对产学合作行为的影响。

本章结构如下：第1节为理论分析框架，在此基础上第2节提出了研究假设与设计；第3节为样本数据描述统计；第4节是实证检验与分析；第5节为实证结果与讨论；最后是本章小结。

7.1 理论分析框架

根据经典人力资本理论,技能人力资本区别于物质资本的最大特征在于其个体依附性和个体产权私有,而技能人力资本投资具有滞后性和风险性。所以,作为理性投资的企业在对个体技能进行投资时,必须要考虑技能人力资本的可雇佣性和技能人力资本雇佣的稳定性。本研究的理论框架分析也基于如下逻辑起点。如将企业与高职院校基于技能的合作看作是企业对技能人力资本的投资行为,那么,当学生个体在成为产学合作参与主体的时候(如合作订单培养、顶岗实习与就业),学生个体技能人力资本特征中的可雇佣性与个体契约特征中的雇佣稳定性对产学合作行为会产生哪些影响呢?

7.1.1 个体技能人力资本专用性与产学合作

既有的研究证明,企业与职业院校的合作可以看作双方对学生个体"技能人力资本专用化"的过程。在本书第二章理论基础部分也证明了企业与院校产学合作的基础首先来自企业对专用性技能的需求(因为通用技能完全可以从市场上买到)。如果说,企业对个体人力资本可雇佣性的需求涵盖了包括通用技能、专用技能在内的所有人力资本特性;那么,企业与院校的可合作性主要体现在产学活动过程中所形成的专用人力资本特性。而凝结于个体的专用人力资本一般包括:职业专用人力资本、企业专用人力资本和行业专用人力资本。

1. 职业专用人力资本

历史上最早的职业专用人力资本投资来自学徒制——以师傅带徒弟、"干中学"为特征,将一个没有职业技能的徒弟培养成为高技能劳动者。产业革命后,新兴的大规模职业技术教育和高等教育逐步替代了学徒制。而首次明确提出技能的职业专用性概念的是国外学者维斯,他认为职业专用性技能主要通过"干中学"的方式获得,而这一技能只能在不同职业之间实现非常有限的转移。威利斯的异质性模型则说明,不同的职业要求具有不同的技能,这些技能是通过天赋能力、正规教育和在职培训形成的。根据国内学者孟大虎的定义,职业专用人力资本是劳动力通过职业技术教育、大学教育、在职培训、"干中学"等人力资本投资方式,所形成的某种岗位、职业的专用技能,这种专用技能可以为所有者带来收益。[1] 上述定义可以说明,多种渠道促进了职业专用人力资本的形成——学校、企业和个体等都能成为职业专用人力资本的投资主体。而真正的职业专用人

---

[1] 孟大虎. 专用性人力资本研究:理论及中国的经验 [M]. 北京:北京师范大学出版社,2009: 90.

力资本很难从教育机构中单独获得,产学合作、跨界培养可以形成学生个体的职业专用人力资本。

学者还认为,岗位收入可以衡量个体的职业专用人力资本大小。亚当·斯密《国富论》中的补偿差异理论曾探讨过职业工资差异的成因。他认为职业收入差异来自于职业所需技能的难易程度等五个方面。① 当代学者进一步发现,不同职业对于技能要求不一,技能差异能通过不同职业的工资差异得到反映。(企业与个体)对职业专用人力资本投资水平越高,其工资率也越高。在现实的产学活动中也可以发现,即便是同一个专业(同一个班级)中的学生在社会资本背景相似的前提下,因在不同的岗位实习造成的实习工资差距也比比皆是。所以,本章研究的假设之一在于实习工资收入高低可以来衡量职业专用人力资本程度。

同时,根据职业生涯流动理论,职业收入的增长还和岗位的流动性密切相关,每次向上的职业流动通常会带来收入的增加。每次的职业流动都代表了职业专用性技能投资和职业收入的增加,而且职业变动大多发生在个人职业生涯的早期。所以,高职院校的学生无论出于个体人力资本投资收益最大化还是收入最大化动机(两者往往一致),在其毕业顶岗实习阶段就尝试不同的工作与职业是一个理性选择,而且流动性越强,可能带来的职业专用人力资本(和预期收入)越大。

2. 企业专用人力资本

贝克尔最初在对专用性人力资本研究的时候,就发现人力资本专用性主要来自于工作组织"干中学"的过程。② 威廉姆森也发现,工作组织中每一项工作都涉及专用性技巧,不同的工作组织有着不同的专用技能。沙博的研究发现:在人力资本专用性少的工厂中,工作范围很窄,技术性操作很少,工人强调的是重复、单调的操作技能;而在人力资本专用性多的工厂中则表现为工作和技术技能范围的扩大,强调的是处理非常规操作和知性技能。所以说,不同企业的技能需求不同,个体所需要掌握的企业专用技能种类也不同。③ 企业专用人力资本可以定义为职工需要掌握的企业中难以转移的隐性专用知识,主要包括员工在企业中掌握的与特定时空背景相联系的技能与知识;这类知识往往在特定企业和特定岗位中形成,并与产品技术改进和员工操作的默会知识相关。根据上述分析,学生在(产学合作)顶岗实习期间可能获取的企业专用知识和技能可以表现为如下几个方面。

---

① 另外四个方面包括:职业具有的愉悦性、职业的可存续时间、职业必需的诚信度和成功的概率。
② 科斯,诺思,威廉姆森. 制度、契约与组织[M]. 北京:经济科学出版社,2003:408.
③ Burke Michael A. School-Business Partnerships: Trojan Horse or Manna form Heaven [J]. Nassp Bulletin, 1986, 70 (493): 45-49.

第一，与企业中特定机器设备相关的知识。因为长期固定操作某一台复杂机器设备会积累很多隐性专用操作知识，所以，即使在同一行业中，两家生产同种产品的企业使用同种设备的生产效果都不是完全一致的。

第二，企业中特定的工作流程知识。沙博认为，即便企业中的打字秘书也拥有对企业特定的工作流程和信息沟通的专用知识，而技能所有者一旦离开所在企业，这一专用知识变得毫无用处。

第三，与特定企业时空背景相关的知识。很多知识来源于特定的工作环境，而这种特定的知识离开了特定的企业或特定的工作环境将变得毫无价值。比如，在某特定企业或工厂环境中，熟练工人能根据机器的轻微异响判别出故障问题所在；要知道货车上能装多少某种特定货物，最好的办法是问现场工作人员；要想知道顾客是否需要某种商品，最好去请教商场营业员。

根据交易成本理论，企业的人力资本专用性越强，员工和组织之间的关系越容易交易锁定。而若该岗位的员工能在劳动力市场上自由流动，说明该岗位越容易在劳动力市场广泛获取，其企业人力资本越不具有强专用性。

3. 行业专用人力资本

与职业专用人力资本、企业专用人力资本较为成熟的研究相比较，行业专用人力资本理论形成时间较晚。20世纪90年代，吉姆、格雷泽和卡林顿曾考察了不同行业间专用性技能与工资差异的关系。而以尼尔在《劳动经济学》发表《行业专用性人力资本：来自被替代劳动力的证据》一文为标志，行业专用性人力资本理论才正式形成。[①]

在行业专用人力资本理论正式形成之后，庄和李、克鲁格和萨默斯、温伯格等的实证研究进一步发现，即便控制其他背景变量，不同行业之间依然存有明显的工资差异。除了行业所有制垄断特征，行业特性能够在一定程度上解释行业专用人力资本水平。

根据前述理论分析，由于实习生个体在不同行业、不同企业、不同岗位通过产学活动（如顶岗实习）所形成的技能人力资本专用性程度不同，所获取的人力资本专用性程度越强就越容易与工作组织形成"锁定关系"。

7.1.2 个体可信承诺与产学合作

如果说，个体的专用技能人力资本的形成与企业的可雇佣性密切相关，那么，个体在产学活动中的可信承诺则直接指向企业的雇佣稳定性。

根据刘志民和吴冰的研究，产学之间实质性合作可以看作企业与院校在相互

---

① 孟大虎. 专用性人力资本研究：理论及中国的经验 [M]. 北京：北京师范大学出版社，2009：63.

独立条件下,建立的基于技能的契约关系。一个完整的(包含有"订单培养"和"顶岗实习"环节)产学合作关系一般至少持续如下两个阶段。在第一阶段(事前阶段),校企双方签订合作合约后形成了所谓的不完全的"或有雇佣契约"(时期0);随后,企业对交易对象——订单培养学生和所在院校进行师资、教学设备等专用性人力资本投资(时期1)。在第二阶段(事后阶段),学生接受在校理论学习后(合作双方的专用化投资)参加合作企业的顶岗实习(时期2);如期毕业之后,学生个体与企业双方进行正式谈判、正式雇佣并稳定工作(时期3),其时序模型如图7-1所示。①

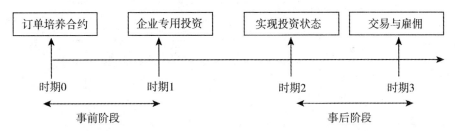

图 7-1 企业与高职院校产学合作人才培养的时序模型

从新制度经济学角度,上述一买一卖的合作行为显然属于单边的交易行为,而单边的交易行为存在着签约前后的机会主义风险。

(1)不对称信息造成签约前的机会主义行为。由于校方(学校与学生)往往比企业(未来的雇主)更了解学生的自身能力。个体技能的代理方——学校为了增加学生就业率(这一数值往往与学校考核乃至内部人员晋升相关)可能对潜在的雇主说假话,从而产生逆向选择。

(2)不对称信息和专用性投资造成签约后的机会主义行为。签约一方若比另一方投入更大的专用性投资,可能会因此产生套牢效应并遭受损失。产学合作过程中,企业由于签订了合作培养协议,通过对学校师资、设备、技术、实习等各种形式的投入,将原本技术不熟练的在校生训练为熟悉企业文化、具有专用技能的熟练工人。但是在没有强有力的外部监管和惩罚违约行为机制的情况下,任何一方——企业、学校、学生都无法确认对方会始终履行合同。在没有惩罚违约行为机制的情况下,学生在顶岗实习阶段可能退化为企业剥削廉价劳动力的工具;同样,那些从企业专用投资中受益的订单培养学生,也可能会竭力摆脱订单束缚,以期进入劳动力市场,凭借他们在企业中获得的专用技能获取更高的工资。合作参与方唯有达成可信承诺关系才能克服上述机会主义行为。

所以,为了避免上述机会主义行为,必须要将学生作为产学合作参与主体之

---

① 刘志民,吴冰. 企业参与产学合作培养人才的机理研究——基于新制度经济学的分析[J]. 高教探索,2013(5):27-32.

一，并将其个体承诺作为产学合作稳定性的保障。

7.2 研究假设与设计

7.2.1 概念模型与研究假设

综合上述理论分析，本章构建出学生个体技能人力资本专用性、个体可信承诺与产学合作三者之间关系与研究假设（如图7-2所示）。

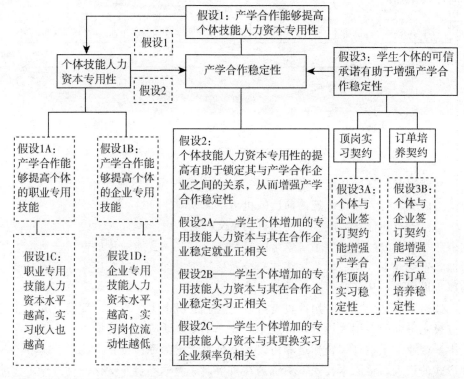

图7-2 个体技能人力资本专用性、个体可信承诺与产学合作三者之间的关系和研究假设

研究假设1（H1）：产学合作可以提高学生个体的技能人力资本专用性，而学生个体所增加的职业和企业专用技能人力资本水平可以分别通过顶岗实习收入和岗位流动性来衡量，即高收入、低流动性的实习岗位往往带来更高的专用技能人力资本水平。

研究假设2（H2）：个体在产学活动中所提高的技能人力资本专用性有助于锁定其与合作企业之间的关系，从而增强产学合作的稳定性。

研究假设3（H3）：学生个体对合作企业的可信承诺有助于增强产学合作的稳定性。

内，所以本章采用个体"是否是合作签约方"作为衡量该变量的指标。

表 7-1 汇总了本章假设和主要指标（问卷调查见附录 2）。

表 7-1 研究假设汇总表

假设	指标
假设 1： 产学合作能够提高个体技能人力资本专用性，而个体技能人力资本专用性可用顶岗实习工资收入和岗位流动率来衡量	1A：在产学合作企业中顶岗实习与提高个体职业人力资本专用性正相关 1B：在产学合作企业中的顶岗实习时间与提高个体的企业人力资本专用性正相关 1C：在产学合作企业顶岗实习形成的职业专用人力资本与实习收入正相关 1D：在产学合作企业顶岗实习形成的企业专用人力资本与实习岗位流动率负相关
假设 2： 个体（通过产学合作）所获取的专用技能人力资本有助于增强产学合作稳定性	2A：个体顶岗实习所增加的专用人力资本与其在产学合作企业稳定就业正相关 2B：个体顶岗实习所增加的专用人力资本与其在合作企业稳定实习正相关 2C：个体顶岗实习所增加的专用人力资本与其更换实习企业频率负相关
假设 3： 个体的可信承诺有助于增强产学合作的稳定性	3A：学生个体契约与产学合作中稳定实习（实习时间与收入）正相关 3B：学生个体契约和违约责任与产学合作订单培养稳定性正相关

7.3 样本数据描述统计

本调查总共发放问卷 1 000 份，在回收的有效的 800 份调查问卷中，总共涉及 30 个高职院校，覆盖了 106 个不同专业。在涉及的 728 个实习企业中，按照行业门类划分，属于非制造业门类的占 69%，属于制造业门类的占 31%；按规模划分，大型企业占 26.9%，中型企业占 43.7%，小型企业占 26.4%，微型企业占 3.0%（如图 7-3 所示）；按企业历史划分，建立时间为 5 年及 5 年以上的企业占 66%，不到 5 年的新建企业则为 34%（如图 7-4 所示）；按企业所属类型划分，国有或集体企业占 12.1%、股份有限公司占 21.6%、有限责任公司占

7.2.2 变量设计与测量

根据上述假设，本研究就所涉及的主要变量做如下处理。

1. （顶岗实习生）职业人力资本专用程度的测量

国外学者 Parks 等曾以 PLACE 工具①通过测量学生顶岗实习结果来衡量产学合作成效。在此之后，LEE、程培堽等以 PLACE 工具为基础设计、修改了学生顶岗实习结果量表。他们的研究表明，顶岗实习对学生个体职业发展的效果显著。范凯凯对高校毕业生的学历与岗位匹配的研究中将专业对口变量作为"技能人力资本专用性的重要指标"。②米勒和沃尔克、埃若伯什巴尼、钟宇平的研究发现"学用结合"与收入密切相关。以上述研究为基础，本章将用"顶岗实习与专业的匹配程度"（即学用对口程度）和"实习岗位员工流动率"两个指标来衡量学生顶岗实习阶段的职业专用人力资本变量。考虑到很多实习生在产学合作企业所领取的实习工资属于校企双方的协议工资，而协议工资未必等同市场工资，所以在此将顶岗实习工资作为控制变量对照检验。

2. （顶岗实习生）企业人力资本专用程度的测量

一般来说，员工掌握企业专用知识、技能所需的时间越长，其企业人力资本专用程度越大。同时，根据交易成本理论，企业人力资本专用性越强，雇员和工作组织之间越容易交易锁定。国外研究证明，若员工能在劳动力市场上自由流动，说明该岗位很容易在劳动力市场广泛获取，其人力资本不具有强专用性。国内学者胡浩志、卢现祥与翁秋怡的研究也发现：企业人力资本专用程度与员工流动性（转换工作的概率）负相关。所以，本章以实习生熟悉企业专用知识所需时间、所实习岗位的过往员工流动率分别来衡量实习生所获企业专用人力资本大小和实习岗位人力资本专用程度。

3. （顶岗实习）企业所属行业人力资本专用程度的测量

根据前面章节的分析，本章用合作企业所属行业"是否制造业"和"是否资本技术密集型行业"来衡量其行业人力资本专用程度。

4. 学生个体可信承诺的测量

根据刘志民和吴冰对产学合作的研究，合作方的可信承诺可以是非法律意义的承诺，也可以是有法律约束意义上的——比如美国高校的合作教育就是基于高校、学生、雇主和政府的四方契约。③而非法律意义的承诺不在本章讨论范畴之

---

① PLACE 工具是由美国合作教育网络委员会（CEN）开发的产学合作教育评价体系。
② 范皑皑. 高校毕业生的学历与岗位匹配——基于全国高校抽样调查数据的实证分析[J]. 教育与经济, 2013 (2)：18-24.
③ 刘志民，吴冰. 企业参与产学合作培养人才的机理研究——基于新制度经济学的分析[J]. 高教探索, 2013 (5)：27-32.

34.5%、外资企业占 12.6%、其他则占 19.2%（如图 7-5 所示）。

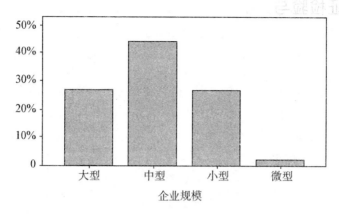

图 7-3　调查样本企业规模分布图

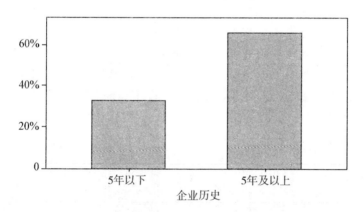

图 7-4　调查样本企业历史分布图

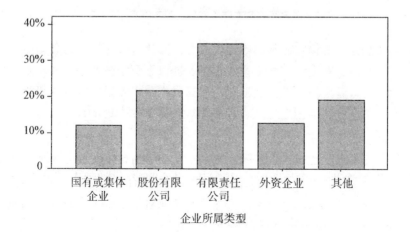

图 7-5　调查样本企业所属类型分布图

7.4 实证检验与分析

7.4.1 产学合作对个体技能人力资本专用性的影响

本小节首先验证假设1，就产学合作企业在顶岗实习环节对学生个体技能人力资本专用性的影响进行分析。之所以选择顶岗实习环节进行分析，是因为学生在校内理论学习期间，尽管在产学合作人才培养各环节中也获取了某种专用人力资本，但（同一专业或班级中）不同学生个体获得的专用人力资本差异性往往较小。而在实习阶段，不同学生在不同的合作企业顶岗实习，有的学生甚至要更换多个实习企业和实习岗位才能稳定就业，实习生最终稳定的顶岗实习企业往往并非是学校最初推荐的产学合作顶岗实习企业。[①] 从对本调查问卷中553个有效回答分析可以发现（如图7-6所示），顶岗实习时间最长的企业大部分是学生个体通过自己寻找或家庭寻找等渠道获得，而在学校推荐的产学合作实习企业中，最终只有159个个体（占总数的29%）得到稳定。对于这一差异的深究，可以揭示不同产学合作企业对学生个体人力资本形成之间的影响。

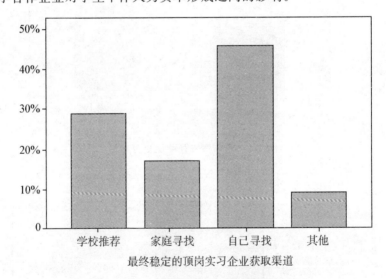

图7-6 实习生稳定顶岗实习企业的获取渠道

所以，为全面了解产学合作企业与学生技能人力资本之间的关系，在探讨学生个体对产学合作影响之前，本研究首先引入产学合作企业人力资本特征变量，建立如下实证模型，试图找到不同产学合作企业对于学生个体技能人力资本形成

---

① 从本研究调研情况来看，有的院校允许学生在产学合作企业实习一段时间之后更换实习单位。

的影响。

模型 1：
$$Y_1 = \alpha + \beta X_1 + \delta X + \varepsilon \tag{7-1}$$

模型 2：
$$Y_2 = \alpha + \beta X_1 + \delta X + \varepsilon \tag{7-2}$$

两个模型中的因变量都是衡量学生个体掌握技能人力资本专用程度的。其中，式（7-1）中的 Y_1 为学生职业人力资本专用性变量（用"实习岗位和所学专业之间的匹配程度"来衡量）；在式（7-2）中，Y_2 为学生企业人力资本专用性变量（用"需要实习多长时间才能掌握企业特有的专用技能、技术"来衡量）。式（7-1）与式（7-2）中的 X_1 为"是否在产学合作企业实习"的虚拟变量（"是"取 1 值，"否"取 0 值）；X 为如下一组变量：包括个体在产学合作企业实习时间和产学合作企业特征变量，如企业所属行业门类"是否制造业"的虚拟变量（"是"取 1 值，"否"取 0 值）、企业规模（分为"大型、中型、小型和微型"）、企业历史（分为企业成立时间"5 年及以上"和"5 年以下"，"5 年及以上"取 1 值，"5 年以下"取 0 值）。

产学合作企业对学生个体人力资本专用性的影响的回归结果（如表 7-2 所示）发现：是否在产学合作企业中顶岗实习对学生职业人力资本专用性的形成效果显著；而在产学合作企业实习时间长短对企业人力资本专用性指标作用显著，即实习时间越长，所获取的企业专用人力资本知识越多；在企业特征变量中，新建企业和资本/技术密集型行业对于职业人力资本专用性和企业人力资本专用性的形成更为有利，而制造业企业仅仅对职业人力资本专用性的形成作用显著。所以说，在产学合作企业中顶岗实习能不同程度提高学生个体的职业人力资本专用性和企业人力资本专用性，但个体所获取技能专用性的程度还和企业本身人力资本存量（如企业所属行业类型、企业历史等特征）相关。这一回归结果和前期的初步调研结果相吻合：学生到合作企业顶岗实习后总体上认为"能够学到东西"，但不同学生在不同行业、不同企业、不同岗位的顶岗实习收获差异明显。

表 7-2 产学合作企业对学生个体人力资本专用性影响的回归结果

解释变量	模型 1：职业人力资本专用性		模型 2：企业人力资本专用性	
	系数估计	标准误差	系数估计	标准误差
常量	1.94*	0.14	1.68*	0.06
是否在产学合作企业中顶岗实习	0.22**	0.09	−0.07	0.04

续表

解释变量	模型1：职业人力资本专用性		模型2：企业人力资本专用性	
	系数估计	标准误差	系数估计	标准误差
学生个体在合作企业顶岗实习的时间（月）	0.10	0.70	0.38**	0.06
产学合作企业是否属于制造业	0.25*	0.09	0.19	0.04
产学合作企业规模	0.05	0.05	0.04	0.02
产学合作企业历史（企业成立时间大于和等于5年）	−0.02*	0.08	−0.29*	0.04
产学合作企业属资本/技术密集型行业	0.50**	0.13	0.39**	0.13

注：*、** 分别代表显著性水平为 $p<0.05$、$p<0.01$。

以上回归结果验证了假设1A和假设1B，即产学合作顶岗实习能够显著提高学生个体的专用技能（职业和企业专用人力资本）。随之引发了如下两个问题，学生个体在产学合作中所获取的职业专用人力资本能否用其实习收入来衡量？学生个体在产学合作活动中所获取的企业专用人力资本能否用其（实习）岗位流动性来衡量？

本章首先将学生个体的"顶岗实习收入"作为因变量建立模型3，试图找到个体职业专用人力资本对于学生实习收入的影响。

模型3：

$$Y_3 = \alpha + \beta X_1 + \delta X + \varepsilon \tag{7-3}$$

式（7-3）中的 Y_3 为顶岗实习生实习收入变量（月工资取对数）；X_1 为"是否在产学合作企业实习"的虚拟变量；X 为一组反映学生个体人力资本特征变量，具体包括了反映职业人力资本专用性的指标（用"实习岗位与所学专业匹配度"衡量）和反映企业人力资本专用性程度的指标（用"掌握企业专用知识、技能所需时间"衡量）；同时，将通用人力资本（实习生入学时的高考分数）作为参照比较。

然后建立模型4，试图找到企业（岗位）专用人力资本对实习岗位流动性的影响。

模型4：

$$Y_4 = \alpha + \beta X_1 + \delta X + \varepsilon \tag{7-4}$$

式（7-4）中的 Y_4 为（实习）岗位流动性因变量；X_1 为"是否在产学合作企业实习"的虚拟变量；X 为一组反映学生个体人力资本特征变量，包括反映个体掌握职业专用人力资本和企业专用人力资本程度的指标（岗位与专业匹配度和企业专用技能熟悉时间）。

个体专用人力资本对学生实习收入影响的回归结果（如表 7-3 所示）发现，和通用人力资本相比较，学生个体在产学合作企业中所获取的职业和企业专用人力资本对其实习收入影响均不显著。

表 7-3 个体专用人力资本对学生实习收入影响的回归结果

解释变量	学生实习收入		
	系数估计	标准误差	t 检验值
常量	2.06***	0.28	7.49
学生个体是否在产学合作企业中稳定实习	−0.47***	0.04	0.80
企业人力资本专用性程度（个体掌握企业专用知识、技能所需时间）	0.04	0.05	1.39
职业人力资本专用性程度（实习岗位与实习生所学专业匹配度）	0.06	0.04	2.76
通用人力资本（实习生个体入学高考分数）	0.02***	0.00	7.49

注：*** 代表显著性水平为 $p<0.001$。

学生个体专用人力资本与实习岗位流动率关系的回归结果发现（如表 7-4 所示），个体掌握的企业专用人力资本、职业专用人力资本对岗位流动率指标的影响都呈现显著负相关（假设 1D 得以成立）。

表 7-4 个体专用人力资本与岗位流动率关系的回归结果

解释变量	实习岗位流动率		
	系数估计	标准误差	t 检验值
常量	2.26*	0.12	19.49
学生个体是否在产学合作企业中稳定实习	0.20**	0.10	1.99
企业人力资本专用性程度（个体掌握企业专用知识、技能所需时间）	−0.03***	0.04	0.88
职业人力资本专用性程度（实习岗位与实习生所学专业匹配度）	−0.07***	0.03	−2.00

注：*、**、*** 分别代表显著性水平为 $p<0.05$、$p<0.01$ 和 $p<0.001$。

本小节研究验证了假设 1A、假设 1B 和假设 1D，即高职院校与企业的产学合作能够提高学生个体的人力资本专用性（主要是职业专用人力资本和企业专用人力资本）。

7.4.2 学生个体人力资本专用性对产学合作稳定性的影响

上一小节的研究部分验证了假设 1，即产学合作能带给学生一定的专用知识"收获"，但这种收获未必能给学生换回更高的"收益"。本小节将研究重点转到学生个体人力资本专用性对产学合作的影响上。正如前面所分析的，企业与高职院校合作主要是基于"稳定而专用的"技能人力资本。根据假设 2——学生个体所获取的专用技能人力资本有助于增强产学合作稳定性。本章采用稳定就业和稳定实习两个指标作为衡量产学合作稳定性的因变量，分析产学合作形成的学生个体专用技能人力资本对产学合作稳定性的影响。

1. 个体人力资本专用性对稳定就业的影响

本小节研究首先将实习生"是否已经与顶岗实习企业签订就业协议"作为稳定就业的因变量，建立实证模型 5，试图找到学生个体人力资本专用性对于学生实习后稳定就业的影响。

模型 5：

$$Y_5 = \alpha + \beta X_1 + \delta X + \varepsilon \tag{7-5}$$

在式（7-5）中，Y_5 为学生"是否在顶岗实习企业中就业"的虚拟变量（"是"取 1 值，"否"取 0 值）；X_1 为"是否为产学合作顶岗实习企业"虚拟变量（"是"取 1 值，"否"取 0 值）；X 为一组反映学生个体人力资本的特征变量，具体包括职业人力资本专用性（岗位与专业匹配度）、企业人力资本专用性（顶岗实习工作岗位流动率、企业专用技能熟悉时间）和通用人力资本（入学高考分数）。

表 7-5 个体人力资本专用性对在顶岗实习单位稳定就业影响的回归结果

解释变量	B	S.E	Wals	df	Sig.	Exp（B）
常量	−1.08	0.56	3.80	1.00	0.05	0.34
学生是否在产学合作企业中实习	−0.21	0.21	0.98	1.00	0.32	0.80
顶岗实习工作岗位流动率	0.01	0.08	0.01	1.00	0.93	1.01
企业专用技能熟悉时间	−0.21	0.12	3.22	1.00	0.07	0.81
实习岗位与所学专业匹配程度	0.12	0.09	1.63	1.00	0.20	1.12
学生个体入学高考分数	0.00	0.00	3.27	1.00	0.07	1.00

表 7-5 的回归结果表明，学生个体（专用和通用）技能人力资本大小对其（是否）在顶岗实习企业稳定就业的作用都不显著；学生个体是否在校企合作企业中顶

第7章 学生个体技能人力资本对高职院校产学合作行为的影响

岗实习与最终是否在校企合作企业中稳定就业的关系也不显著。

上述研究发现带来了一个疑问：既然学生个体人力资本专用性对其稳定就业影响不显著，那么已经与顶岗实习生签订就业协议的合作企业具有哪些特征？本研究依旧将学生"是否已经与顶岗实习企业签订了就业协议"作为因变量，建立实证模型6，试图找到产学合作企业特征对于学生顶岗实习后稳定就业的影响。

模型6：

$$Y_6 = \alpha + \beta X_1 + \delta X + \varepsilon \tag{7-6}$$

在式（7-6）中，Y_6 为学生"是否就业"的虚拟变量（"是"取1值，"否"取0值）；X_1 为"是否在产学合作企业中实习"的虚拟变量（"是"取1值，"否"取0值）；X 为一组反映企业特征的变量，包括企业所属行业门类是否制造业（"是"取1值，"否"取0值）、企业规模（分为大型、中型、小型和微型）、企业历史（企业成立时间5年及以上取1值，5年以下取0值）和企业产学合作投资策略（企业过去5年招收毕业生人数）[①]。

从产学合作企业对学生顶岗实习后稳定就业影响的回归结果发现（如表7-6所示）：在学校推荐的产学合作企业实习与学生最终就业的关系呈负相关。由于该自变量取值为虚拟变量，该数值为负值基本可以说明学生能在实习企业就业主要依赖的是社会资本而非个体人力资本。而在企业特征中，合作企业的行业特征（制造业行业和资本、技术密集型行业）和是否采取投资策略对学生实习后能否在实习企业稳定就业的影响十分显著。

表7-6 产学合作企业对学生实习后稳定就业影响的回归结果

解释变量	B	S.E	Wals	df	Sig.	Exp（B）
常量	0.83	0.48	2.95	1	0.085	2.29
是否在产学合作企业中实习	−0.21**	0.21	0.98	1	0.002	0.80
实习企业是否为制造业（行业）	0.48*	0.20	5.60	1	0.018	1.62
顶岗实习企业规模	0.13	0.12	1.22	1	0.269	0.87
顶岗实习企业历史	−0.06	0.20	0.085	1	0.770	0.94
实习企业产学合作是否投资策略	0.27**	0.08	10.98	1	0.001	0.76
实习企业是否资本、技术密集型行业	1.18***	0.26	21.29	1	0.000	3.26

注：*** 分别代表显著性水平为 $p<0.001$。

综上所述，本部分研究结论可概括为：顶岗实习生在实习企业所获取的个体

---

① 根据 Jens Mohrenweiser 等的研究，企业从顶岗实习生中留用比例高的为投资策略，反之则为替代策略。本问卷以企业过去5年内该岗位从实习生中招聘的人数作为衡量指标。

专用人力资本大小与其能否在合作企业稳定就业无关；学生能否在合作企业稳定就业除和其个体社会资本相关外，更与其实习企业所属行业人力资本专用性（是否为制造业或资本/技术密集型行业）、产学合作企业是否采取了投资策略相关。因此，假设2A未能通过。

2. 个体人力资本专用性对稳定实习的影响

前面的研究发现，学生个体人力资本专用性与其能否在合作企业稳定就业无关。那么，学生个体所增加的人力资本专用性对其在合作企业稳定实习有没有影响呢？

下面将在前述研究的基础上提出模型7和模型8，试图发现学生个体人力资本专用性对其稳定顶岗实习的影响。

模型7：
$$Y_7 = \alpha + \beta X_1 + \delta X + \varepsilon \tag{7-7}$$

模型8：
$$Y_8 = \alpha + \beta X_1 + \delta X + \varepsilon \tag{7-8}$$

在式（7-7）和式（7-8）中，Y_7和Y_8分别代表学生在产学合作企业顶岗实习的时间和更换实习单位数量；X_1为"是否在产学合作企业顶岗实习"的虚拟变量；X为一组代表学生个体通用和专用性人力资本特征的变量，包括学生入学高考分数（通用人力资本）、实习岗位员工流动率（职业专用性人力资本）、岗位与专业匹配程度（职业专用性人力资本）、企业专用人力资本（企业专用技能熟悉时间）。同时，我们还将可能影响学生实习稳定的实习工资收入指标作为自变量对照检验。

学生个体人力资本专用性对其顶岗实习稳定性影响的回归结果（如表7-7所示）发现：学生在产学合作企业实习与其稳定实习时间关系不显著，但与学生更换实习企业数量负相关；学生稳定的实习时间与企业人力资本专用性（专用技能熟悉时间）和实习工资收入相关，而和职业人力资本专用性无关。换句话来说，从学生的角度，最初在产学合作企业顶岗实习的学生可以减少未来更换实习企业的频率，但在合作企业稳定实习时间长短不仅取决于（学生个体）所获企业专用知识收益，还取决于企业实习收入收益。因此，假设2B和假设2C未能通过。

表7-7 学生个体人力资本专用性对其顶岗实习稳定性影响的回归结果

解释变量	模型7：稳定的实习时间		模型8：更换实习单位频率	
	系数估计	标准误差	系数估计	标准误差
常量	1.28***	0.23	1.45***	0.18
是否在产学合作企业中实习	−0.08	0.09	−0.21***	0.07

续表

解释变量	模型7：稳定的实习时间		模型8：更换实习单位频率	
	系数估计	标准误差	系数估计	标准误差
职业人力资本专用性（实习岗位员工流动率）	0.08	0.04	0.01	0.04
企业人力资本专用性（专用技能熟悉时间）	0.21***	0.04	0.01	0.03
职业人力资本专用性（岗位与专业匹配程度）	0.02	0.03	−0.02	0.03
通用人力资本（入学高考分数）	0.00	0.00	0.00	0.00
实习工资收入	0.15***	0.04	−0.02	0.03

注：*** 代表显著性水平为 $p<0.001$。

综上所述，本小节未能验证假设2，即学生在合作企业实习所获取的个体专用人力资本未能换回稳定就业和稳定实习。学生能否（在产学合作企业）稳定就业受制于学生个体的社会资本和合作企业特征；学生能否（在产学合作企业）稳定实习，除了受制于企业人力资本专用性大小，还受制于所得实习收入高低。换言之，学生个体对产学合作顶岗实习环节的主要利益诉求除了"收获大"还要"收入高"。学生个体（在产学合作企业中）获取的专用人力资本大小与产学合作稳定性不存在必然的线性因果关系。

7.4.3 学生个体契约对产学合作稳定性的影响

上一小节研究未能验证假设2，即学生个体在产学合作中所获得的专用人力资本大小与产学合作稳定性不存在必然的线性因果关系。本部分研究将转向假设3：学生个体契约对产学合作稳定性的影响。一般来说，学生能作为主体与企业签订的契约主要为顶岗实习与订单培养。所以本小节研究以个体实习与订单培养契约为主要自变量。

1. 学生个体契约与顶岗实习稳定性

本部分研究将学生本人是否与顶岗实习企业签订正式实习协议作为自变量，建立如下实证模型，试图找到个体签约对于产学合作顶岗实习稳定性的影响。
模型9：

$$Y_9 = \alpha + \beta X_1 + \delta X_2 + \varepsilon \tag{7-9}$$

模型10：

$$Y_{10} = \alpha + \beta X_1 + \delta X_2 + \varepsilon \tag{7-10}$$

在式（7-9）和式（7-10）中，Y_9为学生在企业稳定的顶岗实习时间（月）；Y_{10}为学生实习工资的连续变量。X_1为本人是否与顶岗实习企业签订正式实习协议的虚拟变量；X_2为所在院校是否与顶岗实习工作单位签订正式的实习协议的虚拟变量。

回归检验结果表明（如表7-8所示），相对于合作院校与合作企业签约，学生本人是否与顶岗实习工作单位签约对其稳定的实习时间和实习工资收入的影响都呈正相关。

表7-8 学生个体协议对顶岗实习影响的回归结果

解释变量	模型9：实习时间		模型10：实习工资	
	系数估计	标准误差	系数估计	标准误差
常量	1.95***	0.06	−0.78***	0.03
学校是否与顶岗实习工作单位签约	−0.02	0.08	−0.01	−0.22
本人是否与顶岗实习工作单位签约	0.46***	0.08	0.06***	0.04

注：*** 代表显著性水平为 $p<0.001$。

2. 学生个体契约对合作企业订单培养的影响

在收到的240份已经签订了订单培养协议的有效问卷中，产学合作企业与学生个体之间签订订单培养协议的仅占51%。49%的学生在回答个体是否与产学合作企业签订订单培养协议的问题时，答案是"否"或者"不知道"（如图7-7所示）；在回答订单培养协议中是否有违约责任条款的问题时，将近60%的订单培养学生回答"否"或者"不知道"（如图7-8所示）；而在回答计划毕业后到订单培养单位工作年限的问题时，回答"5年以上"的不到15%（如图7-9所示）。

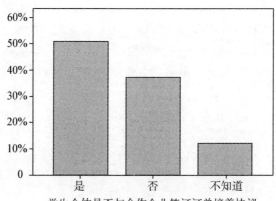

图7-7 学生个体与企业签订订单培养协议比例

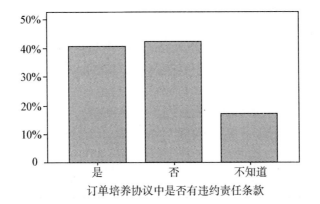

图 7-8 订单培养协议中是否有违约责任条款

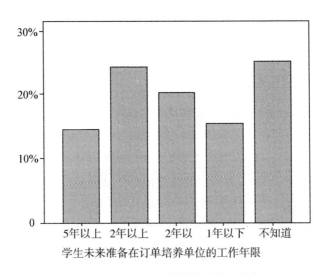

图 7-9 学生预计在订单培养单位工作年限

在上述描述统计的基础上,我们建立如下实证模型。

模型 11:

$$Y_{11} = \alpha + \delta X + \varepsilon \tag{7-11}$$

将 Y_{11} 作为订单培养学生"毕业后预计到订单培养单位工作年限",X 则是将产学合作订单培养中"学生个体与合作企业是否签订书面协议"与"订单培养协议中是否含有违约责任"这两项作为一组虚拟变量。

回归检验结果(如表 7-9 所示)发现,学生个人与产学合作企业之间"是否签订书面协议"和"订单培养协议中是否有违约责任"这两项自变量对于订单培养学生未来在合作企业预期工作年限显著正相关。

表 7-9 学生个体对订单培养影响的回归结果

解释变量	学生个体在订单培养企业预期工作年限		
	系数估计	标准误差	t 值
常量	3.65	0.28	12.77
学生个体与合作企业是否签订书面协议	0.76*	0.27	−2.76
订单培养协议中是否含有违约责任	0.21*	0.28	−0.75

注：* 代表显著性水平为 $p<0.05$。

综上所述，本小节验证了假设 3，即个体的可信承诺有助于增强产学合作的稳定性。

7.5 实证结果与讨论

7.5.1 实证结果小结

综合上述回归分析，本小节将本章所有实证模型与假设验证结果汇总在表 7-10 中。

表 7-10 本章实证模型与假设验证结果汇总

假设	指标	模型	是否影响
假设 1：产学合作能够提高个体技能人力资本专用性，而个体技能人力资本专用性可以用顶岗实习工资收入和岗位流动率来衡量	1A：在产学合作企业中顶岗实习与提高学生个体职业人力资本专用性正相关	式（7-1）	是
	1B：在产学合作企业中的顶岗实习时间与提高个体的企业人力资本专用性正相关	式（7-2）	是
	1C：在产学合作企业顶岗实习形成的职业专用人力资本与实习收入正相关	式（7-3）	否
	1D：在产学合作企业顶岗实习形成的企业专用人力资本与实习岗位流动率负相关	式（7-4）	是

续表

假设	指标	模型	是否影响
假设2：学生个体（通过产学合作）所获取的专用技能人力资本有助于增强产学合作稳定性	2A：学生个体所增加的专用人力资本与其在产学合作企业稳定就业正相关	式（7-5）	否
	2B：学生个体所增加的专用人力资本与其在合作企业稳定实习正相关	式（7-7）	否
	2C：学生个体所增加的专用人力资本与其更换实习企业的频率负相关	式（7-8）	否
假设3：学生个体的可信承诺有助于增强产学合作稳定性	3A：学生个体契约与其在产学合作企业中稳定实习（实习时间与收入）正相关	式（7-9）式（7-10）	是
	3B：学生个体契约和违约责任与产学合作订单培养稳定性正相关	式（7-11）	是

7.5.2 结论与讨论

实证研究发现，学生个体技能人力资本对高职院校的产学合作行为的影响表现在如下几个方面。

（1）产学合作可以提高学生个体的专用人力资本存量。以顶岗实习环节为例，产学合作能增加一定的专用人力资本，但在不同行业、不同企业所获取的专用人力资本程度迥异，其中人力资本专用性强的行业（如资本/技术密集型行业）和新建企业的作用明显。

（2）产学活动过程中，学生个体增加的专用人力资本未能换回更高工资收入。至少在调查样本中，高职院校很多顶岗实习生从事的是人力资本专用性存量较低、岗位流动性较高的岗位，而且学生的实习工资往往低于市场工资，所以在产学合作过程中新增的专用性人力资本未必能给学生带来更高的实习收入。

（3）学生个体获取的专用人力资本大小与产学合作稳定性不存在必然的因果关系。在顶岗实习环节，学生能否（在产学合作企业）稳定实习除了受制于人力资本专用性大小，还受制于实习收入高低；学生能否（在产学合作企业）稳定就业更受制于个体的社会资本和合作企业的行业特征（制造业行业和资本/技术密集型行业），并与产学合作企业是否采取投资策略相关。[①]

（4）学生个体与企业间的契约承诺可以减少双方的机会主义行为，从而保障产学合作关系的稳定性。就学生个体而言，在产学合作企业顶岗实习后会形成不同程度的、凝结于个体的专用技能人力资本，但由于实习阶段无法同时兼顾"收获大""收入高"和"能就业"等利益诉求，在没有雇佣保障或个体约束的情况

---

① 刘云波和金鑫的研究发现，校企合作水平对于学生就业具有稳定而积极的影响。

下，学生作为技能所有者容易出现机会主义行为。在人力资本专用性较大的企业中，缺乏经验的实习生在企业往往只能充当"旁观者"；在人力资本专用性较小的企业中，如果监管缺失，企业往往采取非投资策略甚至机会主义行为（包括提供低技能岗位、通过"协议工资"让实习生充当廉价劳动工人等）。学生作为第三方与校企双方签订契约有助于学生个体与企业之间的可信承诺，从而提高产学合作行为的稳定性。

7.6 本章小结

本章继续以专用技能人力资本的角度，从技能形成后的实际所有者——学生个体出发，探讨了学生个体对产学合作行为的影响。通过问卷调查和实证分析发现，在控制校企合作主体、合作专业（项目）的前提下，学生个体与产学合作的关系如下：产学合作可以在一定程度上提高学生个体的专用技能人力资本水平，但所提高的个体专用技能人力资本大小取决于行业和企业性质，而且所提高的个体专用技能人力资本未必能为企业换回稳定的技能（稳定就业和稳定实习）。

本研究结论的政策启示在于，产学合作不应仅仅看作是院校与企业之间的双边合作。为了保障产学合作稳定性，需要建立学生个体、合作企业与院校三方的可信契约承诺与违约机制，从而避免专用技能人力资本一旦形成后，个体技能所有者的机会主义行为。为了避免学生个体的机会主义行为，要将学生作为产学合作参与主体之一，并将其个体承诺作为产学合作稳定性的保障。与企业的顶岗实习合作需要在每期顶岗实习之前签订一个三方短期合同，企业给学生提供高质量的顶岗实习岗位；作为交换，实习生（包括合作院校）必须保证能够在一段时期内在合作企业稳定实习并接受低工资。与企业的订单培养合作，订单培养学生如要获得企业实质性的雇佣承诺，则必须接受培养合同中低于市场价格的实习工资，并在毕业后在合作企业内稳定就业。而从长期来看，还需建立学生个体（乃至家庭）对专用高技能积累的长期观念，避免学生的短期机会主义行为。

第8章 研究结论与政策启示

8.1 研究结论

在前面章节中,作者以人力资本理论、新制度经济学为基础,以专用技能(人力资本)形成作为理论分析视角,建立了一个旨在解释高职院校产学关系的概念框架。这一概念框架界定了高职院校产学合作关系的实质是:专用技能人力资本形成各要素——技能需求者(企业与行业)、技能供给者(高职教育机构)和技能所有者(学生个体)在给定技能形成制度背景下,以技能专用化为目标的契约关系与治理机制。

在上述概念框架下,本书首先通过不同经济体的比较,分析了不同技能形成制度下的高职产学关系;然后在既有制度约束下,分别从企业、院校、专业和学生个体角度实证研究了影响国内高职院校产学合作的主要因素,并得出如下基本结论。

8.1.1 技能需求者——企业主体因素对高职院校产学合作行为的影响

从技能需求者——企业角度,以113所高职院校人才培养工作状态数据和3 793个合作企业专项调查数据为基础,通过企业特征对9种产学合作行为回归分析发现:具有专用技能需求并兼有技能投资策略与传统的企业倾向于和高职院校开展实质性产学合作。

具体来说,可以总结为以下两点结论。

第一,企业因其所属行业(产业)、规模、所有制、技术采用等不同导致专用技能需求差异,而专用技能需求差异引发产学合作行为与水平的差异。

(1)从企业所属行业(产业)来看,资本、技术密集型行业(产业)的企业因专用技能需求程度高,所以对产学合作行为影响显著。以三大产业来看,资本/技术密集的第二产业产学合作水平显著高于第一、第三产业。从行业门类来看，（制造业为代表的）资本/技术密集型行业在绝大多数的产学合作行为中优势明显；劳动密集型行业（住宿餐饮、居民服务业为代表）的产学合作行为以"用人"为特征，产学合作水平相对较低。

（2）大规模企业因专用技能需求大，所以对产学合作行为影响显著。由于大型企业拥有更多的专用技能和技能投资倾向，所以在多数产学合作行为中，大企业比中小企业合作水平更高。由于高职院校技术服务能力较低，目前院校主要为小型企业提供技术服务。而微型企业与学校在共同开发课程方面的合作较为显著。

（3）从企业的性质类型角度来看，外资企业因技能专用性差异，在产学合作上显著优于其他组织类型。在绝大多数的产学合作行为中，外资企业比国有企业合作水平更高；而私营企业在订单培养方面比国有企业更显著。

（4）高新技术企业因技能专用性差异，对产学合作有显著影响。高新技术企业由于技术采用先进、技术进步较快，对专用技能的需求也比较大，所以在接受毕业生就业数、合作订单培养数、共同开发课程数、共同开发教材数、合作技术培训等多数产学合作行为指标方面水平显著。同时，因为高职院校本身技术服务能力的限制，在为企业提供技术服务方面主要面向的是普通（非高新技术）企业。

第二，专用技能需求大的企业具有与高职院校产学合作的倾向，但并不代表必然与高职院校开展实质性产学合作。研究表明，具有专用技能需求并兼有技能投资策略与传统的企业才有可能与高职院校开展实质性产学合作；而小企业、劳动密集企业、非高新技术企业或者不具有技能投资策略与传统的企业，合作动力主要在于获取技术与技能从而降低企业生产成本。

8.1.2 技能供给者——学校办学主体因素对高职院校产学合作行为的影响

从技能供给者——院校角度，以112所高职院校人才培养工作状态数据，通过9种产学合作行为与不同办学主体的回归分析发现，对院校前期（技能专用化）投入越大或对形成专用技能越具有"措施保障"的办学主体，越倾向于和高职院校开展实质性产学合作。

具体来说，可以总结为如下几点结论。

第一，从院校治理结构来说，越有利于企业治理的院校，产学合作水平越高。由于行业或企业举办的高职院校和行业、企业存在着天然一体化的统一治理关系，所以行业与企业办学无论是在产学合作深度还是广度上都存在普遍的优势。

第二，行业部门举办的高职院校在顶岗实习质量保障上优势明显。从这一角度出发，相对于以利润最大化为组织目标的企业，行业部门能够摆脱对廉价劳动力的利益诉求，从而避免"市场失灵"和"办学失范"现象。

第三，高职院校举办方离技能需求者——企业、行业"组织距离越远"，越需要通过"古典式签约方法"与企业、行业建立一种以"或有雇佣"为契约条件的订单培养产学合作关系。

第四，学校办学条件方面，院校等级（国家级示范院校、省级示范院校和一般院校）和院校规模对产学合作影响不显著；但专业师资的数量（生师比）和质量（双师比）指标对于企业深层次的产学合作行为影响显著。

8.1.3 技能专用性——专业因素对高职院校产学合作行为的影响

从专业角度，技能专用性和市场需求程度决定其在产学合作中的地位。本书根据11 691个产学合作项目专项调查数据，在理论和实证两方面讨论了技能专用性程度对产学合作水平的影响。研究发现：技能人力资本专用性与市场需求两者共同作用后对产学合作水平发生影响。

具体来说，可以得出以下两点结论。

第一，企业与高职院校在不同专业的产学合作行为与合作水平是由该专业的技能人力资本专用性与市场需求共同作用的结果。换句话来说，企业与高职院校不同专业产学合作的"兴趣大小"主要取决于经济逻辑。

第二，高职院校对于重点专业的投入与建设能够提升该专业的社会声誉，从而使重点专业在招生市场具有一定美誉度与竞争力，也可以在一定程度上促进产学合作，但却无法改变企业和市场对特定专业的专用技能的需求，也无法改变企业对该专业深层次的产学合作需求。

8.1.4 技能所有者——学生个体因素对高职院校产学合作行为的影响

高职院校产学活动过程中，学生个体是企业技能专用化投资的实际受益者和专用技能形成后的实际所有者。基于800份问卷调查的回归分析发现，在控制校企合作主体、合作专业的前提下，学生个体在产学活动中获取的专用技能人力资本大小与产学合作的稳定性不存在必然的因果关系。为了保障高职院校产学合作的稳定性，从短期来看，产学合作双方（院校与企业）为锁定技能专用化投入后所形成的专用技能，需要建立学生个体、合作院校、合作企业三方可信契约承诺；在长期来看，还需建立学生个体（乃至家庭）对专用高技能积累的长期观念，避免学生的短期机会主义行为。

具体来说，可以得出以下结论。

第一，高职院校与企业通过产学合作可以提高学生个体的专用技能水平，但个体专用技能的形成未必能为企业换回技能雇佣的稳定性（比如稳定就业或者稳定实习）。所以说，学生个体在产学活动中所获取的专用技能人力资本大小与产学合作稳定性并不存在必然的因果关系。除了个体的人力资本因素，学生能否（在产学合作企业）稳定实习和稳定就业还受制于其社会资本、个人实习效用目标偏好（工资收益最大化或知识收益最大化）、产学合作企业特征等要素。

第二，为了保障产学合作的稳定性，在短期来看，需要建立学生个体、企业与院校三方的可信契约承诺与违约机制，从而避免专用技能人力资本形成前后，技能需求者、技能供给者和个体技能所有者的机会主义行为。就学生个体而言，在没有雇佣保障或个体约束的情况下，其作为技能所有者容易出现专用技能形成后的机会主义行为。对企业而言，如果监管缺失，可能会采取非投资策略甚至机会主义行为，包括提供低技能岗位、通过"协议工资"让实习生充当廉价劳动力等。而学生作为第三方与校企双方签订契约，有助于学生个体与企业之间的可信承诺，从而提高产学活动的稳定性。

第三，为了保障产学合作的稳定性，在长期来看，还需建立学生个体（乃至家庭）对于专用"高技能"积累的长期观念。从产学合作的角度，学生个体是企业未来的潜在劳动者；而从技能形成的角度，学生个体还是专用技能形成后的拥有者。产学合作的稳定不仅需要高职院校与企业双方长期的合作意愿，还需要建立起学生个体对技能形成的长期观念——学生个体对于专用技能积累长期投入的意愿，而非短期行为。

8.1.5 技能形成制度对高职院校产学合作行为的影响

通过对 5 个经济体技能形成制度下的高职产学关系进行比较与历史分析发现：短期来说，企业与高职院校的产学合作行为服从于现实的中间技能需求；长期来看受制于技能形成制度，而一个技能形成制度最早可以追溯到工业化早期。具体来说，得出如下基本结论。

第一，企业与高职院校基于技能的产学合作动力首先来自企业、行业对专用中间技能的需求，而专用中间技能需求、供给与经济体所处工业化阶段、产业结构、高等教育大众化阶段密不可分；只有在工业化中期产业对中间技能需求上升、高等教育大众化阶段同步发生的背景下，企业与高职院校基于技能的产学合作才显得尤为突出。

第二，一个有利于企业技能投资的制度可以保护企业与院校基于技能的产学合作。构成这一技能制度的要素至少应该包括如下三方面：产学合作各参与方——学校（技能供给者）、企业（技能需求者）、学生（潜在的技能所有者）和公共组织（包括行业组织、政府、非政府公共部门）的可信承诺关系；行业内技

第8章 研究结论与政策启示

能认证标准化；监督企业参与产学合作质量的第三方力量。

第三，企业与高职院校产学合作行为短期内服从于现实中间技能需求的理性计算，长期内服从于技能形成制度的保障和价值需要。以技能获取、技能供给、技能拥有为现实压力和出发点，企业、高职院校、潜在技能所有者、政府和非政府公共组织（包括行业组织）等四类行动者通过复杂的依赖和独立关系联系在一起，多个行动流共同构成了不同的技能形成制度和产学合作关系演进的中心动力机制。

第四，不同经济体的技能形成制度与其高职产学关系密不可分：在德国高技能社会，形成了公共组织（行业组织）主导下，行业、企业和潜在技能所有者深度参与的、基于专用技能的高职产学关系；在英美"高低技能均衡"社会，形成了企业、潜在技能所有者、公共组织松散参与、基于通用技能的高职产学关系；在韩国和我国台湾地区技能"发展型"社会中，形成了政府或行政当局主导下，企业、潜在技能所有者、公共组织相互联系的、服从于在不同工业化阶段不同技能需求的高职产学关系。

8.2 政策启示

根据上述研究结论，本书提出如下政策启示与建议。

第一，重新界定产学合作的政策执行主体。本研究认为，包括高职在内的职业教育产学合作应视为涉及一个社会技能形成的公共政策，而不仅仅是一项教育政策。所以，教育行政部门不应是产学合作的唯一政策执行主体。应成立社会发展规划、人力资源等政府部门和行业参与的跨部门政策执行主体，由该主体根据所在区域的工业化进程和产业结构来推进产学合作，从而回应产业的技能需求，并以此推动高技能社会的形成。

第二，改变政府对高职院校的财政资助方式。政府今后对高职院校财政支持重点可从过去对特定院校的专项财政扶持转向对产学合作订单培养项目的财政补贴，受益对象从过去的特定院校转向基于专业-项目的产学合作订单培养学生。

第三，政府要加强高校专业设置和招生的宏观调控与规划，高职院校的专业评审、评估应纳入企业和行业，并将其作为独立的评估主体，衡量指标除了院校专业本身实力，更应关注专业（和专业方向）的市场需求与专业性程度。

第四，加快高职院校治理结构改革。高职院校不仅仅是"普通高校"，更应是现代职业教育体系和技能形成体系的重要组成部分。建立"产教深度融合"的关键是强化行业协会和企业在职业院校治理中的作用，形成政府、行业、企业与高职院校等多元利益主体在高职院校组织生态内外和谐相处的治理结构。在外部治理结构方面，应从法律上进一步理顺高职院校与政府、企业（行业）三者之间的关系。在内部治理结构改革方面，要在院校领导体制方面进行改革。目前，很多职业院校设置了以企业为主体的顾问（指导）委员会等非常设机构作为产学合作平台，但这一机构缺乏与用人单位的实质性治理关系。为完善利益相关者参与院校治理、决策和监督机制，公办高职院校可在此基础上，建立企业、行业代表实质性参与的董事会和理事会，由董事会审定院校章程和发展规划；由董事会根据法律与高等职业教育需要任命院校领导，鼓励企业家担任校长或保证院校领导班子当中有企业家代表。

第五，高职院校在与企业开展以"用人"为基础的产学合作过程中，要注意趋利避害。高职院校与企业在涉及学生个体的订单培养、顶岗实习等产学合作活动中，校企双方应与合作第三方（学生及家长）共签一份利益成本均衡分担、含有违约惩罚机制的契约，从而兼顾产学合作质量和企业雇佣稳定性。通过协议来保障合作质量、创新合作方式，保障学生权益。

第六，高职院校应加强所在地产业结构与技能需求结构的市场调研，健全院校、专业与产业发展的联动机制。院校要从行业、企业的经济逻辑（而不仅仅基于学校的教育逻辑）视角来理解、谋划学校未来的发展与产学关系。高职院校在对不同专业投入和建设前要进行充分的市场调研，要结合市场需求来规划本校重点发展专业，而非仅仅从专业实力强弱和专业发展历史等"供给"因素来确定本校优先发展的专业。院校在招生宣传过程中，要根据就业市场引导考生提早树立正确的择业观，而非仅仅从招生市场"冷热"程度来引导报考专业。

第七，高职院校要提高为中小微企业提供技术服务的水平。为了进一步拓宽产学合作领域，提高产学合作水平，迫切要注意提高教师技术水平，通过加强与行业、企业共建技术工艺和产品开发中心、实验实训平台、技能大师工作室等手段，重点发展为中小微企业的技术研发和产品升级提供技术服务能力。

第八，从长远来看，实现高质量的产学合作需要企业（技能需求者）、院校（技能供给者）、学生（技能所有者）对技能的长期投资观念，而非短期行为。政府、行业组织作为第三方的介入可以保证集体性的、优质的产学合作。一个高技能社会的形成有赖于整个社会高质量的产学合作，而高质量的产学合作不仅需要校企双方的努力，更需要政府、行业组织在制定行业人才培养标准、职业资格认定、产学合作过程监督乃至高职教育机构外部治理结构改革等方面发挥主导作用。

最后，需要强调的是，高职院校产学关系的本质是高等职业教育在学校本位和工作本位之间寻找的一个新的平衡点。在当下中国，高职院校产学合作政策和重视程度置于历史上从未有过的高度有其特殊背景。这一特殊背景既与我国基于院校的技能形成模式相关，又和我国目前工业化进程中广泛需求的专用中间技能相关，更和当下劳动力市场处于买方市场紧密相关。由于我国劳动力市场出现了通用技能供过于求与专用技能供不应求并存的矛盾,客观上需要高职院校和学生个体(潜在的劳动者)更加重视行业和企业的需求。但从长期来说,高职教育机构除了"高端技能"供给的政策使命,还担负着文化传承、人文教育的使命。随着社会需求的不断变动,高职院校的产学关系也必将在这种动态平衡中发展成熟。

8.3 可能的创新与不足

8.3.1 可能的创新点

本研究可能的创新点如下。

(1) 以人力资本理论、新制度经济学和专用技能形成议题为基础,通过理论演绎、实证分析和案例比较,建立了一个解释高职院校产学关系的分析框架。该分析框架所界定的高职院校产学关系的实质是:专用技能人力资本形成各要素——技能需求者(企业与行业)、技能供给者(高职教育机构)和技能所有者(学生个体)在给定技能形成制度背景下,以技能专用化为目标的契约关系与治理机制。利用该概念框架,本书独创性地从专用技能人力资本形成的角度解释了影响高职院校产学合作行为的各因素,从而跳出了该领域既有文献大多基于教育机构与教育理论的研究范式,这既拓宽了高职教育产学关系领域的研究方法,也拓展了专用技能人力资本理论分析的应用范围。

(2) 通过比较分析与制度分析,揭示了不同经济体技能形成制度中的高职产学关系:企业与高职教育机构产学合作的动力首先来自对中间专用技能的需求;其次,不同经济体高职院校产学关系的差异源于工业化早期的技能形成制度。这一新发现引出了如下新命题——高职院校产学合作关系首先受制于经济逻辑而非教育逻辑,该命题探索了该领域未来研究可能的新方向。

(3) 基于专用技能人力资本形成这一理论新视角,从产学合作企业(专用技能需求者)分别投资于合作院校(通用或专用技能供给者)、合作专业(专用技能供给者)和学生个体(潜在技能所有者和劳动者)的角度,分别就人力资本理论——专用技能人力资本形成各要素和高职教育实践的重大热点问题——影响高职院校产学合作的因素进行了实证分析,从而为探索高职产学关系研究提供了新视角与新证据。

8.3.2 可能的不足

企业与高职院校的产学合作基础除了技能获取还可能有技术获取的需要,但出于研究的聚焦和高职院校本身特性,本书主要将高职院校与企业基于技能的产学合作人才培养行为作为主要研究对象,而将基于技术的产学合作［比如技术服务、成果(技术)转让、合作研发、共建实体、科技园区等］作为次要的影响因素。尽管这些次要的因素从长远来说对高职院校与企业产学合作也可能产生显著影响。

8.4 研究展望

本研究以专用技能形成为主线,探讨了影响高职院校产学合作行为的高职院校、企业、专业、个体和制度等因素。鉴于研究资料限制和时间精力所限,尽管本书就各影响因素进行了深入调查与研究分析。但是,下面这些领域值得今后的研究进一步拓展深化。

(1) 本研究在控制住学校、企业投入变量的前提下,以"同质的专业"为假定前提进行了专用技能的衡量。但在现实的高职院校专业建设中,往往以教育部专业目录中的专业名称后加"专业方向",通过专业课程的适度更新来不断适应企业与市场需求。这种变化对于产学合作行为与水平的影响还有待于进一步的持续研究。

(2) 在现实高职院校产学活动当中,还包括了礼物给予、食物和饮料的交换、拜访等涉及社会资本投资的活动。这些与社会资本理论、社会学有着明显关系的领域对于产学合作行为与水平的影响还有待于进一步的持续研究。

(3) 本研究聚焦于企业与院校基于技能的产学合作,这种以技能专用化为目标的合作与(企业、院校)基于技术的合作是否存有某种关联还有待于进一步的持续研究。

附录1 工业和信息化部、国家统计局、国家发展和改革委员会对企业规模划分标准

行业名称	指标名称	计量单位	大型	中型	小型	微型
农、林、牧、渔业	营业收入（Y）	万元	Y≥20 000	500≤Y＜20 000	50≤Y＜500	Y＜50
工业*	从业人员（X）	人	X≥1 000	300≤X＜1 000	20≤X＜300	X＜20
	营业收入（Y）	万元	Y≥40 000	2 000≤Y＜40 000	300≤Y＜2 000	Y＜300
建筑业	营业收入（Y）	万元	Y≥80 000	6 000≤Y＜80 000	300≤Y＜6 000	Y＜300
	资产总额（Z）	万元	Z≥80 000	5 000≤Z＜80 000	300≤Z＜5 000	Z＜300
批发业	从业人员（X）	人	X≥200	20≤X＜200	5≤X＜20	X＜5
	营业收入（Y）	万元	Y≥40 000	5 000≤Y＜40 000	1 000≤Y＜5 000	Y＜1 000
零售业	从业人员（X）	人	X≥300	50≤X＜300	10≤X＜50	X＜10
	营业收入（Y）	万元	Y≥20 000	500≤Y＜20 000	100≤Y＜500	Y＜100
交通运输业*	从业人员（X）	人	X≥1 000	300≤X＜1 000	20≤X＜300	X＜20
	营业收入（Y）	万元	Y≥30 000	3 000≤Y＜30 000	200≤Y＜3 000	Y＜200
仓储业	从业人员（X）	人	X≥200	100≤X＜200	20≤X＜100	X＜20
	营业收入（Y）	万元	Y≥30 000	1 000≤Y＜30 000	100≤Y＜1 000	Y＜100
邮政业	从业人员（X）	人	X≥1 000	300≤X＜1 000	20≤X＜300	X＜20
	营业收入（Y）	万元	Y≥30 000	2 000≤Y＜30 000	100≤Y＜2 000	Y＜100
住宿业	从业人员（X）	人	X≥300	100≤X＜300	10≤X＜100	X＜10
	营业收入（Y）	万元	Y≥10 000	2 000≤Y＜10 000	100≤Y＜2 000	Y＜100
餐饮业	从业人员（X）	人	X≥300	100≤X＜300	10≤X＜100	X＜10
	营业收入（Y）	万元	Y≥10 000	2 000≤Y＜10 000	100≤Y＜2 000	Y＜100

续表

行业名称	指标名称	计量单位	大型	中型	小型	微型
信息传输业	从业人员（X）	人	X≥2 000	100≤X＜2 000	10≤X＜100	X＜10
	营业收入（Y）	万元	Y≥100 000	1 000≤Y＜100 000	100≤Y＜1 000	Y＜100
软件和信息技术服务业	从业人员（X）	人	X≥300	100≤X＜300	10≤X＜100	X＜10
	营业收入（Y）	万元	Y≥10 000	1 000≤Y＜10 000	50≤Y＜1 000	Y＜50
房地产开发经营	营业收入（Y）	万元	Y≥200 000	1 000≤Y＜200 000	100≤Y＜1 000	Y＜100
	资产总额（Z）	万元	Z≥10 000	5 000≤Z＜10 000	2 000≤Z＜5 000	Z＜2 000
物业管理	从业人员（X）	人	X≥1 000	300≤X＜1 000	100≤X＜300	X＜100
	营业收入（Y）	万元	Y≥5 000	1 000≤Y＜5 000	500≤Y＜1 000	Y＜500
租赁和商务服务业	从业人员（X）	人	X≥300	100≤X＜300	10≤X＜100	X＜10
	资产总额（Z）	万元	Z≥120 000	8 000≤Z＜120 000	100≤Z＜8 000	Z＜100
其他未列明行业	从业人员（X）	人	X≥300	100≤X＜300	10≤X＜100	X＜10

附录2　顶岗实习和订单培养情况问卷调查（学生卷）

亲爱的同学：您好！
　　开展此项问卷调查的目的，是为了专项课题组了解顶岗实习和订单培养学生的状况。本问卷不记名，无任何考核、测试目的，不会根据问卷调查追究任何人的任何责任。本问卷仅用于专项调研课题研究，我们将对所有资料保密，不影响您的学习与工作，恳请得到您的支持并衷心感谢您的合作！

填写说明：
- 在您认为合适的选项前的"○"内打"√"（每道题目只能选一个答案）
- 选项中有"＿＿＿＿＿＿＿＿"的地方，请您根据实际情况填写文字。

****

1. 您所学专业是＿＿＿＿＿＿＿＿，您入学高考分为＿＿＿＿，您顶岗实习时间最长的企业是＿＿＿＿＿＿＿＿＿＿＿＿。
2. 您实习岗位性质和您所学专业之间的匹配程度如何？
   ○从事岗位和专业相关，技术含量高
   ○从事岗位和专业相关，技术含量低
   ○从事岗位和专业关系不大，技术含量低
   ○旁观见习为主，岗位工作量较少
3. 您顶岗实习时间最长的那个岗位过去几年中员工流动率大吗？
   ○很大　　○较大　　○较小　　○几乎没有
4. 您实习多长时间才能掌握企业特有的专用技能、技术或业务？
   ○6个月（含）以上　　○5个月　　○4个月
   ○3个月　　○1～2个月
5. 您个人在实习前与顶岗实习企业是否签订了书面的（劳动或培训）协议？
   ○是　　○否　　○不知道

6. 您所在学校与您顶岗实习企业是否签订了正式的实习协议?
   ○是   ○否   ○不知道
7. 您顶岗实习的月收入大致是多少?
   ○大于2 000元 ○1 500~1 999元 ○1 000~1 499元 ○500~999元
   ○499元及以下（含无收入）
8. 您顶岗实习的企业（指实习时间最长的单位，下同）属于什么行业门类?
   ○制造业   ○服务业   ○其他
9. 您顶岗实习的企业规模有多大（根据企业中工人数和在行业中的销量确定）?
   ○大型   ○中型   ○小型   ○微型
10. 您顶岗实习的企业从建立至今已有多长时间?
    ○5年以上   ○5年以下
11. 您顶岗实习的企业所属类型?
    ○国有或集体企业   ○股份有限公司   ○有限责任公司
    ○外资企业   ○其他
12. 您认为您顶岗实习的企业是否属于资本/技术密集型企业?
    ○是   ○否   ○不知道
13. 您通过何种渠道到该顶岗实习单位实习?
    ○通过学校推荐   ○通过家庭寻找   ○自己寻找   ○其他渠道
14. 您是否已经或即将与顶岗实习单位签订正式的就业协议?
    ○是   ○否   ○未确定
15. 您在上述单位的顶岗实习时间有多长?
    ○1年左右   ○半年以上   ○3个月以上
    ○1个月以上 ○其他
16. 您顶岗实习单位今年和过往五年总共招收您所在学校的毕业生人数?
    ○5人以上   ○1~5人   ○没有   ○不知道
17. （如您已签就业协议）企业与您签协议的关键原因是?
    ○家庭关系   ○个人素质   ○实习表现   ○学校声誉
18. 您认为所在顶岗实习单位招收您来顶岗实习的关键动机是什么?
    ○企业对专业人才的需要   ○企业对劳动力的需要
    ○企业提前物色满意的员工   ○实习生的工资便宜
    ○实习企业与学校有稳定合作关系 ○其他

   您如果在进学校就读前就已经明确属于某企业"订单培养学生"，请继续填写；如不是，则不用继续填写。

19. 您本人与订单培养的工作单位是否签订了正式的书面协议?
    ○是   ○否   ○不知道

20. 您本人与订单培养的工作单位书面协议中是否签订有违约责任条款？
　　○是　　　○否　　　○不知道
21. 您计划毕业后到订单培养单位工作的年限是？
　　○5年以上　　○2年以上　　○2年以下　　○1年以下　　○不知道
22. 您只想在订单培养单位工作"2年以下"的原因是什么？（文字描述）

23. 您当初与企业签订订单培养的主要原因是什么？（文字描述）

问卷填写完毕，非常感谢您的支持与合作！
　　调查员：

参考文献

[1] Anderhub V, Konigstein M, Kubler D. Long-teamwork contracts versus sequential spot markets: experimental evidence on firm-specific investment [J]. Labour Economics, 2003, 10 (4):407-425.

[2] Mayer K U, Solga H. Skill Formation: Interdisciplinary and Cross—National Perspectives [J]. Canadian Journal of Sociology Cahiers Canadiens De Sociologie, 2008, 115 (4): 1300—1302.

[3] Gary Becker, George Stigler. Law Enforcement, Malfeasance, and Compensation of Enforcers [J]. Journal of Legal Studies, 1974 (3):1-18.

[4] Guadalupe, Maria. The hidden costs of fixed term contracts: the impact on work accidents [J]. Labour Economics, 2003 (3).

[5] Hashimoto M, B Yu. Specific capital, employment contracts and wage rigidity [J]. Bell Journal of Economics, 1980 (2):536-549.

[6] Hashimoto M. Firm-Specific Human Capital as a Shared Investment [J]. American Economic Review, 1981 (3):475-482.

[7] Jovanovic Boyan. Firm Specific Capital and Turnover [J]. Journal of Political Economy, 1979b (5):1246-1260.

[8] Jovanovic Boyan. Job Matching and the Theory of Turnover [J]. Journal of Political Economy, 1979a (5):972-990.

[9] Lazear Edward P. Agency, Earnings Profiles. Productivity and Hours Restrictions [J]. American Economic Review, 1981 (4):606-620.

[10] Loewenstein George, Nachum Sicherman. Do Workers Prefer Increasing Wage Profiles [J]. Journal of Labor Economics, 1991 (1):67-84.

[11] Jacob Mincer. On-the-Job Training: Costs, Returns, and Some Implications [J]. Journal of Political Economy, 1962 (5):50-54.

[12] Mortensen D T. Special Capital and Labor Turnover [J]. Bell Journal of

Economics, 1978 (9):572-586.

[13] Salop J, S Salop. Self-Selection and Turnover in the Labor Market [J]. Quarterly Journal of Economics, 1976 (4):619-627.

[14] Journal E E. Factors Influencing Learning in Work:A Comparison of Two Research Projects (European and United Kingdom Based) [J]. European Educational Research Journal.

[15] Sambrook S. Developing a model of factors influencing work-related learning:Findings from two research projects [M] //Work-Related Learning. Springer Netherlands, 2006:95-125.

[16] Richard N Langlois. The Vanishing Hand:The Changing Dynamics of Industrial Capitalism [J]. Industrial & Corporate Change, 2007, 12 (2):351-385.

[17] Stenstrom M L, Tynjala P. Towards Integration of Work and Learning [M]. Berlin:Springer-Verlag Gmbh, 2008.

[18] Päivi Tynjälä, Jussi Valimaa, Anneli Sarja. Pedagogical perspectives on the relationships between higher education and working life [J]. Higher Education, 2003, 46 (46):147-166.

[19] Oliver E Williamson. The Economic Institutions of Capitalism:Firms, markets, relational contracting [M]. New York:Free Press, 1985.

[20] Oliver E Williamson. Comparative Economic Organization:The Analysis of Discrete Structural Alternatives [J]. Administrative Science Quarterly, 1991.

[21] 科斯,诺思,威廉姆森. 制度、契约与组织 [M]. 北京:经济科学出版社,2003.

[22] 琳达·克拉克. 职业教育:国际策略、发展与制度 [M]. 北京:外语教学与研究出版社,2011.

[23] 瑞恩博德. 情境中的工作场所学习 [M]. 北京:外语教学与研究出版社,2011.

[24] 贝尔纳·夏旺斯. 制度经济学 [M]. 广州:暨南大学出版社,2013.

[25] 郭斌. 知识经济下产学合作的模式、机制与绩效评价 [M]. 北京:科学出版社,2007.

[26] 石伟平. 时代特征与职业教育创新 [M]. 上海:上海教育出版社,2006.

[27] 楼世洲. 职业教育与工业化——近代工业进程中江浙沪职业教育考察 [M]. 上海:学林出版社,2008.

[28] 魏所康. 培养模式论:学生创新精神培养与人才培养模式改革 [M]. 南京:东南大学出版社,2004.

[29] 克劳斯·贝克. 职业教育教与学过程 [M]. 北京：外语教学与研究出版社，2011.

[30] 黄容怀，郑兰琴. 隐性知识论 [M]. 长沙：湖南师范大学出版社，2007.

[31] 李作学. 隐性知识计量与管理 [M]. 大连：大连理工大学出版社，2008.

[32] 崔英德，等. 产学研联合的探索与实践 [M]. 广州：中山大学出版社，1992.

[33] 毛亚庆，等. 基于知识观的大学核心竞争力研究 [M]. 北京：教育科学出版社，2010.

[34] 何华. 新视野下的认知心理学 [M]. 北京：科学出版社，2009.

[35] 郑太年. 学校学习的反思与重构——知识意义的视角 [M]. 上海：上海教育出版社，2006.

[36] 乔纳森. 学习环境的理论基础 [M]. 上海：华东师范大学出版社，2002.

[37] 李文利. 从稀缺走向充足 [M]. 北京：教育科学出版社，2008.

[38] 张凤林. 人力资本理论及其应用研究 [M]. 北京：商务印书馆，2006.

[39] 姚梅林. 从认知到情境：学习范式的变革 [J]. 教育研究，2003（2）.

[40] 刁丽琳，朱桂龙，许治. 国外产学研合作研究述评、展望与启示 [J]. 外国经济与管理，2011（2）.

[41] 许竞. 英国教育领域关于劳动者技能形成研究现状综述 [J]. 比较教育研究，2007（12）.

[42] 孟繁强，杨斌. 劳动力市场技能形成模式与制造业竞争优势研究 [J]. 财经问题研究，2010（6）.

[43] 耿洁、黄尧. 技能型人力资本专用化：工学结合中一个新的概念 [J]. 中国高教研究，2010（7）.

[44] 徐兆铭，杨晓波，乔云霞. 雇佣合约、嵌入性过程控制与企业专用性人力资本投资——以 LG 集团为例 [J]. 经济管理，2007（15）.

[45] 杨瑞龙，杨其静. 专有性、专用性与企业制度 [J]. 经济研究，2001（3）.

[46] 聂辉华. 企业：一种人力资本使用权交易的黏性组织 [J]. 经济研究，2003（8）.

[47] 吴能全，冯巨章. 企业人力资本治理 [J]. 上海经济研究，2003（6）.

[48] 臧武芳，张小峰，芮锋. 高科技企业的人力资本治理 [J]. 华东经济管理，2005（5）.

[49] 尤琳. 专用性人力资本投资研究现状及简要述评 [J]. 经济论坛，2011（9）.

[50] 胡浩志，卢现祥. 企业专用性人力资本与员工工资——基于 CGSS 的实证研究 [J]. 北京师范大学学报（社会科学版），2011（2）.

[51] 马金平. 基于不完全契约的专用性人力资本投资激励 [J]. 科技进步与对

策，2010（10）.

[52] 姚先国，翁杰. 雇佣关系的稳定性和企业的人力资本投资 [J]. 技术经济，2005（12）.

[53] 黄红灯，阮永平. 知识管理与人力资本专用性投资 [J]. 情报科学，2005（8）.

[54] 徐兆铭，杨晓波，乔云霞. 雇佣合约、嵌入性过程控制与企业专用性人力资本投资 [J]. 经济管理，2007（15）.

[55] 李元元，等. 合作教育的本质、历史与发展趋势 [J]. 高等工程教育研究，2010（5）.

[56] 石火学. 产学研结合的典型模式述评 [J]. 高等教育研究，2000（3）.

[57] 王晓睁. 高职产学合作教育发展与变革之研究 [D]. 西北农林科技大学，2008.

[58] 宋磊. 专家技能的养成研究——从新手到专家 [D]. 上海：华东师范大学教育科学学院职业教育与成人教育研究所，2009.

[59] 高岩. 高技能人才成长探析 [D]. 沈阳：东北大学文法学院，2008.

[60] 常小勇. 高等职业教育制度创新——高技能人才的视角 [D]. 上海：华东师范大学教育科学学院职业教育与成人教育研究所，2009.

[61] 马振华. 我国技能型人力资本的形成与积累研究 [D]. 天津：天津大学，2007.

[62] 刘玉斌. 高技能人才隐性人力资本的形成与转化研究 [D]. 天津：天津财经大学，2008.

[63] 王彦军. 日本劳动力技能形成研究——基于人力资本理论的分析 [D]. 吉林：吉林大学，2008.

[64] 高耀. 人力资本与家庭资本对高校学生就业的影响——基于调研数据的实证研究 [D]. 南京：南京农业大学，2011.

[65] 杜利. 我国职业教育发展的理论与实证研究 [D]. 武汉：武汉理工大学，2008.

[66] 壮国桢. 高职教育"行动导向"教学体系研究 [D]. 上海：华东师范大学教育科学学院职业教育与成人教育研究所，2005.

[67] 郑春光. 博弈、知识与教育——基于社会转型的研究 [D]. 上海：华东师范大学，2006.

[68] 王全旺. 高职教育与劳动力市场需求协调发展研究——以天津为例 [D]. 天津：天津大学，2010.

[69] 付雪凌. 高等教育大众化进程中高等职业教育发展研究——国际比较的视角 [D]. 上海：华东师范大学，2008.

[70] 熊健民. 高等职业教育经济功能与规模效益的实证研究 [D]. 武汉：华中科技大学，2005.

[71] 王前新. 高等职业技术院校发展战略研究 [D]. 武汉：华中科技大学，2004.

[72] 杨若凡. 技术本科院校评估指标体系研究 [D]. 上海：华东师范大学教育科学学院职业教育与成人教育研究所，2008.

[73] 吴国英. 高校人文社科专业实践教学体系的构建研究——基于营销理念 [D]. 天津：天津大学，2010.

[74] 樊明成. 中国普通高校专业选择的研究——基于学生主体的视角 [D]. 厦门：厦门大学，2009.

[75] 高庆蓬. 教育政策评估研究 [D]. 吉林：东北师范大学，2008.

[76] 廖益. 大学学科专业评价研究 [D]. 厦门：厦门大学，2006.

[77] 刘冰峰. 产学合作知识共享研究 [D]. 武汉：武汉理工大学，2010.

[78] 朱学彦. 基于嵌入性关系和组织间学习的产学知识联盟研究 [D]. 杭州：浙江大学，2009.

[79] 姚威. 产学研合作创新的知识创造过程研究 [D]. 杭州：浙江大学，2009.

[80] 叶伟巍. 产学合作创新机理与政策研究——以浙江为例 [D]. 杭州：浙江大学，2009.

[81] 刘力. 产学研合作的历史考察及比较研究 [D]. 杭州：浙江大学，2001.

[82] 李恒. 产学研结合创新的法律制度研究 [D]. 武汉：华中科技大学，2009.

[83] 冯庆斌. 基于群落生态学的产学研合作创新研究 [D]. 哈尔滨：哈尔滨工程大学，2006.

[84] 马艳秋. 校企共建创新平台的运行机制研究 [D]. 吉林：吉林大学，2009.

[85] 陶沙. 产学研合作教育法规的研究 [D]. 武汉：武汉理工大学，2003.

[86] 周斌. 高职院校校企合作教育研究 [D]. 长沙：中南大学，2010.

[87] 王翠华. 高职院校与企业伙伴关系的研究 [D]. 苏州：苏州大学，2010.

[88] 朱洪春. 上海地方工科院校产学合作教育研究 [D]. 上海：华东师范大学，2006.

[89] 吴彦. 我国高等职业院校产学研合作教育研究与思考 [D]. 石家庄：河北师范大学，2007.